安次县四种旧志丛书（河北省社会科学基金项目）

（天启）东安县志
（康熙）东安县志

——金久红 主编

金久红 陈新海 校注

天津出版传媒集团

天津古籍出版社

图书在版编目（CIP）数据

（天启）东安县志（康熙）东安县志 / 金久红，陈新海校注. -- 天津：天津古籍出版社，2019.11
（安次县四种旧志丛书 / 金久红主编）
ISBN 978-7-5528-0818-6

Ⅰ. ①天… Ⅱ. ①金… ②陈… Ⅲ. ①东安县－地方志－明清时代 Ⅳ. ①K296.44

中国版本图书馆CIP数据核字(2019)第123528号

（天启）东安县志（康熙）东安县志
TIANQI DONGAN XIANZHI KANGXI DONGAN XIANZHI

金久红，陈新海/校注

出版人/张玮

天津古籍出版社出版
（天津市西康路35号　邮编300051）
http://www.tjabc.net

临沂华兴数字商务印刷有限公司印刷
全国新华书店发行
开本 787毫米×1092毫米　1/16　印张 21.25　字数 320 千字
2019 年 11 月 第 1 版　2019 年 11 月 第 1 次印刷
ISBN 978-7-5528-0818-6　　定价：169.00元

编纂委员会成员

顾　问：张　平
主　任：薛振泽
副主任：袁鸿昌　寇　东　赵　玉
委　员：马富凤　李华东　冯振永　杨涵予
　　　　金久红　陈新海　王玉亮

序

今廊坊市安次区,古称安次,元代称东安州,明清两代称东安县,1914年复旧名安次县。自金元定都北京以来,安次便为畿南首邑。此地"南接雄霸,北控燕云,拥三关而萦九河","北拱燕台,东环潞水,气映西山之嵯峨,派分津门之澎湃"。这样优越的自然地理环境,促进了古代经济的发展和繁荣,"凡城市村墟,星罗棋置,烟火万家,亦彬彬乎名区也"。地杰而人灵,民富而文萃,"以致涵灵毓秀,酝酿人文"。其实,作为汉代就已立制的古县,风华物茂,名流久传,"名卿巨公,忠孝节义彪炳于载籍者,实甲于渤海诸邑",而安次的优秀历史文化、名人风骨无不有赖于县志的记载与留传。

国有国史,县有县志;史存国续,志纂县兴。邑之有志,犹国之有史,"史载一代兴亡之迹,志备一方文献之征"。县志对于一个县而言,就是其历史渊源和人文根脉,是凝聚一方、地域认同的载体。游子萦牵梦里、叶落归根的深厚情感,后人见贤思齐、崇德求义的良风善俗,无不真切地体现在县志中,又无不依赖于县志得以弘扬。而县志的修纂和县志的整理,是珍存一县历史全貌、挖掘传承一县文化的前提和基础,需要全县各界人士共同重视和攘助。

最早记载安次的志书为元代《东安县图志》,该志虽在明代《文渊阁书目》、清代《(光绪)顺天府志》中都有记载,但编纂者与卷数均已不详。其次为明初《东安县志》,编入明代《文渊阁书目》时已是"志久佚,无法考知卷数及撰者"了。还有明嘉靖时本县人张文举编纂的《(万历)东安县志》,明后期

（天启）东安县志　（康熙）东安县志

收藏入内阁，清初佚散，也无法确知卷数详情。现存最早的县志为明天启五年（1625）刻本，即由明代郑之城、边仑等修纂的《（天启）东安县志》，记事止于天启五年。清代的有康熙十六年（1677）付梓的《（康熙）东安县志》，由王士美始修，李大章等终稿；另有乾隆十四年（1749）刊刻的《（乾隆）东安县志》，由时任县令李光昭聘任周琰编纂完成。民国时期则有 1914 年由刘钟英、马钟琇纂修并付梓的《（民国）安次县志》。这四种志书既有单行本，也有成书于 1936 的合刊本。明天启、清康熙两部《东安县志》在国内都是孤本仅存（现珍藏于国家图书馆），《（乾隆）东安县志》和《（民国）安次县志》亦存者寥寥。

今廊坊市安次区与廊坊师范学院进行合作，廊坊师范学院以金久红教授为首的科研团队，便以《（天启）东安县志》《（康熙）东安县志》《（乾隆）东安县志》和《（民国）安次县志》的初刊本为底本，以《安次县旧志四种合刊》本为对校本，对四部珍稀旧志进行了系统的整理点校，历时五年而成。这项工作，无论是对安次县志本身的文本存传，还是对当地历史文化的挖掘、传承与弘扬，或是对地方区域历史文化的研究，都具有非常重要的价值和意义。

首先，县志的整理有助于地方区域历史的研究。地方志对区域内政治、自然、经济和人文的发展传承有较全面的记载，"盖县之有志，犹国之有史也。史载一代之兴衰，详而靡遗，志补一方之文献，信而有征，皆足以追往古勖来今，其旨渊哉深乎！"其次，县志的整理有助于地方社会的治理。县志对地方官员可以起到旌善彰恶的警示作用，"服官而勤政治，居乡而砥躬修"，"邑之有志，所以载古今事迹之殊，而吏之贤否，亦于兹可见也"。县志对地方官员可以起到资政辅治的借鉴作用，正所谓"邑之有志，所以征文献、端吏治而正民心者也。邑之有志，所以记载事迹，表彰人文"。"俾官于斯者可以考利弊、知民风，生于斯者可以去朴陋、进文明"。安次县志中记载了历代乡贤济贫助赈、捐学兴学的大量义举，歌颂了求荣知耻、急公近义、爱国奉献的各类人物，这些人物、事例和精神，在古代发挥着德化一方百姓、引领当地社会风气的重要作用,在今天也可以给我们提供宝贵的借鉴与指引。

以史为鉴,我国五千年文明得以传承,社会治理在鉴史的沿革中曲折前行。进入21世纪以来,优秀传统地方历史文化更加受到重视,国家提出了"创新乡贤文化,弘扬善行义举,以乡情乡愁为纽带吸引和凝聚各方人士支持家乡建设,传承乡村文明"的乡村文化建设思想。在这个过程中,安次区委宣传部提出要对现存的安次县志进行校注整理与出版,这一工作值得大力支持与充分肯定。

2019年,正值改革开放四十周年和新中国成立七十周年,谨以此成果,作为向党和国家以及安次人民的献礼!

张平

2019.7.16

校注凡例

一、此次《(天启)东安县志 (康熙)东安县志》的整理工作,依择优而取的原则。天启部分以明郑之城修、边仑等纂之天启五年刻本(此本正文中简称明刻"天启志")为底本。康熙部分以清李大章修、张墀纂之康熙十六年刻本(此本正文中简称清刻"康熙志")为底本。漫漶不清之处,据1936年王文琳等辑《安次县旧志四种合刊》中重刊之《(康熙)东安县志》(此本正文中简称合刊本"康熙志")补。同时参校明刻"天启志"以及清李光昭修、周琰纂之《(乾隆)东安县志》乾隆十四年刻本(此本正文中简称清刻"乾隆志")的相关记载。考虑到1936年王文琳等辑《安次县旧志四种合刊》存世较多,故将合刊本中重刊之《(天启)东安县志》(此本正文简称合刊本"天启志")《(康熙)东安县志》的讹误脱漏等情况一并注出,以便读者参考。

二、原书直排繁体,今改为横排简体,并加现代标点符号,根据文义进行分段。

三、异体字、俗体字一般改为现行规范字,但通假字、避讳字不作改动,以校注说明。

四、底本漫漶不清且不能确定当为何字者,用"□"表示;空而未书,存疑待考者,用"○"表示。

五、整理中贯彻"整旧如旧"的原则,底本脱、讹、衍、倒之处,正文均维持原貌,以校注说明。

六、本书正文用宋体,夹注用小字楷体,以示区别。正文和夹注的标点各为系统。

七、吸收1936年《安次县旧志四种合刊》中重刊之《(天启)东安县志》校勘记、《(康熙)东安县志》校勘记的有益成果,连同新发现的问题,当页注明,不再另附校勘记。

目 录

（天启）东安县志 ·· 1

东安县志　卷之二　食货 ··· 3

东安县志　卷之二　补遗 ··· 10

东安县志　卷之三　官政 ··· 12

东安县志　卷之四　典礼　祠祀 ··· 35

东安县志　卷之五　选举 ··· 39

东安县志　卷之六　人物志 ·· 55

（康熙）东安县志 ·· 65

重修东安县志叙 ··· 67

续修东安县志叙 ··· 69

东安县续修邑志后跋 ··· 71

重修东安县志序 ··· 72

重修东安县志序 ··· 73

东安县志书目录 ··· 74

东安县志编纂凡例 ·· 75

纂修姓氏 ··· 76

东安县志 卷之一 天文志巡幸附 ··· 77

东安县志 卷之二 地理志 ··· 87

东安县志 卷之三 建置志 ··· 114

东安县志 卷之四 赋役志 ··· 125

东安县志 卷之五 秩祀志 ··· 155

东安县志 卷之六 职官志 ··· 162

东安县志 卷之七 选举志 ··· 184

东安县志 卷之八 人物志 ··· 206

东安县志 卷之九 诗赞志 ··· 244

东安县志 卷之十 ·· 278

后记 ··· 328

（天启）东安县志

东安县志 卷之二 食货

户

唐开元二十三年一万二千户《辽史》

本朝原额四千六百一十一户

今见在一千七十二户

逃亡二千六百九户

口

原额三万二千户

今见在当差六千三百四十九口

外优免二千五百五十八名

庄田

未央宫　田三百一十九顷八十七亩八分九厘二毫七丝，今有指挥李伟讨八十五顷三十五亩六分。

永清公主　田八十七顷四十九亩。

永安公主　田九十七顷三亩，今改仁孝宫。

恭圣夫人　田五十五顷八十七亩五分。

英国公　田一十三顷六十七亩。

镇远侯　田二顷四十亩。

太宁侯　田一十一顷。

安平伯　田二十七顷一十六亩四分。

惠安伯　田六十二顷一亩。

嘉祥公主　田二百二十一顷三十亩二分二厘。

顺义府仪宾　田五十八顷三十六亩。

锦衣卫指挥　田六顷。

隆善护国寺　田一顷八十四亩四分八厘。

坝大马房　地二百三十三顷一十八亩九分九厘。

坝北马房　地一十五顷四十六亩三厘八毫。

牧马草场　地四十一顷四十四亩一分，隆庆四年新添。

贡　赋

官民地　共三千六百六十五顷三十六亩九分四厘二毫二丝四忽五微。

官地　五百三十八顷七厘二毫二丝四忽五微。

民地　三千一百二十七顷二十六亩八分七厘。①

夏粮　六百九十一石七斗三升二合。

秋粮　一千七百四十八石五斗一升五合八勺二抄四撮二圭七粒七粟。

马草　一十万六千三百六十束九分一厘九毫三丝二忽二纤。

人丁丝　折绢②七十二匹一丈二尺。

农桑丝　折绢二百七十六匹二丈三尺二分五厘。

户口食盐　钞七万六千七百六十贯。

地亩花绒　一千三百七十八斤六两。

商税　银八十一两八钱八分。

鱼课　银二十六两五钱。

以上乃额制也。自此制后，国事日烦，征求日多，徐徐添派如缕，民何得

---

① 此处官地与民地之和与上文官民地数额不符，疑有误。

② "绢"合刊本"天启志"误作"捐"。

不穷且逃耶？今将额后逐年旋添民赋开具于左①：

地亩　银二千二百九十六两七钱九分五厘四毫。

按：嘉靖二十九年，达虏入境。此年修边，本县起夫四千余，无处凑作工食。上司明文令起地亩银，加追十二次，是一时兼用十二年之地亩，可胜叹哉！

光禄寺果品　银二十两五分六厘。

牲口　银九十三两。

科道皂隶一十三名　共银一百三十三两二钱。

本府皂隶二名　共银二十四两。

国子监膳夫四名　共银四十两。

苫盖木植芦苇夫三名　共银四十五两。

本县儒学斋夫四名　共银四十八两。

蓝靛　银三十两。

刑部棘茨　银八两七钱五分。

荆杖　银十两五钱。

冰窖葡秸　银二十二两六钱六分。

芦苇　银一十三两。

砍柴夫　银一千三百四十三两七钱。

抬柴夫　银一千一百二十五两七钱。

新添木柴夫　银九十五两。

工部四司料价　银一百九十五两五钱七分五厘。

搬运木柴夫　银九十五两。

胖袄七十一副三分　共银一百七两四分九厘九毫。

光禄寺马连根　银一十九两。

---

① 古书竖排版，行文由上而下，自左至右。

太常寺建言民情芦苇　银一十三两。

协济良乡县五色土　银三十二两五钱。

总督军门廪给　银二十二两五钱，嘉庆二十二年新添。

昌平道纸札　银五十两。

本县皂隶五名　银六十两。

儒学膳夫二名　银二十四两。

乡饮春秋二祭无祀鬼魂　共银一百二两。

协济各驿递站粮　共一万五千六十石。

役

力差　银二千五百九十四两一钱八分。

内承运库夫一十四名　共银七十两。

天财库夫十八名　共银九十两。

都察院库子二名　银二十两。

会同馆夫十四名　今准改银差。

御马监脚夫五名　该银一十八两

广盈库夫一名　该银三两六钱。

明智坊库夫六名　共银四十三两二钱，今改银差。

旧州民壮十二名　共银四十三两二钱。

本县民壮四十名　共银一百四十四两。

国子监庙户一名　该银三两。

京卫武学门子一名　该银三两。

国子监医生一名　该银三两。

提学、巡监二察院皂隶三名　共银三两六钱。

灵济宫佃户一名　银一两八钱。

本府堂上各衙门皂快阴阳生共一十五名　共该银十四两。

本县马快手一十六名　共银一百六十两。

本县铺司兵一十六名　共银四十三两二钱。

预备仓斗级二名　该银三两二钱。

儒学门子二名　共银四两。

儒学斗级四名　共银十两四钱。

河口堤夫一百三十二名　共银四百七十五两。

坝上脚夫一名　该银三两。

各马房脚夫一十八名　共银①五十四两。

新添各马房仓脚夫五名　共银一十五两。

小直沽巡检司弓兵二名　共银六两。

物　产

谷类

黍　稷　大麦　小麦　荞麦　蜀秫　谷　黄豆　红豆　绿豆　白豆　黑豆　蔓豆　菜豆　扁豆　芝麻　黎豆　粘蜀秫　稗子　粘谷　稻

蔬类

葱　蒜　韭　芫荽　芥　白菜　芹　茄　莙荙　莴苣　赤根　萝葡　藕　蒲笋　瓠　葫芦　茴香　香椿　香菜　山药　白花菜　苋

瓜类

王瓜　西瓜　东瓜　北瓜　甜瓜　南瓜　菜瓜　地王瓜　丝瓜

果类

梨　枣　杏　李　桃　沙果　苹菠　核桃　葡萄　金梅　水梅　石榴　玉皇子　牛心红　麝香红　唬喇槟　金桃　樱桃　菱　鸡头　地栗

---

① "银"合刊本"天启志"误作"两"。

(天启)东安县志　(康熙)东安县志

楸子　莲子　柰

木类

榆　柳　槐　椿　杨　松　柏　杜　银母　槆榆　桑

花类

菊(各色)　茨莓(各色)　玉簪萱草①　牡丹　芍药　金盏　鸡冠　水红　金鹊　葵(各色)　望江南　马蓝　紫荆　莲　海棠　剪春萝　莴苣莲　石竹各色　蔷薇　缠枝莲　马缨花

草类

蒲　芦　苇　芳　莎　水葱　荻　艾蓼②　蓂　萍　猪牙　节节黄　大小蓝　水稗　茅　苔

药类

大麻　夏枯　地丁　兔丝　车前　蒺藜　枸杞　香附　䕡麻　浪荡　麻黄　地黄　益母　苍耳　紫苏　薄荷　川芎　蚕沙　艾叶　牵牛　莲壳　半夏　甘草　凤眼

禽类

鹤　鹅　鸭　雀　鹊　燕　雁　黄鹂　鸳鸯　乌鸭③　鸡　雉　蜡嘴　鹌鹑　䴉鹅　秃鹫　鱼鹰　鹭鸶　鸠　鹳　鹰　鹄　鹞　凫　鸥

兽类

牛　马　骡　驴　猪　羊　獐　犬　猫　狐　鹿　貂　兔　狼　鼠

鳞类

鲤　鲇　鲫　鲂　鳜　鳤　银鱼　面条　淮

---

① 合刊本"天启志"此处"玉簪萱草"连书误，玉簪与萱草分属两类，中间应空一格。
② "艾蓼"连书误，艾与蓼分属两类，中间应空一格，作"艾　蓼"。合刊本"天启志"此处亦误作连书。
③ "鸭"字误，应作"鸦"。合刊本"天启志"此处亦误作"鸭"。

介虫类

蛇　蝎　蛙　蛾　蚕　螃蟹　虾　鳖　蚌　蜗　蝉　蜂　蝶　蚊
蚁　蠡　蝼蛄　蚯蚓　促织　蝎虎　蟋蟀　蜘蛛　蜻蛉　螳螂

货类

丝　蜜　蜡　绵　花椒　红花　苎麻　蒲席　苇帘　苇箔　苇席
柳器

盐　法

户口食盐　折钞七万六千七百六十贯。

盐院盐斤　每年解银一十二两。

巡盐民壮　每季五名。

按：食盐故取给国赋，实民生一日不可缺者，禁遏私贩，开通官盐，制亦善矣。近有垄徒，承严禁私贩之时，借齐天难抗之势，载盐无数，欺压职司，挨门强给，非惟斤数不足，又且价银加倍。虽安石之青苗法，亦不过是。夫东安自洪武以来，未有挨门强散之法，自万历九年始。噫！盐本养民之物，而反为虐，以一商兴利之故，而害及概县，为民父母，宁不为之痛心乎？近蒙知县阮宗道，一为国赋计，一为民生计，平日严禁私贩官盐，至亦不照前强散，特令盐商平价自卖，国赋民生两得之矣。噫！后之司民牧者，不可不留心于斯。按《食货志》所记者，户口、贡赋、力役、物产。国初户口繁多，贡赋宽裕，力役减省，物产饶洽。迩年以来，浑河为害，户口日损，贡赋日急，力役愈繁，物产愈耗。司民牧者观此，宜加存恤，亦可以望凋瘵之渐苏矣。

东安县志　卷之二终

(天启)东安县志　(康熙)东安县志

东安县志　卷之二　补遗

户　口

　　国制：每里十甲，每甲里长一户，甲首十户，又有畸零户，此十户之外附余者。洪武初，我邑编四十四里，该户四千八百四十，而畸零尚多，则户口概可见矣。黄册每十年大造一次，民数具载版图，但地瘠差重，流移逃亡者甚多。虽中间不无生息，实不能补空虚之数。故至今丁无全户，户无全甲，甲无全里，甚至里甲并户丁而无孑遗，如修政宣化是也。皆由见户包逃，逃丁不罪，则见者效尤。逃者不复，则人地两虚。上司每以人逃地不逃为论，殊不知逃者实因地累而去也。本人一去，此地或为豪强侵隐，其粮草或为他人诡寄。加之年月积久，则地去粮存，地日少而粮日重，见者不去，则包逃宁有已乎？有云户口不增者，请深究之。

田　亩

　　东安田亩之数不减于昔，而可耕之地实缩于旧。县北十二里多沙碱，南八里多积涝，东西五里又多荒芜。且上有蕃育署之吞没，下有各庄田之侵占。加以逃亡户多，奸民影射，里胥低昂，小民之颠连穷困久矣。语有云：井田废莫善于限田，限田革莫善于均田。盖田均则赋平，而无包赔失业之患。昔侍御胡公汝辅作令之时，尝奏均之。后以调去，行之未果。今欲为民立经常以定制，酌盈缩以宜时，均田一事，诚长吏之责也。

庄　田

　　按未央宫子粒征于户部，曩时地无水占田皆沃壤，故军民开种纳租自易。

迩来葛渔城二十二处九河泛涨，平地水深丈余，民何从而耕？租何从而办？上人征催仍急，民何以堪？况正德年间，管庄各役大肆吞噬，地之邻近者皆强占以去。今民田册有一顷之额，实无二三十亩之数。地既赔税粮马草又征租银子粒，欲民不困穷、不逃徙，安可得乎？前侍御俞公、胡公、车公亲见其弊，相继丈勘为之停征，民困稍苏。吾闻为政犹张琴瑟，琴瑟不调，必①解而更张之！俱旧志。

差 役

东安土瘦民贫，比他州县斯为下矣，而差繁役重实倍于他处。以地亩言之，霸州每亩出银六厘，他州县更又有轻者。东安县出银一分三厘，不既倍之乎？至于人丁，胡知县奏议：霸州下下丁出银三钱，文安、大城二县止出二钱，惟独东安县出银四钱八分。当时已称过矣，目今下下户出至五钱五分。夫丁曰下下者，为其无田产、房屋、生理也，为人佣力也，四方就食也，是安所出银乎？况出而又倍之乎？宜其贫者益②贫，日就逃亡。倘上人不加意曲处之，京辅要地，何以称重根本、宣王化乎噫！

东安县志　卷之二终

---

① "必"合刊本"天启志"误作"心"。
② "益"合刊本"天启志"误作"宜"。

（天启）东安县志　（康熙）东安县志

东安县志　卷之三　官政

公　署

县治旧在常道城东，耿就桥行市南。因浑河水患，洪武三年十一月，主簿华得芳移治于常伯乡张李店，即今县治是也。永乐二年，知县李骥重修。

谯　楼

在县大门上转角二檐，重楼高广，诚一邑壮观。正①德十一年，知县武魁创建。至嘉靖四十五年，知县王宗尧拆废。

仪门　四楹②。　角门　二座。

戒石亭　一座，在仪门内。万历九年，知县张汝蕴撤去戒石，易以木扁，而金填其字。

牧爱堂　四楹。知县冯沂改"忠爱"。

库房　一间，在堂左。

藏房　一间，在堂右。

仪仗库　在藏西。

赞政厅　在库东。

思政堂　六楹。在牧爱堂后，东西两厢房。

知县宅　在思政堂后，坐北向南。

县丞宅　在正东，今废。

---

① 合刊本"天启志""正"后衍一"正"字。
② 合刊本"天启志""四"后脱一"楹"字。

主簿宅　二所,一催粮,一管马,今俱废。

典史宅　在县丞宅南,坐东向西。

六房　吏、户、礼、马科、承发司共五间,在堂墀东;兵、刑、工、架阁库、铺长司共五间,在堂墀西。

吏公廨　东西各十间,今废。

衙神祠　在大门内甬道东。

钟楼　一座,在甬道东。

鼓楼　一座,在甬道西,俱知县王邦直建立。

寅宾馆　一所,在钟楼北,知县张汝蕴创建。

狱　在二门外,甬道西。

察院行台　在县治东,坐北向南,大门四楹,二门一座,角门一座,正堂四楹,皂隶房各二间,堂后寝室四楹,东书吏房二间,西厨房二间。

顺天行府　在县治西南隅,久废。万历六年,知县韩景阅改为马神祠。

金台书院　在东街三官庙西。万历四十六年,知县陆燧建。

税课司　在县治西。洪武八年,知县侯文秀创建,久裁革。

河泊所　在县治西,久革。

阴阳学　在县治东,今废。洪武初,知县秦士弘创。

医学　在县治东,今废。

申明亭、旌善亭　久废。嘉靖年间,知县成印重修,又废。万历十一年,知县阮宗道重修。

养济院　在县治大南街西胡同。万历十一年,知县阮宗道重修。

僧会司　在县治西广严寺。

演武场　在县治东门外,坐北向南,正厅四楹,旗台一座。

附铺舍

常甫铺　在县治北二十里。

（天启）东安县志　（康熙）东安县志

祖哥庄铺　在县治北四十里。

李家铺　在县治北九十里。

马圈铺　在县治东二十里。

学　校

庙学

在县治西，先唐开元间建于耿就桥行市前。元中统四年，改县为州，升为州学。至正二十三年，因浑河水患，移于州治东朝正坊。我国朝洪武二年，改州为县，又为县学。三年，复因浑河水患，随县通迁于张李店，即今庙学是也。宣德五年，知县王友信重修。天顺七年，知县冯珍复重修。

先师殿宇

六楹。知县冯珍重修。旧有塑像，嘉靖十年，承制撤去，易以木主，改称"至圣先师孔子神位"。撤像祭文知县韩襄所作，云："德出帝王上，固不假爵而荣；神与造化游，亦不依形而立。撤塑像而易之以①木，革王号而尊之以师，此固时王之新制，亦我夫子之夙心也。"

东庑七间、西庑七间　隆庆五年，知县王邦直重修。

神库房　二间。在文庙右，久废。

殿墀碑　二通。西碑，风折废。万历六年，教谕吕希简新补。

戟门　四楹。嘉靖二十八年，知县成印重修。

棂星门　嘉靖四十二年，署印县丞赵希儒因圣殿并此门颓坏，率士夫诸生合资重修。

屏壁　一座。在棂星门前。

泮池　在屏壁前。嘉靖十八年，知县刘继先修浚，内栽莲苇。二十八年，知县成印重修。

---

①　"之以"合刊本"天启志"误作"以之"。

新泮池　在戟门前。砖券三孔,上木桥三座。万历十年,知县张汝蕴创修。

启圣祠　四楹。知县王邦直重修。

傅经堂　在敬一亭后,久废。今改为启圣祠。

奎楼　一座,在庙学东南。万历三十九年,本道梁有年、知县郑崇岳、教谕寇光裕同建,有碑。

敬一亭　在明伦堂后。崇奉①。

御制四箴并程范箴　俱在内。嘉靖十年,知县韩襄奉敕建立。

明伦堂　四楹,在文庙后。

卧碑　一通,在堂东北壁上。

进德斋　三间,在堂左。

修业斋　三间,在堂右。

梓潼祠　在文庙左,今移,在明伦堂左。

名宦祠　前在启圣祠东北,后移于戟门东。

乡贤祠　前在西庑后,后移于戟门西。隆庆五年,知县王邦直又移此二祠于戟门外,一向西,一向东。

孝弟②二号　五间,在敬一亭左,久废。

忠信二号　五间,在敬一亭右,久废。

教谕宅　一所,在学门内甬道东,居中,坐东向西。

训导宅　二所,一在教谕宅南,一在教谕宅北。井一眼,在南训导宅夹道内。

文庙牌坊　东曰德侔天地,西曰道冠古今。万历三十九年,兵道梁有年、教谕寇光裕同建。

射圃亭　在庙学西,今废。

社学　在县西街,坐北向南,今废。

---

① "崇奉"二字疑为衍文。合刊本"天启志"此处亦衍。

② 弟:通"悌"。

（天启）东安县志　（康熙）东安县志

仓　库

预备仓

在县治北街,坐西向东,大门一座,二门一座,仓廒共一十间,粮厅二楹。内储罚赎谷,并奉制设法积谷石备赈荒、军饷,奉明文及申报方敢动支,实在新除俱登簿。又有循环二簿,每月送上司倒换稽查。

按:此仓也,一以贮谷,亦一以囿轻犯者。除贮粮外,一间空房,止可容犯妇数人而已,其余尽在露宿。夫地窄人稠,气味相杂,多生瘟疫。雨绵地湿,动转不便,补营别室,此亦最急者。

又按:重囚恶犯,宜禁囹圄。小民无知,偶犯小过,或逋欠零粮,或正犯逃遁,辄将孤男弱妇拘禁于此,亦政之一疵①也。今仁明在上,经月不仓一人,是即于公之用心矣。

广有仓　在东街,坐南向北,久废。

库

在县堂左右各一间,内贮赃罚、纸赎、商税、鱼课,并征寄库。银两奉明文及申报方便动支,实在新除俱登簿。又有循环二簿,每月送上司倒换稽查。

秩　职

元

太守②　世宝墀

监郡③　卜侯

---

① "疵"合刊本"天启志"误作"庇"。
② 太守:官名。
③ 监郡:官名。

知州① 田诚 南唐人。登进士②。元贞二年任③。清介自持,无异于农士,诏进征南元帅。初来赴任时,不携妻孥,只买二鹤为友。及去任乃云:"寿春留犊,予何可携鹤以归?"亦留之而去。

太守 赵时敏 牛德裕 世侯

州判④ 翟仲景 王显祖 奥鲁

奉训大夫⑤、达鲁花赤⑥ 管本州诸军、劝农防御、知河坊渠堰事 卜兰奚

判目⑦ 赵彬

学正⑧ 张天麟 俱见学碑,至正二十四年。

国朝知县⑨

洪武

侯文秀 四川人。七年任。

王友信 山东人。九年任。

王 观 ○○人。十一年任。

岳 镇 ○○人。十八年任。

邓 侯 金坛人。二十二年任,由聪明正直科举之。

---

① 知州:官名。
② 进士:唐宋时称殿试及第者。
③ 合刊本"天启志""年"后脱一"任"字。
④ 州判:官名。
⑤ 奉训大夫:官名。
⑥ 达鲁花赤:蒙语的音译。元职官名。
⑦ 此官职不见于《元史》,疑有误,待考。
⑧ 学正:官名。宋朝始置。初为太学职事之一。
⑨ 知县:官名。

(天启)东安县志　(康熙)东安县志

永乐

李　骥　山东郯城人。由举人①,洪武二十九年初户科给事中。永乐二年调本县令。九载任满,升刑部郎②。

李　茂　○○人。十五年任。

宣德

王　睿　河南临颖③人。由监生④,五年任,满,升知州,请留,仍理县事。

天顺

冯　珍　陕西人。由监生,四年任。

于　璧⑤　山东人。由进士,八年任。

成化

程　资　河南人。由监生,元年任。

郑　兴　山东人。由监生,七年任。

弘治

朱　华　滁州人。由举人,二年任。

景　佐　山西蒲州人。由进士,元年任,升⑥参议。

郭　淳　山西高平人。由举人,八年任。

蒋　昇　湖广荆州人。由进士,十一年任。

张尧龙　山东济宁人。由举人,十五年任。

正德

郭　登　山西洪洞人。由举人,元年任。

---

① 举人:明清两代称乡试录取者。
② "刑部郎"疑有脱字。合刊本"天启志"此处亦脱。
③ "颖"字误,应作"颍"。合刊本"天启志"此处亦误作"颖"。
④ 监生:在国子监肄业者统称监生。初由学政考取,或由皇帝特许,后亦可由捐纳取得其名。
⑤ "壁"字误,应作"璧"。合刊本"天启志"此处不误。
⑥ "任升"合刊本"天启志"误作"升任",字序颠倒。

18

杜　泰　山东长清人。由进士，三年任。

彭　伟　山东掖县人。由举人，四年任，升佥事。

周　义　山西翼城人。由举人，八年任，升永平府通判。

武　魁　山东沂县人。由举人，十二年任，升郑州知州。

傅　相　山东长山人。由举人，十三年任。

张　云　陕西凤翔人。由举人，十五年任。

嘉靖

胡　沦　河南洛阳人。由进士，二年任，升知府。

韩　襄　山东鱼台人。由举人，五年任，升工部员外。

张　钺　山东登州人。由举人，十一年任。

胡汝辅　山西石州人。由举人，十四年任，擢御史，升副使。

刘继先　山东新泰人。由监生，十六年任。

赵廷琦　山西岢岚人。由举人，二十年任。

汪宗之　贵溪人。由举人，二十六年任，升应天通判。

成　印　陕西耀州人。由举人，二十七年任，升永平府通判。

秦　璿　广西桂林人。由举人，二十九年任。

刘　恩　山东寿光人。由举人，三十三年任。

杨　缙　陕西陇州人。由举人，三十五年任。

文邦彦　广西全州人。由举人，三十七年任。

白　鹤　河南卫辉人。由举人，三十八年任。

江一定　山东即墨人。由监生，先任本县县丞，升，十九年任。

姚守中　陕西洮州人。由监生，四十二年任。

陶　栋　山东历城人。由举人，四十三年任。

王宗尧　山西闻喜人。由举人，四十五年任，官至郎中。

（天启）东安县志　（康熙）东安县志

隆庆

刘　祐　陕西咸阳人。由举人，二年任，升石州知州。

王邦直　山东临朐人。由举人，五年任。

万历

李锦制　山西榆社人。由举人，三年任，调宛平。

洪一谟　山东历城人。由举人，三年任，调良乡，擢御史。

张承礼　河南郑州人。由举人，四年任。

韩景闵　山西洪洞人。由举人，六年任。

张汝蕴　山东章丘人。由进士，八年任，调献县。

阮宗道　山西大同人。由选贡①，十年任。居官廉爱，光霁近人。升南京大理寺评事，又升云南府知府，南直通泰，兵备陕西，行太仆寺卿。

王光祖　河南南阳县人。由举人，十一年任。

刘世武　直隶舒城人。由选贡，十二年任。

冯　沂　河南汝州郏县人。由恩贡②，十三年任。廉平玉尺，清湛冰壶。急保障而抑茧丝，杜苞苴而谢干谒。冤雁含沙，人怀孺慕。迨阴谴之昭报，显天道之有知，宜列蒸尝，用垂矩镬。

孙　绪　山西大同应州人。由岁贡③，十五年任，以丁忧④去。

王　朔　陕西兴平县人。由岁贡，十五年任。

谢赐带　山东东昌府武定州人。由举人，二十年任。

田子耕　山东东昌府夏津县人。由举人，二十一年任。宽厚宜民，优容待士。

徐　伟　山东临清州人。由举人，二十五年任。

---

① 选贡：科举制度中贡入国子监生员的一种。
② 恩贡：明清贡监之一。
③ 岁贡：科举制度中贡入国子监生员的一种。
④ 丁忧：遭逢父母丧事。

曾曰唯　河南汝宁府光山县人。由进士，二十七年任，调繁①武清县，升户部员外。

李希召　河南兰阳县人。由进士，二十八年任。政教严肃，吏畏民怀。升南京行人司司正，又升南京户部郎中。

郑崇岳　浙江金华府浦江县人。由举人，三十三年任。力兴学校，政戢权豪。温厚自其家声，精明出之独见。升南京刑部主事。

段必选　云南昆明县人。由举人，三十八年任。

戴之二　河南汝宁府固始县人。由举人，二十九年任。心存慈厚，政务宽平。条鞭立而炎海生凉，琴鹤归而高山系仰。实多遗爱，爰建生祠。

张　燮　浙江余姚县人。由举人，四十四年任。

陆　燧　南直松江府上海县人。由进士，四十五年任。当机迅决，莅事严明，精搜剔而窟穴俱清，勤稽缉而崔苻绝警。叔子有碑可纪，文翁雅化常存。调繁遵化县，行取兵部主事。

陈所养　陕西汉中府洋县人。由举人，四十八年任。

天启

段　铨　陕西兰州人。繇②举人，二年任。

郑之城　湖广辰州府平溪卫人。繇选贡，四年任。

丘民仰　陕西西安府渭南县人。繇举人，六年任，调繁新城县，合县保留流③。上留中不报。本道抚院议题留，因新令已选，无及。

县丞④

天顺

严　杰　八年任。

---

① 调繁：谓调任政务繁剧的州县。

② 繇：由，从，自。

③ "流"为衍字，当删。合刊本"天启志"此处亦衍此字。

④ 县丞：官名。

（天启）东安县志　（康熙）东安县志

成化

何　瑛　河南杞县人。初年任,由本县主簿升。

杨　英　陕西巩昌卫人。七年任。

叶本盛　无为州人。十一年任。

弘治

包　钟　陕西甘州人。九年任。

张　镗　河南人。十一年任,升房山县知县。

包　汴　辽东人。十六年任。

正德

李永昌　山东邹平人。四年任,升昌黎县知县。

李　文　陕西羽林卫人。七年任。

罗　节　四川人。十年任。

徐一勤　山东长山人。十四年任。

嘉靖

李时雍　河南磁州人。四年任。

高　巍　山东滨州人。十二年任。

原宗浙　山西辽州人。十四年任。

张东铭　山东濮州人。十九年任。

张鸿渐　山东齐东人。二十四年任。

史　策　山西解州人。二十八年任。

郭　鲁　河南新安人。三十一年任。

严应爵　零陵人。三十三年任。

徐云翔　蕲州人。三十五年任。

江一定　山东即墨人。三十七年任,升本县尹。

赵希儒　山东武定人。四十一年任。裁革。

主簿[①]

洪武

华得芳　三年任。

天顺

李　铎　八年任。

辛　谅　八年任。

成化

何　瑛　杞县人。初年任,升本县县丞。入《名宦》。

弘治

薛　志　七年任。

张　翔　十年任。

马　安　陕西武功人。十四年任。

丑　华　山西人。十四年任。

靳　铭　山西人。末年任。

正德

李彦达　山西人。元年任。

豹　振　凤翔人。四年任。

周凤翔　山西人。五年任。

杨　俨　山西人。七年任。

原宗禄　七年任。

刘　辉　山西人。十年任。

宋　琏　平定州人。十年任。

杨东山　平定人。十一年任。

---

① 主簿:官名。

(天启)东安县志　(康熙)东安县志

麦　振　凤阳人。十三年任。

姜　润　山东人。十三年任。

刘　文　陕西三原人。十四年任。

徐　问　凤阳人。十五年任。

嘉靖

宋宗伦　山东曹州人。四年任。

冯　连　凤翔人。五年任。

孙学礼　山东人。八年任。

张　沦　庆阳府人。八年任。

张　文　山东人。九年任。

蔡　仁　陕西人。十一年任。

郝　成　山西人。十六年任。

于　塘　河南人。十三年任。

张　表　茌平人。十七年任。

武　官　丘县人。二十年任,升巢县县丞。

徐　润　颍州人。二十一年任。

颜孔耀　山东人。二十四年任。

张大中　应州人。二十四年任。

董　儒　宣府人。二十五年任。

郑　祁　济宁人。二十八年任。

关　洛　应州人。二十九年任。

段胤光　山东巨野县人。三十二年任。

东颐寿　华州人。三十三年任。

乔文太　洪洞人。三十五年任。

郭　杲　辽东人。三十五年任。以后裁革。

典史①

天顺

万昌盛　八年任。

弘治

潘　茂　七年任。

宁　英　十五年任。

正德

赵　贤　云南人。初年任。

宋　儒　山西人。五年任。

席　凤　河南人。八年任。

汪　鸿　南直隶人。十二年任。

嘉靖

盛　明　山东人。六年任。

胡福玘　山西人。十二年任。

马　玹　泾阳人。十四年任。

范大爵　霍州人。十七年任。

夏九皋　辽州人。十九年任。

何　贡　南京人。二十五年任。

孙　荣　全椒人。二十七年任。

李　济　代州人。三十一年任。

袁　汉　亳②州人。三十四年任。

金　麒　浙江上虞人。三十七年任。

张　绪　招远人。四十三年任。

---

① 典史：元始置，明清沿置，为知县下掌管缉捕、监狱的属官。如无县丞、主簿，则典史兼领其职。
② "亳"合刊本"天启志"误作"毫"。

(天启)东安县志　(康熙)东安县志

隆庆

贾世安　大同人。五年任。

万历

何　凤　南京人。二年任。

陈　谏①　苏州人。五年任。

许　节　江西临川人。八年任。

石　琼　福建莆田人。十三年任。

叶应诏　浙江山阴人。十七年任,升巡检。

徐廷节　南直青阳县人。二十年任,升归顺州吏目。

祈天相　浙江绍兴人。二十四年任。丁忧。

鲁廷贯　浙江山阴县人。二十七年任。致仕②。

张　默　山东东阿县人。三十年③任。致仕。

刘良臣　湖广巴陵县人。三十三年任。劳干有守,升建昌营大使。

张　谆　陕西渭南县人。三十七年任。

江起龙　江西吉安府人。四十年任。丁忧。

汪必达　江西南昌县人。四十三年任。

彭廷官　江西永新县人。四十五年任。

黄家栋　福建莆田县人。四十七年任。

狄用礼　南直溧阳县人。四十八年④任,升隆庆仓大使。

天启

常应时　山西平阳府蒲县人。元年任,升大使。

---

① "谏"合刊本"天启志"误作"諌"。
② 致仕:辞去官职。
③ 合刊本"天启志""十"后脱一"年"字。
④ 合刊本"天启志""八"后脱一"年"字。

陈三策　南直合肥县人。三年任。

陈三豪　福建福清县人。五年任。

教谕①

永乐

胡　振　长垣人。由举人,三年任。

天顺

陈　晔　八年任。

弘治

谢延龄　高密人。五年任。

陈　宪　鱼台人。八年任。

正德

赵　隆　历城人。由举人,初年任,升知州。

张永祯　曲阜人。由举人,十五年任,升通判。

嘉靖

张　纪　河南灵宝人。初年任。

周　福　凤阳人。七年任。

张文明　祥符人。由举人,十一年任,升知州。入《名宦》。

郭　锦　曹州人。十六年任。

陈洪范　滨州人。二十年任。

张　轸　辽东复州人。二十二年任。

周　绅　固始人。二十四年任。

刘三锡　山东丘县人。三十一年任。

杨　环　山西霍州人。三十五年任。

---

①　教谕:官名。

（天启）东安县志　（康熙）东安县志

舒弘化　富顺人。由举人，四十一年任，升知县。

于　绣　山东新城人。四十三年任。

隆庆

李一才　山东嘉祥人。元年任。

高希哲　山东常山人。四年任。

万历

孙　杰　贵州人。由举人，二年任。

吕希简　保定人。五年任，升金州卫教授。

刘大良　安州人。八年任。

萧九章　福建晋江人。由举人，十一年任。

颜魁槐　福建海澄县举人。十四年任，升饶平知县。

张凤翼　广东澄海县举人。十七年任，升国子监博士。

滕如麒　云南永昌人。由举人，二十年任，升武清知县。

毕　格　直隶南皮县人。縣岁贡，二十五年任，升山西教授。

蔡正茂　湖广黄冈县人。由举人，二十九年任，升福建龙溪知县。

贾　桐　直隶兴济县人。由岁贡，三十一年任，升大同府教授。

苗时露　直隶曲周县人。由岁贡，三十三年任，升赵府典膳。

寇光裕　山西榆次县人。由举人，三十六年①，升安肃县知县。

韩东明　直隶安肃县人。由举人，四十一年任，湖②广武昌县知县。

王从先　湖广石首县人。由举人③，四十七年任，升四川新都县知县。

天启

边　仑　直隶蠡县人。縣举人，二年任。

---

①　"年"后疑脱一"任"字。合刊本"天启志"此处亦脱此字。
②　"湖"前疑脱一"升"字。合刊本"天启志"此处亦脱此字。
③　合刊本"天启志""人"后衍一"十"字。

训导①

天顺

刘　铢　八年任。

杨　艮　十②年任。

谢　颙　八年任。

弘治

崔　浩　三年任。

茹　璿　九年任。

王　治　中牟人。十二年任。

邹世澄　十三年任。

高　笙　漳浦人。由举人，十五年任。

贾　受　太原人。十八年任。

正德

常　春　河南人。由举人，二年任。

张　钺　山东人。三年任。

闵　宽　眉州人。五年任。

王　镐　华容人。八年任。

陈云汉　高唐人。十年任。

唐　炼　归安人，十二年任。

徐　玺　鄱阳人。十三年任。

王文镐　湖广人。十五年任。

嘉靖

黄　逢　江西安异人。

---

① 训导：官名。
② "十"合刊本"天启志"误作"八"。

望　遍　卢氏人。三年任。

王　泰　榆次人。六年。

董　振　即墨人。七年任。

荣　华　海丰人。十年任。

桑光溥　滨州人。十六年任,升遵化县教谕。

韩　贤　新野人。十七年任。

孙思诚　邹平人。二十年任。

方凤翔　襄城人。二十三年任。

李　抚　蓬莱人。二十八年任。

刘世禄　安阳人。三十年任。

马　源　广宁人。三十三年任。

丁　昆　凤翔人。三十四年任。

帅　义　四川人。三十六年任。

刘　洸　河南人。三十八年任。

吴　东　兰州人。三十九年任。

王之干　闻喜人。四十二年任。

隆庆

田　畔　昌乐人。三年任。

孟　锐　孟津人。四年任。自此裁革一员。

王存仁　辽东人。五年任。

孙　富　同州人。五年任。

张　祯　冀州人。六年任。

万历

陈问学　广宗人。六年任。

杨廷选　真定府人。十年任,升安肃教谕。

张　试　山西安邑县人。由选贡,十二年任,升永清县教谕。

胡向仁　河间府青县人。十七年任,升山西平遥教谕。

李　蕃　保定府安州人。二十二年任。

徐可久　永平府迁安县人。二十五年任,升河南开封府获嘉县知县。

齐　岐　保定府蠡县人。三十二年任。

张启明　山东夏津县人。三十五年任,升保安州学正。

郑民念　河间府东光县人。四十年任,升保定府教授。

卢思问　永平府卢龙县人。四十三年任,升河南临漳县教谕。

杨三元　保定府定兴县人。四十七年任,升河南洛阳县教谕。

天启

陈　瑾　河间府天津卫人。□①恩选,二年任。

税课局大使②一员　久革。

医学训科③一员

阴阳学训术④一员

僧会司⑤　护印僧一名

职　司

吏、户、礼、兵、刑、工各司吏⑥一名,典吏二名;铺长司⑦司吏一名;承发

---

① 明刻"天启志"此处漫漶不清。合刊本"天启志"此处作"由"。

② 税课局大使:明代掌管税课的官吏。

③ 医学训科:明代地方专司医学的官员。

④ 阴阳学训术:明代地方阴阳学官,府曰正术,州曰典术,县曰训术。

⑤ 僧会司:地方上管理寺庙和僧尼事务的机构,由僧人管理。

⑥ 司吏:古代官衙中负责办理文书的小吏。

⑦ 铺长司:铺长司为急递铺铺长办公之所。

(天启)东安县志　(康熙)东安县志

司①、架阁库②各典吏一名；马科司典吏一名；学司吏一名。

徭　役

　　里长③各坊里屯一名

　　老人④各坊里屯一名

　　书手各坊里屯一名

　　仓老人二名

　　教读

　　医生

　　阴阳生⑤

　　集头老人

　　木铎老人⑥

　　力差⑦共该银二千九百四十三两二钱

　　银差⑧共该银三千五百九十两四钱二分九厘五忽

马　政

　　群长各坊里屯一名，医兽⑨各坊里屯一名。

---

① 承发司：负责官府文书的收发、启封、呈上传下之事的机构。
② 架阁库：中国古代的档案库。
③ 里长：一里之长。
④ 老人：乡间年高德著的人。
⑤ 阴阳生：明代地方阴阳学官的人员。
⑥ 木铎老人：木铎就是以木为舌的大铃，铜质。古代宣布政教法令时，巡行振鸣以引起众人注意。木铎老人就是在乡间摇着木铎宣扬政令教化的老人。
⑦ 力差：明均徭内容之一。
⑧ 银差：明均徭内容之一。
⑨ "医兽"疑为"兽医"之误，字序颠倒。合刊本"天启志"此处亦倒。

原额寄养马二千四百三十八匹五分。

按：马头人户二千四百三十八名，半例该十年一次编审。马头先年照草数，近年照地数，均匀派定。足原额之数，造册解送太仆寺收掌。遇各处解马，到寺验勘、印烙讫，即照册坐名发寄养，遇时取用。管马官吏、群医押解马户，带领马匹，前赴处所交表。

又按：太仆寺发下马匹，马头领养多无正身。因地碱粮重，丁逃累户，户逃累甲，甲逃累里，包养刍草尚不能给，况求谷豆饲秣得乎？又兼以荒①歉之岁，或水草不时，或盗贼窃发，倒死失亡，审报无已。积以数年，倒失多于见在。如正德年间，倒失共四千余匹是也。先年，率令买补。买补未及一二，倒失又有二三。有一人倒失马三五匹，及十数余匹，如白务里郭乾倒失马一十六匹是也。民害政蠹，莫此为甚。一任其职，皆知难于有为，徒有抚案窃叹而已。嘉靖初年，奉诏赦尽数蠲免，民始鼓舞一苏，但国用亏虚，亦不可不惜也。近年，遇例倒失马匹，止追赔价值银两，朋伙陆续征解。后嘉靖五年，伪增户口，深累贫民，又兼以旱涝相因，逃亡无数。后奉诏免追倒死马价，讫尤虑无人喂养，时调取难以供事。于嘉靖四十三年，蒙钦差御史吴奏除马六百零八匹。见在马一千八百三十匹。又嘉靖四十五年，蒙钦差御史顾在漷县调马点验，见民苦甚，马太瘦弱，恐误国事，又奏除马九百九十匹。今见在八百四十匹。如有倒死者，买补马，将群长革免。止十八里，立牌头十八人，兽医六人，以候点查交表，百姓颇得生矣。奈点马一事，未便民情。盖东安与固安有浑河相隔，递年上司点马常调于固安，河水浩荡，间有陷溺人马性命者。司马政者不可不留心也。

武　备

军职

武职官九十九员

---

① 合刊本"天启志"此处以空白表示脱一字，"荒"字未书。

（天启）东安县志　（康熙）东安县志

将军一十名

旗尉①一百四十六名

勇士三十三名

力士一十六名

军②一千五十四名

额役　民壮　快手　保正　民兵　子弟兵　保甲

按：民壮、快手、民兵，工食俱均徭，银两拨给应用俱常川③。听候管操官赴演武场操演，振扬威武，缉捕④盗贼。又选练义勇，并编审乡疃⑤保正、保甲，无事归农，有事调用。此安不忘危，有备无患，真讲武济时之要术也。

邮传

额役　马夫头　骡夫头　驴夫头　牛夫头　车夫头　水夫头

按：驿制，头项例该十年一次编审。先年照草，近年照地，科派粮石，拨发附⑥各州县驿所，协济驿费。各项夫头，繁简轻重不等，坐派粮石多寡相称。但供役无虚时，粮户多逃亡，不能依期完办。嘉靖二十年以前，亲身下驿，富者倾家，贫者死驿。后奏准三年一传，各家朋当。近又告准一条鞭追征，钱粮分解，各驿民虽有头役之名，而无前日下驿之苦。此穷民渐得少苏者，良有以也。

东安县志　卷之三终

---

① 旗尉：旗军的尉官。

② 明代实行卫所制度，其士兵之正式名称称为"军"。

③ 常川：指连续不断。

④ "捕"合刊本"天启志"误作"补"。

⑤ 疃（tuǎn）：村庄（多用于地名）。

⑥ "附"后疑脱一"近"字，当补。合刊本"天启志"此处亦脱此字。

东安县志 卷之四 典礼 祠祀

文 庙

每以春秋二仲月上丁日,遵制陈设,行三献礼,十哲两庑行一献礼,次诣启圣祠、文昌祠、名宦祠、乡贤祠,行礼如制。祭器、祭品、祭文俱如制。

坛 壝①

社稷坛　在县治西门外。春秋二仲月上戊日祭如式。

山川风云雷雨坛　在县治南门外城南角。春秋仲月上巳日祭如式。

厉坛　在县治北门外东北角。清明节、七月望、十月朔三祭如式。

漏泽园　在厉坛东,地八亩,知县韩襄查复。

庙 宇

城隍庙　在县治西南隅。每月朔望日,县官行香祇谒。三月二十八日神诞,民俗香火。

玉皇庙　在县治东北隅。万历九年,阴阳官刘九经创建。

东岳庙　在县治东门内。永乐十五年,知县李茂建。

龙王庙　在东岳祠西。嘉靖二年募修。

三官庙　在龙王庙西。原嘉靖二十七年,知县成印创建北门城楼上,后知县陶栋移此。

真武庙　在小东街,坐东向西。嘉靖十九年募修。

---

① 壝(wéi):古代用于祭祀的坛和场地的统称。

关王庙　在北街,坐北向南。嘉靖初年募修。

二郎庙　在西街北后巷。嘉靖初年,澄清坊民孟永昌等募修。

广严寺　在西街中,坐北向南。习仪在此。

八蜡庙　旧在县治西,水淹废。万历十七年,知县王朝于东门外捐俸买地六亩,创庙四楹致祭。

马神庙　在县治西南隅。万历六年,知县韩景闵改顺天行府。为之春秋仲月上巳日祭如式。

药王庙　在县西门外。嘉靖二十年,民马斯才、段正等募修。

观音堂　在县南门外,坐南向北。

白衣庵　在南门外,观音堂之南,亦北向。万历四十六年,知县陆隧建,置香火地六十亩。

既济庙　即在白衣庵之后,坐北向南。亦知县陆隧建。

公　仪

圣诞、正旦、冬至

知县先一日于广严寺设仪仗,具朝服,率合属各官师生习仪。至黎明,俱于县墀行朝贺礼如制,祝从县正官。

朝廷颁诏开读

知县率僚属,具仪仗,出郭迎导,至县堂,行如朝贺礼。

新官上任

先一日致斋于城隍庙。至日,祭城隍毕,诣县,祭仪门。至堂,具公服,行谢恩礼毕。升公座,换吉服,行参见礼。次谕僚属,次署公,移宴属父老。

鞭春

先一日县官迎于东郊,回郎[①]春宴。至日,候其时,县官具朝服,率僚属

[①] "郎"字误,当作"即"。合刊本"天启志"此处亦误作"郎"。

行鞭春礼如制。

日食

知县帅僚属,具朝服,于县伐鼓,行救日礼。

月食

具常服,行礼如日食。

宾兴酒礼

如乡试生员赴试,知县先于月前具宴于县堂。聘诸生赴席,毕,送于北门外,三爵而退。至于会试,其礼更优。

乡饮酒礼

岁正月望、十月朔,县官就明伦堂举行如制。

乡射礼

如按古礼,多不能行。今《大明会典》所载,洪武初,奉礼部札令,生员会日讲毕,习射。府州县官办事毕,亦习射。朔望行射礼如式。至八年四月改令,每月上朔习射三日,下旬亦如之。二十五年,重定射式。朔望,以提调官主射。永乐三年①七月,奉旨令出榜复申明之,习射如式。周旋曲折,简便易行。亦尝准今酌古,参订今射礼仪节,于春秋二仲月之望,率诸生习行之,遵时制也。戊午年,东事戒严,上司行文各州县,诸生俱许习射如式。

冠礼

古制虽存,民穷久废。

婚礼

与家礼不尽合,任其风俗,率多俭略,士②夫家不论财,其女嫁妆奁任贫富以为丰俭。

---

① "年"合刊本"天启志"误作"月"。
② 合刊本"天启志""略"后脱一"士"字。

（天启）东安县志　（康熙）东安县志

祭礼
士夫间有行如家礼者亦有行不如家礼者。

丧礼
士夫间有仿家礼行者,民间狃①于习俗,尚阴阳,作佛事,不可不戒。

东安县志　卷之四终

---

① 狃(niǔ):因袭,拘泥。

东安县志　卷之五　选举

前代科第

扈　蒙　　仕①周为右拾遗、直史馆、知制诰，宋初为学士承旨。有传。

扈　载　　蒙之弟，登进士，知制诰学士。有传。

吕　琦　　仕宋为兵部侍郎。有传。

吕余庆　　琦之子。仕宋为尚书左丞，赠侍中。有传。

吕　端　　余庆弟。仕宋为名宰相。有传。子藩、蔚、蔼、荀皆出仕。

吕　诲　　端之子。登进士，为开封尹。见《一统志》。

韩孟殷　　仕辽，为蓟、儒、顺三州刺史。

杨　晳②　大中进士，封辽③西郡王南枢密院使。今墓有碑文。

韩延徽　　孟殷之子。崇文馆学士，封鲁国公。有传。

韩德枢　　延徽之子。仕中书，封赵国公。

韩资让　　德枢之子。仕中书平章事。

刘徽柔　　登进士，为洪洞令。县为立祠。累官大理寺少卿。

李士瞻　　登进士及第，为翰林承旨，封楚国公。著《经济集》。

韩绍芳　　仕辽，侍中。谏征元昊，不听，出为广德节度使。

李继本　　士瞻之子。登进士，为翰林检讨。河朔学者尊仰德意，随其才识教之，慎取与时，号"一山先生"，有《一山集》。

韩绍勋　　任辽东京户部使。会大延林叛，被执，抗节不屈。贼以锯解之，骂而死。

---

① "仕"合刊本"天启志"误作"任"。

② "晳"合刊本"天启志"误作"哲"。

③ "封辽"合刊本"天启志"误作"辽封"，字序颠倒。

（天启）东安县志　（康熙）东安县志

国朝进士

洪武

施　礼　中丙子举人，登丁丑进士，累官刑部尚书。

正统

李　侃　中戊午举人，登壬戌进士①，累官都御史。

成化

施　纯　中乙酉举人，登丙戌进士，授给事中，累官礼部尚书兼太子少保。

魏景昭　中丁酉举人，登壬戌进士，授御史。

许　弼　中壬午举人，登乙未进士，累官郎中。

许　辅　中乙酉举人，登壬辰进士，授户部主事。

李德恢　中辛卯举人，登乙未进士，累官严州府知府。

李德仁　中辛卯举人，登戊戌进士，累官刑部郎中。

齐　文　登进士，累官户部郎中。

齐　章　登进士，累官太常寺少卿。

弘治

孙　瑞　中乙酉举人，登癸丑进士，授礼科给事中。

李　锡　中辛酉亚元，登壬戌进士，累官御史②。

正德

许复礼　中丁卯亚魁，登辛未进士，累官参政。

吴　栋　中庚午举人，登辛未进士，累官长史③。

李光霁　中庚午举人，登甲戌进士，授大理寺评事。

---

① 合刊本"天启志""进"后脱一"士"字。
② "史"合刊本"天启志"误作"士"。
③ "史"合刊本"天启志"误作"吏"。

李钦昊　中丙子举人,登癸未进士,累官参议。

嘉靖

李　珣　中乙酉举人,登丙戌进士,授户部主事。

许应元　中辛卯举人,登壬辰进士,累官布政。

许应亨　中庚子举人,登甲①辰进士,累官参议。

刘体乾　中癸卯经元,登甲辰进士,授行人司行人,累官南京兵部尚书、太子少保。

万历

吴文灿　丙子乡试,登丙戌进士,历官兵科都给事中。

林应元　己卯乡试,登壬辰进士,初授翰林院庶吉士,历官吏科给事中。

杨　遇　丙子举人,登丙戌进士,初授直隶松江府上海县知县。

天启

李若琳　辛酉亚魁,登壬戌进士,初授翰林庶吉士。

国朝乡荐

洪武

邢　严　中甲子举人,授教谕。

崔　林　中甲子举人,授照□②。

刘　埜　中丁卯举人,授学使。

焦　铎　中丙子举人,授教□③。

---

①　"甲"合刊本"天启志"误作"申"。

②　明刻"天启志"此字漫漶不清。合刊本"天启志"此字空而未书,存疑待考。清刻"康熙志"此字作"磨"。

③　明刻"天启志"此字漫漶不清。合刊本"天启志"此字空而未书,存疑待考。清刻"康熙志"此字作"谕"。

（天启）东安县志　（康熙）东安县志

永乐

范　凯　中癸酉举人，授经历。

许　忠　中乙酉举人，授知州。

张　溥　中戊子举人，授济南府同知。

王　佐　中甲午举人，累官①苏州府知府。

李　新　中甲午举人，累②太仆寺丞。淳化里人。

李　春　中丁酉举人，授照磨。

宣德

许　成　中丙午举人，授松江府照磨。

李　伸　中壬子举人，累官国子监丞。

施　绅　中乙卯解元，累官通政司右参议。

正统

周尚文　中戊午举人，授教谕。见《乡贤》。

景泰

赵　宽　中庚午举人，授知州。

成化

李　宪　中戊子举人，授青州府通判。

胡　纶　中戊子举人，授湖州府推官。

赵　鸾　中戊子举人，授高邮州同知。

李　慧　中戊子举人，授□③城县知县。

王　佐　中丁酉举人，授□□④县知县。

---

①　"官"合刊本"天启志"误作"知"。

②　"累"后脱一"官"字，当补入。合刊本"天启志"此处亦脱此字。

③　明刻"天启志"此字漫漶不清。合刊本"天启志"此字缺字未书。清刻"康熙志"此字作"丰"。

④　明刻"天启志"此处两字漫漶不清。合刊本"天启志"此处作"○武"。清刻"康熙志"两字作"修武"。

王宗义　中丙午举人,授兖州府通判。

弘治

张　本　中己酉举人,授安定县知县。

正德

黄鹤龄　中癸酉举人,授巩昌府通判。

刘大有　中丙午举人。

阎　登　中乙卯举人,累官户部员外郎。

张儒,鲍朝　同中庚午举人。

嘉靖

齐　思　甲午宣城知县。

孟　绂　中戊子经元,授南康府通判。

张文举　中辛卯举人,授郑州知州。

吴　桐　中庚子举人,授栖霞县知县。

李大经　中庚子举人。

邵鸣岐　中庚子举人,累官广西府知府。

李世清　中乙酉举人,授东阿县知县。

魏　栴　中壬子举人,授临淄县知县。清廉致仕。

庞　梅　中壬子举人。

李应期　中壬子举人,授掖县知县。

隆庆

刘顺性　中庚午举人,授河南新郑县知县。

万历

杨　遇　浙江人。中丙子举人。

林应元　中己卯举人,壬辰进士。

吴惟忠　中丙子举人,授延安府同知。

(天启)东安县志　(康熙)东安县志

福文明　中壬午举人,授太原府同知。

陈　宪　中戊子举人,累官平阳府通判。

黄宗周　中庚子举人,授汲县知县,累官山东济南府海防同知。

邵豫立　中壬子举人,授山东冠县知县,升山西汾州陵县知县。

孙绳武　中①。

天启

刘跻稿　中甲子经魁。尚书体乾之孙。

国朝恩选岁贡

洪武

陶　贵　应丁亥贡,授刑部主事。

王　郁　应己丑贡,授户科给事中。

王　昭　应乙卯贡,授刑部主事。

纪　谆　应乙亥贡,授御史,累官布政。见《乡贤》。

李　东　应○○②贡,授行人司左司副。

永乐

孟　固　应丁酉贡,授刑部员外。

魏　纲　应己亥贡,授浙江道御史。

阎　杰　应辛丑贡,累官太仆寺丞。

朱朝臣　应壬寅贡,授训导。

李　厚　应癸卯贡,授训导。

杨　敬　应乙巳贡,授县丞。

---

① 明刻"天启志""中"字下阙文。合刊本"天启志"此处阙文。清刻"康熙志"此处作"中万历戊子科举人,授河南襄城县知县"。

② 明刻"天启志"、合刊本"天启志"、清刻"康熙志"此处皆存疑待考。

宣德

孟　鉴　应丙午贡。

范克明　应丁未贡,授主簿。

尹　智　应乙酉贡,授府照磨。

孙　武　应辛亥贡,授邠州巡检。

鲁　昇　应癸丑贡,授卫知事。

贾　杲　应乙卯贡,授推官。

正统

胥　瞻　应丁巳贡,授府知事。

王　谧　应己未贡,授照磨。

周　信　应癸亥贡,授知县。

唐　斌　应甲子贡,授主簿。

刘　瑶　应丙寅贡,授卫经历。

阎　岗　应戊辰贡,授县丞。

孟　珥　应己巳贡。

景泰

孟　宣　应庚午贡,授州吏目。

纪　宣　应壬申贡,授府照磨。

刘　鉴　应甲戌贡,授县丞。

张　铭　应丙子贡,授州判。

天顺

李　盛　应戊寅贡,授县丞。

王　俨　应庚辰①,授华亭县主簿。

---

① "辰"后脱一"贡"字。合刊本"天启志"此处未脱。

（天启）东安县志　（康熙）东安县志

王　鉴　应壬午贡,授县丞。

孙　俊　应甲申贡,授鸿胪寺序班。

成化

韩　玉　应丙戌贡,授闸官。

崔　贤　应戊子贡,授县丞。

张　纯　应庚寅贡,授州同。

仇　睦　应壬辰贡,授州同。

黄　简　应戊戌①,授滨州判官。

刘　玉　应庚子贡,授辽东训导。

杨　间　应壬寅贡,授主簿。

郝　文　应甲辰贡,授肥城县主簿。

周　观　应丙午贡,授训导。

弘治

阎　福　应戊申贡,授王府奉祀正。

张　昭　应己酉贡。

王　忱　应庚戌贡。

孟　旭　应壬子贡,授训导。

窦　惠　应甲寅贡,授即墨县县丞②。

李　凤　应丙辰贡,授茌平县丞。

焦　诚　应丁巳贡,授封丘县训导。

窦　奇　应己未贡,授新乡县丞。

阎　翔　应庚申贡。

李　杰　应壬戌贡,授寿光县主簿。

---

① "戊戌"误,应作"戊戌",且其后脱一"贡"字,当补。合刊本"天启志"此处亦脱此字。

② "丞"合刊本"天启志"误作"亟"。

李希贤　应甲子贡,授吏目。

郭卓伦　应丙寅贡,授扶沟县训导。

正德

焦　谨　应戊辰贡,授教授。

张　骐　应庚午贡,授教谕。

施　懋　应壬申贡,授大同府训导。

许伯伦　应甲戌贡,授平凉府知事。

王宗礼　应丙子贡,授教谕。

刘　宣　应戊寅贡,授县丞。

刘　景　应庚辰贡,授米脂县教谕。尚书体乾之父。

于　铎　应辛巳贡,授训导。

李　宣　应壬午贡,授鹿邑县训导。

嘉靖

王尚大　应癸未贡,授寿光县丞。

马汝颐　应甲申贡,授武原县知县。

孟　绌　应丙戌贡,授河南府通判。

魏秉直　应戊子贡,授崇信县教谕。

黄　瑁　应庚寅①,授平定州同知。

刘　进　应壬辰贡,授秦州判。

王　镛　应癸巳贡。

高　伦　应甲午贡,授东昌府经历。

陈　位　应丙申贡,授金州卫教授。

李景荣　应戊戌贡,授隆庆卫训导。

---

① "寅"后疑脱一"贡"字,当补。合刊本"天启志"此处亦脱此字。

许时中	应己亥贡。
庞　纶	应庚子贡。授山西徽州训导。
张汝砺	应壬寅贡。
焦　佐	应癸卯贡,授石楼县训导。
高　瑞	应甲辰贡。
郭继先	应丙午贡,授观城县知县。
张天爵	应戊寅贡,授大谷县知县。
刘　相	应庚戌贡,授山阴县教谕。
王廷佑	应壬子贡,授泾阳县主簿。
孙应昌	应甲寅贡,授秦州训导。
解　沔	应丙辰贡,授咸阳县教谕。
许汝端	应丁巳贡,授猗氏县教谕。
孙　釜	应戊午贡,授代州训导。
冯时泰	应庚申贡,授诸城县丞。
张孚化	应壬戌贡,授平顺县教谕。学问宏深,行谊清洁。
李九渊	应丙寅贡,授永宁教谕。

隆庆

杨绍光	应戊辰贡,授仪封县教谕。
陈　守	应戊辰恩贡。
周　朴	应庚午贡,授清苑县训导。
王三锡	应壬申贡。

万历

郭　楠	应癸酉贡,授平原县主簿。
高维嵩	应甲戌贡,授青城县主簿。
王嘉言	应丙子贡。

施为霖　应戊寅选贡,授山东崞县县丞,升马邑县知县。在任有碑、祠。有传。

李希曾　应庚辰贡,授井陉县训导。

杨绍英　应壬午贡,官至平阴县教谕。

高维岩　应甲申贡,授永平府滦州训导,升河南汝宁府教授。

郭维城　应丙戌贡,授山东登州府蓬莱主簿,升江西进贤县县丞。

史　亨　应戊子贡,授河南怀庆府盂县训导。

房　伟　应庚寅贡,授金州卫训导。

王应门　应壬辰贡,授山西太原府兴县训导。

马承祀　应甲午选贡,考中通判。

施大志　应乙未贡。

郭维埔　应戊戌选贡,授陕西巩昌西河知县,升山西太原府岢岚州知州。

田舜耕　应庚子贡,授陕西潼关卫训导。

陈民爱　应壬寅贡,授清河县训导。

张登云　应壬寅恩贡。

刘龙光　应甲辰贡。

聂大猷　应丙午贡,授滏县训导,升山东新城县教谕。

吕尧钦　应戊申贡,授河间县训导,升行唐县教谕。

高维岑　应庚戌贡。

张惟一　应壬子贡,授永平府训导,升南宫谕,又升万全都司开平卫教授。致仕。

王嘉宾　应甲寅贡。

邢　孝　应丙辰贡。

郭养心　应戊午贡,授河间府故城县训导。

魏邦才　应庚申贡。三举孝义。

泰昌

张希稷　应庚申恩贡,天启辛酉廷试。前恩贡登云之子。

（天启）东安县志　（康熙）东安县志

天启

刘兆东　应辛酉恩贡。

曹　谦　应壬戌贡，授京卫武学训导。

陈王道　应甲子贡。

儒学生员

廪膳　二十名。

增广　二十名。

附学　百余名。

恩荫官生

刘　浦　兵部尚书体乾之子。初授都事，累工部员外郎。长才家学，明敏清勤，爰从枢府，副职司空。

选授儒士

马继文　内阁制敕房掌理事务，太仆寺卿加工部右侍郎，兼司经局正字，加正二品服。俸侍经筵，纂修国史、玉牒。

马继志　制敕房供事，通政知事。

杨开泰　序班。

张　宾　序班。

马　键　继文之孙。制敕房掌理事务，礼部仪制司员外郎。

吴彦鸣　内阁詹事府录事。

例　贡

刘　琮　授府知事。

张文进 授主簿。

杨　绣 授州判。

贾　斌

曹　勋 授州吏目。

赵　玺

刘　侃

王大宾 授府检校。

李宗先

扈　燿

李元道

李元逵

郝鸣皋

高维崇

扈　灿

王得道 河南太康主簿。

刘　璩 准贡,授宁海州判。

于　腾 附例。

刘匡国 附例。

刘学曾 廪例。

刘　典 增例。

许文胄 廪例。

扈　圻 泗州吏目。

杂　职

徐可成 由神乐观道士。累官礼部侍郎。

（天启）东安县志　（康熙）东安县志

曹　铎　　由天文生。升五官灵台郎。

潘一元　　钦天监承德郎。

潘一中　　钦天监丞。升南京钦天监正。

潘文举　　由天文生①。钦天监。

庶　员

省祭官、阴阳官、典膳承、差义官、寿官。

武　荫

张仁义　辽时②东安州人。金末，徙家益都。太宗下山东，仁义乃走信安。时燕蓟已下，独信安犹为金守。主将知仁义勇而有谋，用之左右。国兵围信安，仁义帅敢死士开门出战，以功署兵马总管。守信安逾十年，度不能支，乃与主将举兵内附。以平定河南功，授管军元帅。没于军，赐爵关内侯。《山东通志》。

张　禧　东安州人。父仁义为管军元帅，攻归德战殁。禧从大将南征，世祖时累官至都元帅。时议征日本，禧即请行。攻城徇地，屡有战功，官至镇国大将军左丞。及卒，追封齐郡公，谥武宣③。《一统志》。

张弘纲　禧之子。仕辽为昭远将军，从父征战有功，讨八百④媳妇回⑤，力战而殁，谥忠武。

福　时　原姓张氏，名福时，白务里马坊村下屯指挥。幼而善射，断事聪敏。世宗尝语臣下曰："武将中清莫如福时，勇莫如马芳。"后遵御音，止名曰福时。节升

---

① "生"后疑脱一"升"字，当补。合刊本"天启志"此处亦脱此字。
② "时"合刊本"天启志"误作"东"。
③ "武宣"两字前后颠倒，应作"宣武"。合刊本"天启志"此处亦倒。
④ "百"合刊本"天启志"误作"日"。
⑤ "回"字误，应作"国"。合刊本"天启志"此处亦误作"回"。

署都督佥事、漕运总兵，一介①不妄取，革常例，法严而国务，克济风纪，振肃漕运，都宪亦为之惕然，真武将中之贤者。

郝　通　白务里寺堡村人。系世袭指挥，通武略。嘉靖间，巨寇杨功骚扰畿辅，通奋击破之，后挂印偏头关。

张　仁　白务里旧州人。系世袭指挥，有谋略、有才识，虽居武胄中，清约如寒士。后升○西都司。

封　赠

前代

扈　蒙　赠左仆射。

吕余庆　赠侍中。

杨　晢②　封辽西郡王。

韩延徽　封鲁国公。

韩德枢　封赵国公。

张　禧　封齐郡公，谥宣武。

李士瞻　封楚国公。

张仁义　赐爵关内侯。俱《一统志》。

国朝

施　礼　刑部尚书。诰命赠祖，祖为刑部尚书，配萧氏赠为夫人。父伯诚赠为刑部尚书，配张氏、李氏赠为夫人。妻冯氏封夫人。诰存。

李　侃　都御史。赠父东太仆寺少卿，配陈氏封恭人。诰存。

施　纯　鸿胪寺左少卿。诰命为奉直大夫，妻许氏赠孺人，宋氏封孺人，加封宜人。诰存。

---

① 介：通"芥"，小草，也喻指微小之物。

② "晢"字误，应作"晳"。合刊本"天启志"此处作"晳"。前文前代科第中亦作"杨晳"。

（天启）东安县志　（康熙）东安县志

张　纯　彭城卫经历。敕命征仕郎，父志学赠征仕郎，母李氏赠孺人，妻封孺人。敕存。

孙　瑞　礼科给事中。敕命征仕郎，父进封征仕郎，母徐氏赠孺人，妻胡氏封孺人。敕存。

谢　铭　都察院司狱。敕命登仕郎。敕存。

李　玫　户部主事。敕命承德郎，父锡封承德郎，母张氏赠安人，妻王氏封安人。敕存。

黄　瑁　永清卫经历。敕命征仕郎，父昇赠征仕郎，母石氏赠孺人，妻焦氏封孺人。敕存。

吴　栋　唐府左长史。诰命奉政大夫。诰存。

刘体乾　南京兵部尚书。诰命祖旺赠南京兵部尚书，祖母杨氏赠夫人。父景赠兵部尚书，母马氏赠夫人，生母高氏赠夫人。谕祭。妻张氏封夫人。诰存，谕祭碑存。

邵鸣岐　南京户部四川司郎中。诰命父宽赠南京户部四川司郎中，母陈氏赠宜人，妻王氏封宜人。诰存。

马继文　光禄寺少卿。诰命奉政大夫，封母宁氏太宜人，妻夏氏宜人。诰存。

于应辰　金吾卫经历。敕命父锦赠征仕郎，母张氏封孺人，妻王氏孺人。敕存。

黄宗周　河南汲县知县。诰命父○赠文林郎，母王氏赠孺人，妻刘氏封孺人。敕存。

邵豫立　山东冠县知县。敕命父秉厚封文林郎，母郭氏封孺人，妻张氏孺人。敕存。

按：国家制乡试之科以罗天下士，而邑庠实贤才育养之地、豪杰发轫之基也。东安为渤海名邑，在国初文献称盛，父子祖孙贤科继美，忠臣良吏相望仕途，第今之人材较之往者十不侔一，果气运使然耶？抑人事未尽耶？后之学者一奋发焉。庶于先有耀矣。其勖之。

刘　潇　工部营膳司员外郎。妻范氏封宜人。诰存。

东安县志　卷之五终

东安县志 卷之六 人物志

名 宦

侯　秀　四川人。洪武七年任本县知县。廉以守己，勤以莅事，兴学校，劝农桑，豪猾畏威，人民乐业。考满而去，民怀其惠，至今称之不忘。

李　骥　山东郯城人。洪武三年初任户科给事中。永乐三年调本县知县。廉以律己，宽以抚民。九载任满，除刑部郎中，民至今称之。

王　睿　河南临颍县人。宣德五年任本县知县。政治宽平，人心悦服。九载任满，民不忍舍，咸伏阙乞留。于是升知州俸，仍管本县事。正统四年卒于官舍，至今民悼念不忘。俱旧志。

于　璧　山东人。天顺八年任本县知县。节清政严。

何　瑛　河南杞县人。成化初年任本县主簿。律己严而公于处事，待下仁而威于惩奸。课农桑察树畜而民生有赖，立社仓均丁银而奸弊不行。挑新河而水利以通，修城池而封疆巩固。入祠。

景　佐　山西蒲州人。弘治初任本县知县。政令精敏。

马　安　陕西武功人。弘治十二年任本县管马主簿。机权神变，剖决风生，人皆追念不已。

彭　伟　山东掖县人。正德四年任本县知县。清俭居家，慈祥惠下。持守端而不阿乎权幸，费用省而不苟于征求。入祠。

张文明　河南祥符人。嘉靖四年任本县教谕。天性孝友，赋质温纯，动导礼法而不阿乎有司，教本忠诚而善启乎士类。有学有守，剖是非于几微；有德有言，发和粹于冲淡。入祠。

胡汝辅　山西石州人。嘉靖十二年任本县知县。卓立大体，奏革弊端，未竟施行，旋即改任，人皆惜之。后擢御史，历陕西按察司副使。

（天启）东安县志　（康熙）东安县志

夏九皋　山西辽州人。嘉靖十三年任本县典史。性浑浑而不失其初，心兢兢而不急于事，甘①清苦不差人扰民，守法纪不揽讼纲利，此吏员中之杰俊也。

洪一谟　山东历城人。万历二年任。律己廉平，治民慈厚。值洪水之滥溢，竭心瞽以捍防。堤堰筑成，邑永资其利赖。棠花栽遍，政早夫循良②。久系去思，举入《名宦》。

阮宗道　山西大同人。万历十年任。襟度光风霁月，操持白璧③清冰。实意爱民，不啻己饥己溺；真心作士，使知希圣希贤。且邑乘之肇修，更口碑之难泯，宜登《名宦》，以祀神君。

戴之二　河南固始县人。万历三十九年任。精明出以和平，振作行之简易。条鞭立而民无觭④苦之差，堤岸修而田有可耕之利。至于高蹈言归，尤见清风迈世。去思有祠，《名宦》宜先。

陆　燧　南直上海人。万历四十五年任。巍科擢第，剧邑分符。到处雅著才名，此地更多惠爱。弊无不剔，崔符狐鼠潜形；教无不兴，黉舍⑤学田增创。叔子之碑具在，文翁之范依然。特祀惟新，斯文永赖。俱"本县知县"。

寇光裕　山西榆次县人。万历三十六年来掌教事。文章有典有则，制行不激不随。振起斯文，创建奎楼高秀气；更新黉舍，陶镕士子奋鸿名。功在胶庠，礼宜俎豆。

乡　贤

前代

吕　琦　初事唐庄宗，为代州军事推官。废帝时知诰命给事中。后仕晋，累官兵部侍郎。赵玉以琦父之客而救琦之死，琦感玉之恩而抚文广之成立。以德报德，此亦一节之可取也。

---

① "甘"合刊本"天启志"误作"耳"。
② 此处原文疑有误。
③ "璧"合刊本"天启志"误作"壁"。
④ 觭(jī)：偏，偏向一边。
⑤ 黉(hóng)舍：校舍，亦借指学校。

扈　蒙　幽州安次人。自少以文学名。五代时仕周为右拾遗、直史馆、知制诰。时从弟载为翰林学士，兄弟二人并掌内外制诰，时号"二扈"。宋初蒙为学士承旨，卒赠右仆射。所著有《鳌山集》。

扈　载　蒙之弟。好学善属文，举进士。仕周，为校书郎、直史馆。常游相国寺，见亭竹可爱，作《碧鲜赋》，题于壁①。周世宗遣小黄门录之，览而称善。次又编历代兴废治乱之迹为《运②源赋》，世宗善之，拜为知制诰翰林院学士。

吕余庆　安次人。琦之子。重厚简易，能识大体。宋太祖时为观察判官，召拜给事中，充端明殿学士。建隆三年拜参知政事。蜀平，命知成都府。时盗贼四起，军士恃功骄恣，大将王全斌不能戢丁。一日，药市始集，街吏驰报，有军校被酒持刀夺买③人物。余庆立捕，斩之以徇，军中畏服，民用安堵。加吏部侍郎。开宝六年拜尚书左丞。卒赠侍中。

吕　端　余庆弟。事太祖，累官太常寺卿。太宗时为相，历官四十年，至是始大显。持重识大体，卒谥正惠。子藩、蔚、蔼皆仕于朝。太宗尝曰："端为人，小事糊涂，大事不糊涂。"

杨　晳④　安次人。幼颖悟，通五经大义。太平中擢进士，为著作郎，累迁南院枢密使，总朝政，请谒不行。后封辽西郡王。

韩延徽　安次人。少英迈，涉猎经史。累官崇文馆大学士。政事机务悉令裁决，为佐命功臣，封鲁国公。

刘徽柔　安次人。第进士，为洪洞令。明敏善听断，秩满归县，人遮恋不得去者弥月，为立祠刻石颂功德。后迁同知河东路转运使，以廉明第一，入⑤为大理少卿。

李士瞻　东安人。为翰林学士承旨，封楚国公。尝使闽，适海酋据福州城，王

---

① "壁"合刊本"天启志"误作"璧"。
② "运"字误，应作"浑"。合刊本"天启志"此处亦误作"运"。
③ "买"字误，应作"卖"。合刊本"天启志"此处亦误作"买"。
④ "晳"字误，应作"晳"。合刊本"天启志"此处作"晳"。前文前代科第中亦作"杨晳"。
⑤ "入"合刊本"天启志"误作"人"。

（天启）东安县志　（康熙）东安县志

师攻之不下，士瞻喻以祸福，酋遂出降。闽人立祠事之。所著有《经济集》。子继本官至翰林检讨，有德望，河朔学者多从之。语曰："杨李毛焦胡，北方五丈夫。"有《一山集》。

国朝

施　礼　字仲节。由洪武进士，历仕五朝，累官刑部尚书。廉以持己，恕以恤刑。丞廷尉而辩冤直枉，掌刑部而摧奸抑幸。竭力二母之养，内外无间言①。致身五帝之朝，始终无疵议。入祠。

纪　谆　字克诚。累官左布政使。资干魁伟，才识超越。巡按荆湖，风纪振励。监察齐鲁，刑政肃清。抚南交而远夷畏附，转山西而庶事修明。归远地之骸骨义感天变，诛不孝之逆子德日风行。入祠。

李　侃　字希正。由进士，累官都御史。存心正直，赋性方刚。沮易储之章，涕泣以折权宦；议迎复之举，忠义以感当朝。巡偏关而躬履雪夜，抚山西而政布阳春。奔二亲于寇盗充斥之日，讲杂传于母氏丧明之年。声绩丕显于生前，词翰永传于身后。入祠。

施　纯　登进士。累官礼部尚书。进学词林，擢官给事，历年滋久，茂著芳声，升鸿胪少卿。操履清慎，复升正卿。忠勤益励，特升礼部尚书兼太子少保。

周尚文　由举人。孝行纯笃，亲殁庐墓。入祠。见《孝行》类。

孟　旭　由岁贡。性质纯厚，与人无竞。居乡教授，始终不倦，一时人材多所成就，人皆称为孟公有德行云。

吴　栋　由正德进士。性资朴②实，居官清慎。抗权宦而志不可夺，抑奔竞而节不可变。诚岁寒之松柏，后学之轨范。累官长史③。入祠。

张文举　辛卯举人。禀性刚正，问学宏深，授郑州知州。有守有为，实心实政，有古循良风焉。见《郑州志》。

---

① 间言，亦作"闲言"，指异议、非议。
② "朴"合刊本"天启志"误作"村"。
③ "史"合刊本"天启志"误作"吏"。

刘体乾　登嘉靖进士。累官南京兵部尚书。禀狷介之操，抱经纶之略，奉使克持，廉节给谏，时有建①明。久任银台，恭勤无斁，历司国计，裨益良多，暂且悉车，旋司留钥。三朝祗事，允称耆硕之贤；八座载登，弗替清修之誉。卒赠太子太保。

李　锡　公以亚元登壬戌进士。天性淳笃，学业渊邃。居乡恂恂雅饬，立朝凛凛风裁。舆论允孚，士绅共仰，宜采入《乡贤》，以崇俎豆。

邵鸣岐　由庚子举人。累官云南知府。赋性孝友，誉望素孚于一乡；莅政仁慈，德化深涵于列郡。公评翕然，推重祀典，允矣宜先。

施为霖　由选贡。累官知县。丰仪俊整，气宇轩昂。有德有言，洵是人伦之冠冕；曰忠曰爱，允称先达之箕裘。花封业识，去思梓里，宜加崇祀，详见本传。

黄宗周　由庚子举人。累官至金州海防同知。孝友于家，克敦一本之爱；勤劳于政，爰登五马之荣。鞠躬以裕边筹，尽瘁以忠王事。孤贞仵录，乡祀攸宜。详具《志铭》。

福文明　由壬午举人。累官南通州知州。饮冰守己，风标同玉树以孤高，观火临民，心地与梨花而并洁。高尚三载，一卧膏泉，南国人犹聚金三百两，作浮屠教三昼夜，古谓盖棺论定，殆庶几乎！

贞　节

孔氏　系安庄里孔三女，年十八岁适邑庠士陈琏。逾月，夫以岁贡赴南监，遗孔氏在家奉姑。孙②氏克尽妇道。越三年，夫以疾卒于客邸，躬迎榇还葬。姑怜其无子，欲嫁之，孔氏曰："夫既早逝，姑老且疾，妇若嫁之，姑将何依？"哭而不从。时遇兵荒，人民奔窜，孔氏侍姑甚谨。姑卒，尽卖衣服葬之。孀居五十八年。正统中，御史周铨以事旌其门。《一统志》。

王氏　系东庄里王五女，年十六岁适邑人纪缵住，孝养翁姑，昼夜不息。其夫因行戍，遗王氏在家。时年歉家贫，二子俱幼，无人助薪水之劳，日挑野菜以供养。

---

① "建"合刊本"天启志"误作"逮"。

② "孙"误，联系上下文，应作"孔"。合刊本"天启志"此处亦误作"孙"。

(天启)东安县志　(康熙)东安县志

至洪武三十三年,夫随征东昌不还,王氏年方二十岁,哭哀几绝。姑李氏怜其少寡,欲再嫁之。王氏谓:"姑年老,无人侍养。"毅然不从,奉姑益笃,终养不衰。正统四年,本县知县王睿嘉其贞,以事闻,诏旌表其门。

孟氏　康恭妻,在左奕卫。成化初,以贞节旌表其门。

辛氏　高明妻,澄清坊人。年二十二岁夫亡,家甚贫,其子尚在襁褓。抚棺哀痛,六日不食,翁姑劝始食。奉养翁姑始终不衰,内外无间言。其子高滋娶闫氏,滋亦蚤①亡,孝姑辛氏始终亦不衰。辛氏七十五岁卒,闫氏六十一卒。邑人嘉其双节,未经旌表,至今惜之。

张氏　千户杨林妻,在更生村住。夫亡,张氏年二十五岁,苦执纺绩,誓不再嫁。深处闺门,足不外履四十五年。清谨无玷,年七十一岁卒。弘治十八年,本所正千户韦玺等移关,本所奏闻,奉圣旨立牌旌表其门。

张氏　刘景学妻,在县东街。正德初,以贞节旌表其门。

周氏　王文苑妻,在西街。夫亡,无翁姑可恃,无子女可依。家又贫窘,年数凶荒,坚意守节,始终无玷。年七十五岁卒。嘉靖四十一年,县尹江一定旌表其门。

张氏　扈文妻,在县西街。甫三载,文死。后十八日,生遗腹②子扈印。时值家贫,氏坚意守节,誓志终身。后印亦死,印妻亦死,张氏孤立。后育孙守忠三人成立,至八十三岁终。县尹江一定旌表其门。

冀氏　李大经妻,在东街。夫亡,翁姑垂老,三子尚幼,屡经荒年,节孝不改。嘉靖间,知县陶栋旌表其门。

窦氏　孟约妻,在南街。年二十二岁夫亡,上无父母,子在襁褓,屡遭凶荒,始终不变。至八十五岁病卒。未遇旌表。

房氏　孟瑁妻,在西街。年二十一岁夫亡,上无父母,下无子息,伶仃孤寡,纺绩度日。寿至八十五岁卒。邑人服其苦节。

岳氏　艾庄里魏宣妻。年二十三岁夫亡,子承绪方三岁,子母相依,始终无玷。

---

① 蚤:通"早"。

② "遗腹"合刊本"天启志"误作"遣復"。

寿至八十三岁。万历十年,乡人荐之,知县阮宗道赐粟帛。

张氏 淳化里生员郭佃妻也。年十六嫁佃,嫁四年而佃死,子女俱无,家贫姑老。氏痛夭①结发,矢死以殉。姑守之严。夜深,姑怠寝,氏即自缢于灵所。恍有神人断其系。姑觉,慰之曰:"汝死得矣,如吾无依何?"氏勉从之,勤纺绩以供养,不给则挑野菜以自食。姑见之一恸几绝,劝氏移夫,且嘱邻妇从臾之。氏怒曰:"此非我所为也。若迫之,宁舍姑而死!"志愈②坚。迨姑亡,哀号数日,贫不能具棺。乡人助棺殓,并助资以葬。从此谢绝亲邻,闭门自守,五十余年如一日,未尝见有亲戚一人出入其门者。万历三十年奉旨旌表。

郭氏 通津里民贾时雍妻。年二十二岁夫故,家贫甚,幼男文郁甫二龄。力勤茹苦,抚孤成立,娶媳游庠,未几而夭。抚孙翼龙、翼蛟,早亡。茕茕孤子,霜节终身,年八旬卒。万历二十一年,奉旨旌表。

任氏 武生王大传妻。适夫甫三年,夫故。氏年二十三岁,止一继姑并待哺儿王孝哥。氏欲绝食殉夫,邻人以耄姑幼子故,劝氏勉食。数七,力襄大事。一夕大雨,寐中神呼,遂抱儿起,倏而屋倾矣。教子三重游泮,冰心苦节,昭人耳目。知县陆燧申详云:"庑糟事中郎之母,生有始,死有终;含薪抚赵氏之孤,始胎教,终言教。"茹蘖历五十载,贞松届七十秋。游庠占天道有知,锡典合人心公举。奉旨旌表建坊。

李氏 系生员刘之翰妻。翰卒,氏年方二十二岁。时祖姑已老,止一女在襁抱中。氏忍死励节,养老慈幼,及女适人而孑身无倚。有弟锦衣公世茂,侄庶吉士若琳,时供日用,以全苦节。天启三年,奉旨旌表。

王氏 系生员张震阳妻。夫死,男克恭方六龄,氏年二十有三。家徒四壁,藜藿不充,对寒灯以繲③绩,画短荻以训孤。艰苦备尝,始终如一。抚男补邑庠。殁后,蒙按台旌其门,曰"贞节"。

于氏 儒门之女。嫁胡栋,不数年而寡。时年二十三岁,生男俊,方五龄。女

---

① "夭"字误,应作"失"。合刊本"天启志"此处亦误作"夭"。
② "志愈"合刊本"天启志"误作"愈志",字序颠倒。
③ 繲(bì):织丝为带。

（天启）东安县志　（康熙）东安县志

贞正内,力敝存孤。蒲盖勤身,卓冠于陵之配①;怀襁祝血,潜消回禄之威。婴孺半赖于凫茈,德福宜征于鹤算②。子俊补邑庠,奉按、学二院旌表。知县郑之城奖语:两间正气相,应采入流芳。

王氏　系生员史简妻。二十三岁夫亡。抚男应德。应德死,抚孙冬全。俯仰无依,拾薪度日,年八十余卒。知县田子耕奖其门。

田氏　武学生杨逢盛妻。二十六岁夫亡,抚育二子杨蔚、杨蕃。家居穷苦,垂四十八年而冰霜之操矍然。蔚为庠生。奉旨表其门。

刘氏　生员葛润妻。有贤行,夫死,氏年十九岁,遗孤叶成,生仅三月余。氏抱子痛泣,因而成疾,未逾年,亦死。闻者莫不悼其节。尚未表扬③。

王氏　淳化里张鹏翔妻。年十五适翔,翔习儒未售早死。氏年方十七,誓死守节。祖父怜其年幼无子,隐喻改适。氏为长号,谊不欲生。泪血滢滢,灯窗寂寂,红颜素守。玉韵冰香,心悲夜半之啼鸟;独存弱女,恩被阴中之鸣鹤。兼赖衰翁,矢星日以为操宁,计三十余载,表存亡而并宠,行将亿万斯年。

王氏　张泰阳妻。年十九而孀,家贫如洗,一子克勤,方在襁褓。氏绩麻抵囊,茹苦课读。及克勤游庠,未几夭死。遗孙尔通、尔达,伯年十一,仲年九岁,家益贫窘。氏以教子者教孙,艰苦倍切。二孙俱列泮宫,盖天道有以报苦节也。已经按台汤公题请,给匾以旌其庐。

葛氏　殷惟公妻。二十五岁夫亡,誓节不嫁。

王氏　张尧之妻。二十六岁夫亡,终身不嫁。

李氏　北尹里刘可儒妻。年十九岁夫亡,子女无依,掇薪自给,蓬髽④自瘁,谁适为容?柴骨难支,缘姑不死。终宵鬼噪,心将藁朽同灰⑤;廿载灶洴⑥,色与饴甘并至。称苦

---

① 于陵之配:指楚国贤士于陵的妻子,是一位有德行的女子。
② 鹤算:鹤寿,长寿。
③ "扬"合刊本"天启志"误作"杨"。
④ 蓬髽(pēi):形容头发散乱。
⑤ 同灰:谓一起化成灰,形容爱情坚贞不渝。
⑥ 洴(píng):洗,漂洗。

于乡间之口;赞举惟公,表幽于废阁之余。天道斯在？于天启四年,奉旨建坊旌表。

  刘氏 系葛南里张希皋妻。事详《烈妇小传》。奉旨建坊、建祠。

  刘氏 东沽里邓世银妻。夫亡,氏年二十八岁。奉姑至孝,期承啜菽之饮①,诲子惟勤,克笃和丸②之志。苦节历五十载,遐龄享八十秋。叔子汝第,髫岁游庠,敦符孝友。学台、按台均给匾额,颜其门为节孝云。恭候题旌,锡光没在。

孝 子

  程 式 元人。亲丧,筑庐墓侧,朝夕奠哀。翰林院承旨康里公匾曰:"慕亲。"有慈乌③百余巢于冢树,浑河为之回澜,人咸异之,谓孝感所致。见《庙学记》。

  李 侃 太常寺丞。丁父忧,哀毁骨立。先景泰初,房寇江畿甸,二亲在容城县,昼夜号哭,乞假寻访。冒房贼白刃中,遍访二亲,得之。贼虽凶悖,见其孝诚,亦不加害。大④恭人晚年丧明,公退讲史传,乃命子弟讲古今事实,以悦其意。比终,哀毁如丧父时。《墓志》

  周尚文 孝行纯笃,亲殁庐墓。值沥雨,虾蟆产绕墓侧,尚文恶污秽,昼夜痛哭,虾蟆尽死。景泰间,有司以孝感闻,立坊旌表其门。

  刘学光 邑人。父死,庐于墓侧。幽林迴圹,人不堪其戚戚之穷,彼独偃仰自如,犹若依其膝下之素⑤。感蛇狐之不亲,致乡童之汲水。知县洪一谟旌表其门。

廉 行

  刘徽柔 金,安次人。迁河东南路转运使。清廉第一。见《一统志》。

  李继本 元人,为翰林检讨。一钱一帛,不苟取与。见旧志。

---

① 啜菽之饮:饿了吃豆羹,渴了喝清水。形容生活清苦。
② 和丸:亦曰"和熊",为母亲教子勤学之典。
③ 慈乌:乌鸦的一种。相传此鸟能反哺其母,故称。
④ 大:古通"太"。太恭人,明清四品官之母或祖母封号。
⑤ 素:素来,一向。

（天启）东安县志　（康熙）东安县志

李　侃　佥都御史,镇抚山西。尝雪夜提兵巡偏头关,寒甚。边将以貂裘直百金密馈,公叱出之,而薄其人。见《墓志》。

黄　简　字子敬。判山东滨州。民为之歌曰:"黄子敬,只吃俸。"见旧志。

黄宗周　筮仕汲县。民为之歌曰:"黄大爷到底清耶!"见《汲志》。再仕金州监军。宽莫不受将馈,官军凛然,迄今犹有生气。

义　行

程　式　至正乙酉间,割己资即州治东朝正坊,创义学明堂三间,住宅一区,赡学地一顷一十亩。延时儒士教其乡,洎四方之来者,师生廪膳岁给弗替,学者云集。顾宣圣庙缺焉未立,越七□①,壬辰终,始庙成,塑先圣曾氏像,春秋二祭谨严。□□②癸卯秋,州二侯念庙学俱缺,请假义学,权以设教,式愿将义学居舍地土罄与州永为□③学,二侯大④辴⑤然曰:"真义士也!"又分田以给姻族婚丧,贤士大夫编诗美之。见学碑。

按人物志所记者:名宦、乡贤、节孝、廉义,德行不同,事业亦异,要皆建伟烈于当时,垂芳声于后世也。宁可少訾哉! 噫! 先贤规范,后人仪则。观名宦者,当行仁政;睹贤乡者,当修德行;至于立节、敦孝、养廉、植义,端有望于后之君子者。

东安县志　卷之六终

---

①　明刻"天启志"此字漫漶不清。合刊本"天启志"此处空而未书,存疑待考。清刻"康熙志"此处作"年"。

②　明刻"天启志"此处两字漫漶不清。合刊本"天启志"此处未留空存疑,误。清刻"康熙志"此处两字作"至正"。

③　明刻"天启志"此字漫漶不清。合刊本"天启志"此处空而未书,存疑待考。清刻"康熙志"此字作"儒"。

④　"大"疑为衍字。合刊本"天启志"此处不衍。

⑤　辴(chǎn):笑的样子。

(康熙)东安县志

重修东安县志叙

邑之有志,所以记载事迹,表章人文。匪但使从前之懿美灼灼不磨,抑且令继起之徽猷嗣续靡尽,良有以也。东安密迩神京,实沾首化。其间声华物彩,载在旧章,知必有独甲诸邑者矣。

辛亥秋季,余承乏兹邑。甫下车,侧见人民、地土、城郭、村庄,触处凋残,为之恻然者久之。案牍之暇闲,一披阅县志方知,今虽井里萧条,昔固冠裳文物称名区也。匪邑志纪载之详,几令人以东邑为荒乡矣。补偏救敝,责在司牧。邑志之修,顾可已欤?粤自明代以迄国朝,多历年所,旧刻虽存,新编未续。芳规代兴,不无沦没;典章具在,未必协宜。主持世道者,何以弘教化而备劝惩乎?余每退食思之,谋所以编纂而嗣续者,未克所愿也。幸我皇上励精图治,留心于天下风土古今人物,部议令各府州县修志,甚盛举也。因致敬尽礼,进外翰马君暨邑荐绅,图共襄厥事。爰得明经张君墀、扈君运闻,慨然任之。博士弟子员扈君运开、邵君庆延、刘君宗奭,欣然佐之。载采载辑,询故老而搜遗书,不惮以文献自任。□①铅椠之□②,供给之需,悉出公廪。□□③逾月而告成焉。取阅□□④,为之诠次而订证之,合众见以参独见,稍寓史氏之笔。或因或革,或删或补,无不列纲分目,使诸款之下各从其类。务令词简义确,不以铅华为工,不以繁冗为饰,不滥美以掩真,不妄贬以没善。庶几前徽永嗣,时制不违,足以信今传后无疑也。斌斌乎一邑实录矣!缘授□□⑤人,用备后世之观摩。

---

① 原本此字漫漶不清。合刊本"康熙志"此处以□表示脱一字。
② 原本此字漫漶不清。合刊本"康熙志"此处以□表示脱一字。
③ 原本此两字漫漶不清。合刊本"康熙志"此处作"故□",脱一字。
④ 原本此两字漫漶不清。合刊本"康熙志"此处作"一□",脱一字。
⑤ 原本此两字漫漶不清。合刊本"康熙志"此处作"诸梓"。

（天启）东安县志　（康熙）东安县志

  为臣尽忠，为子①尽孝，为男子植纲常，为妇女砺节操，服官而勤政治，居乡而砥躬修，其攸关岂浅鲜哉！念余待罪安次，虽经二载，心劳政拙，抱疚维多，但邑志□□②，其于一方之风化，或未必无小补也。今褰裳在迩，不免鹤放长沙，而继起制锦者，自足致琴鸣单父矣。若夫弘教化而寓劝惩，余又将执此志为左券③云。

时康熙十二年岁次癸丑仲夏穀旦文林郎知东安县事金溪王士美撰

---

 ① "子"合刊本"康熙志"误作"一"。
 ② 原本此两字漫漶不清。合刊本"康熙志"此处作"克修"。克：能够。
 ③ 古代称契约为券，用竹做成，分左右两片，立约的各拿一片，左券常用做索偿的凭证。后用以事情有把握。

续修东安县志叙

　　东安虽蕞尔丸封,夙称首善,侧见其北□①燕台,东环潞水,气映西山之嵯峨,派分津门之溯湃②,以致涵灵毓秀,酝酿人文。凡城市村墟,星罗棋置,烟火万家,亦彬彬乎名区也。其间分野、疆域、户土、赋役,递至科目人物、乡贤名宦,以及忠孝节义,固自茂隆一时。迄今时移物换,非无继起者以踵其芳,但县志久未续修,故芳徽懿迹,未免沦落不传矣。余以渚阳儒素③叨训安庠,每阅东安旧志,窃以时久未续为憾,然而未擅其任。恭遇今上留心方土,诏修志书,时维邑侯颖④山王公谬推余以首其事。余随唯唯受命,不敢固谢不敏。因令延及扈、张、邵、刘诸君,公同采纂,共为订证。如分野疆域,皆考之灵台舆志及见之经传者,始载之。如坛庙典礼,悉遵定制,不与缁黄寺庙同祀。至赋役户土,今昔不同,悉照全书开载。如名宦乡贤,凡有德政者,皆志之。即儒学尉厅,有一长足录者,亦不没其善焉。至如人文品行,必先甲榜乙榜,次及明经弟子员,即例贡、杂职,亦必载之。至如忠臣、孝子、义士、节妇,有夙行昭著,足为众所矜式,未经旌表者,亦必纪之,以维风化。至如诗文撰记,择其攸关风教者始入之。若乃赏花题石及吟风弄月之篇,不敢参入。故中间有已定不续者,则此可顶彼;有方来待续者,则另为一篇,存黑以待续刻。凡此皆采访真确,与□⑤共知共见,所以昭公典也,非徇私情也。待书成而授之梓,庶几乎朴不炫华,文不没实,称一邑之信史也哉!

　　前叙后跋,大旨井井,固无容赘。余既备员执笔,僭登作者之林,不妨备

---

① 原本此字漫漶不清。合刊本"康熙志"此处作"拱"。拱:拱卫。
② 溯(píng)湃:同"澎湃"。
③ 儒素:宿儒,明儒,也泛指儒士。
④ "颖"字误,应作"颖"。合刊本"康熙志"此处亦误作"颖"。
⑤ 原本此字漫漶不清。合刊本"康熙志"此处以□表示脱一字。

列之,以见管窥之一斑云。

　　时皇清康熙拾贰年岁次癸丑小春既望东安县儒学训导渚阳马元调一之氏撰

东安县续修邑志后跋

东安志自邑绅张公于灯簝之暇手辑而成帙,而云中阮侯宗之以创于始。楚辰郑侯复宗之,以续于后。两公搦管①摛词②,要皆按图诠次,据实敷华,故一时之风声物彩炳炳烺烺,无不较若列眉。粤③稽明代甲子之岁,迄国朝癸丑纪元,不下五十余载。世远言湮,其间户口田赋不无变更,廷迹前徽④不无代谢,以至名宦乡贤、忠孝节义,不无沦落而废坠也。会今昭阳赤奋若⑤,屡奉宪文纂修邑志,而金溪王侯虚心体访,遂欲以笔削之任委之多士。时余备数操觚,公同渚阳马师以及同邑诸姻契相与商确而论列之。诚以县志为一邑掌故,必概置旧本,独出新裁,然后勒为成书,方称编摹大观。但后生小子,浅学寡识,恐撏拾未博,鄙僿无稽,不敢矜侈铅椠,居然擅作者之林。况剞劂⑥之费,供给之需,尤残邑下里之难以遽⑦办者。所以仅撮其大略,宁简勿烦,宁因勿创,宁叙事精确,勿涉猎灏瀚。于焉考之成宪,询之故老,斟酌去取,勿侈浮词。亦第于断者续之,遗者补之。至有干时制,不便因仍者,不妨削而去之,依故增新。要惟使五十余年之风声物彩依然炳炳烺烺,不致散佚缺失、与荒烟蔓草同朽,则操觚之至愿也。若夫弘⑧裁巨手,伟然称华衮全书,尚俟夫继起之君子。

时康熙十二年岁次癸丑仲夏吉旦邑后学张墀谨跋

---

① 搦(nuò)管:握笔,执笔为文。
② 摛(chī)词:铺陈文辞。
③ 粤:文言助词,用于句首或句中。
④ 前徽:前人美好的德行。
⑤ 昭阳赤奋若:是岁星纪年法,就是指癸丑年。昭阳:岁时名,十干中癸的别称,用于纪年。赤奋若:古代岁星纪年法所用名称。
⑥ 剞劂(jī jué):刻镂的刀具。
⑦ "遽"合刊本"康熙志"误作"遞"。
⑧ "弘"合刊本"康熙志"误作"私"。

（天启）东安县志　（康熙）东安县志

重修东安县志序

　　癸丑之夏，余甫莅是邑，案牍滋繁，其间利弊兴革，毫未一举。夙夜兢惕，畏此简书，又何暇于拈弄笔墨乎？适邑中绅士以重修县志送阅。夫县志之修，奉我皇上博采方舆风土人物以补昭代之所未备命，郡县重修志书，诚巨典也。仰奉纶音，前邑令王君广文、马君①首倡其事，进邑荐绅暨庠弟子员共襄采辑，考订旧章，搜罗遗美，纲列目分，叙次井井。余退食之余，一披览焉。见曩时②之户口殷繁、民风朴茂③，其间之名卿巨公、忠孝节义彪炳于载籍者，实甲于渤海诸邑矣。迄今流览简册，夷考古制，市廛井里，落落晨星。昔人吟咏之踪，已在荒烟蔓草中。论世者，不觉有今昔盛衰之感矣！夫安次，自浑河冲决之后，昔为沃壤，今为沙瘠；昔为繁盛，今为凋敝。我国朝定鼎以来，屡行备④振，民困稍苏。长民者，乌可不谋休养生息，为补偏救弊之术哉？

　　斯志即成，即捐公廪，亟命就梓。为一邑之实录，即为一邑之劝惩，以备圣明采风，补助旌淑别慝⑤。以畿南首善之地，沐浴皇仁，反凋残而登于盛治者，可计日待矣。至若抚哀鸿而轻徭役，实邑令职分之事，余安敢不轸恤民瘼，以为版图谋生聚乎？若夫移风易俗，讲让型仁⑥，非俗吏之所能为也，是所望于继起之良司牧者。

时康熙十二年岁在癸丑孟秋上浣之吉文林郎知东安县事三韩侯应封撰

---

① 原本此处疑脱漏马君名号。合刊本"康熙志"亦无。
② 曩时：往时，以前。
③ "茂"合刊本"康熙志"误作"其"。
④ 合刊本"康熙志""行"后脱一"备"字。
⑤ 旌淑别慝：指区别善恶。旌：识别。淑：善，好。慝：奸邪。
⑥ 讲让型仁：讲求礼让，以仁爱为准则。型：式样，准则。

重修东安县志序

　　吏于一方，必周知其山川之险易，土田之肥瘠，风俗之浇淳，规制之沿革，民生物产之殷耗，而后可以为治。惟代有兴废，时有盛衰，而治之隆替因之。故邑之有志，所以载古今事迹之殊，而吏之贤否，亦于兹可见也。

　　东安为畿辅近邑，南接雄霸，北控燕云，拥三关而萦九河。汉时属渤海郡，旧名安次。自元以来，改为东安，隶北平。其地宜桑麻稻黍，利鱼盐，素称膏腴。第浑河为患，冲决不常，民多失业。曩时差重役烦，里贫不能办公事，户口逃亡，因而减并者过半，至于今未复。其人性质①而好刚，而为士者，莫不习诗书、尚节义。盖燕俗悲歌慷慨，自古然也。今世之作吏者多矣，或遇荒徼②之地，僻隘之壤，民之强者犷悍而不驯，弱者愚诈而难化，往往竭其心思、殚其才力，求一日之几于治而不可得。若兹邑为神京之内地，平畴广野，无山川扼塞之险。乡之士大夫咸彬彬儒雅，以训率子弟为先务。农夫妇子又皆勤于稼穑，习于俭朴。倘得良有司为之兴利除害，修教化，劝耕作，修养而生息之，何不可进斯民而登于淳古哉？予是以因邑志之修而窃叹予之德薄而拙于才，愧不克副③子民之任，深有望于缙绅贤士匡予不逮，使他日之览斯志者，弗以予为是其人，曾无一事之足纪于一时，传于后世者也，是予之厚幸也已。

时康熙十六年岁次丁巳孟春吉旦文林郎知东安县事京口李大章撰

---

① 质：朴素，单纯。
② 徼：通"徼"，边塞，边涯。
③ 副：相配，相称。

（天启）东安县志　（康熙）东安县志

东安县志书目录

卷之一　天文志
　　星野　机祥　巡幸附

卷之二　地理志
　　沿革　疆域　形胜　风俗　坊里　乡村　物产　河渠　堤堰　河浅　剥船　古迹

卷之三　建置志
　　城池　公署　学校　仓库　坊牌　冢墓　桥梁　封建

卷之四　赋役志
　　户口　田赋　额外　起运　存留　盐法　课税　铺邮附

卷之五　秩祀志
　　坛墠　庙宇　寺观　仙释　方伎

卷之六　职官志
　　知县　县丞　主簿　典史　教谕　训导　守备　把总

卷之七　选举志
　　进士　举人　贡士　援例　儒士　杂职　武进士　武举　封赠　荫生　武荫

卷之八　人物志
　　制诰　名宦　乡贤　贞节　孝行　义行

卷之九　诗赞志
　　籍书　诗赋　旧志序

卷之十　艺文志
　　碑记　城记　碑铭　墓表　志铭　奏疏　列传

东安县志编纂凡例

一志者,所以纪实也。凡忠孝节义不见文史者,不载。古迹陵墓不得核实者,不载。其间,宁质勿华,宁直毋阿。用以昭宪纲,非敢炫文饰也。

一分类纂著,饰略补遗,具有次第,共成十卷七十一类。然一类首冠以小序以约其概,俾阅者洞见大义,匪曰烦辞。

一荐辟,乃里举遗意,旧意载文而未详及于武,今加核焉。续武乡会之入彀者于选举之后,至于①出粟拜爵,史椽授衔,皆国典也,故并附②之。

一凡邑中利害所关,政绩可垂者,俱于各卷首末窃附己意,晰其兴革之由,以俾留心民瘼③者,为观感起法之一助云尔。

一诗题颇广,碑记亦繁,概录之,楮④不可尽。今惟取名卿⑤大儒之笔与骚人雅士之篇,或间登焉。

一旧志虽存,距今五十余年,其间忠孝节义,盖不乏人,仅据父老所闻者而载之。虽屡经传访,或地方寥廓,耳目未能遍及,若夫尽发潜德之光,不无望于后之嗣修者。

---

① "于"字据合刊本"康熙志"补。
② "附"字据合刊本"康熙志"补。
③ 瘼:通"瘼",疾苦。
④ 楮:落叶乔木,叶似桑,树皮是制造桑皮纸和宣纸的原料。古时亦作纸的代称。
⑤ "卿"合刊本"康熙志"误作"乡"。

（天启）东安县志　（康熙）东安县志

纂修姓氏

总裁	文林郎知东安县事	金溪颖①山王士美②
		京口声陶李大章
		宁远锡藩侯应封
订正	儒学训导	渚阳一之马元调
鸠梓	典史	会稽伯和徐同
		四明宾五邵观
编辑	贡士邑人	轩升　张墀
		建斗　扈运闻③
纂修	廪生邑人	君甫　刘宗
		射斗　扈运开
		□④　远　邵庆

东安县志图考⑤

星宿图　城池图　县治图　学宫图
城隍庙图

---

① "颖"合刊本"康熙志"误作"颖"。

② 合刊本"康熙志""士"后脱一"美"字。

③ "闻"合刊本"康熙志"误作"开"。

④ 原本此字漫漶不清。合刊本"康熙志"此处作"滕"。

⑤ 清刻"康熙志"图考中原缺载城池图半页、公署图半页。合刊本"康熙志"亦缺，且合刊本"康熙志"的图考中图二和图四的序号颠倒。

东安县志 卷之一 天文志 巡幸附

二十八宿主十二州,数百里才分一度耳。下及一邑,渺难凭矣。然征应之兆虽微,修救之理难忽。圣人敕几于明旦,君子察变于机①祥。宋景公有君人之言,荧惑②为之退舍③。东④虽小邑,咫尺帝庭,其于恪共昭事,敬天勤⑤民,比⑥于小国侯度⑦,其理一也。况挥戈回日⑧,陨涕飞霜,匹夫匹妇,精诚见于天象。乃谓邑小无征,不足观感,□□⑨不已甚乎?今星日躔度,稽之时宪,历自汉以来,灾祥并纪于后。苟能鉴往修来,防微察变,其于修救之道,毋或⑩怠荒矣。志《天文》。

星 野

燕幽地,古冀州域,属尾箕之分。自尾十度至斗七度一百三十五分,曰析木之次。于辰为寅,于律为应钟,斗建在亥,属燕分。《帝王世纪》。

自尾四度至斗十六度,曰析木之次,立冬小雪,居燕之分。

---

① "机"字误,当作"几"。合刊本"康熙志"此处作"几"。
② 荧惑:古指火星。因隐现不定,令人迷惑,故名。
③ 退舍:指星辰后移位置。
④ "东"下脱一"安"字。合刊本"康熙志"此处亦脱此字。
⑤ 原本此字漫漶不清。合刊本"康熙志"此处以□表示脱一字。
⑥ 原本此字漫漶不清。合刊本"康熙志"此处以□表示脱一字。
⑦ 侯度:为君之法度。
⑧ 挥戈回日:喻指力挽危局。"回"合刊本"康熙志"误作"迥"。
⑨ 原本此处两字漫漶不清。合刊本"康熙志"此处以□表示脱两字。
⑩ 合刊本"康熙志""毋"后脱一"或"字。

（天启）东安县志　（康熙）东安县志

辰星①主幽州，玉衡第八星主幽州，常以戊寅日候之。戊寅为涿郡之安次。见后汉《天文②志》。

自尾十度至南斗十一度，为析木，属幽州。见《隋书》。

燕北之分野，渤海之安次，皆燕分。见《通典》。

天有十二次，日月之所躔。地有十二辰，王侯之所国。周官大司徒，辨十有二土，十有二壤。保章氏以星辨九州，所封之域，皆有分星以观妖祥。盖九州十二域，或系之北斗，或系之二十八宿，或系之五星。冀主天枢，此系之北斗也。析木，燕地，此国之系于二十八宿也。析木之次曰幽州，此州之系于二十八宿也。辰星之主燕赵代，此系之五星也。考〇③。

州郡躔次箕尾，燕、幽州、上谷入尾一度，渔阳入尾二度，涿郡入尾十六度，渤海入箕一度，广阳入箕九度。箕尾则燕之分也④，〇⑤渤海之安次皆其⑥〇〇。

析木谡訾兮幽并〇⑦，自尾⑧〇〇〇〇〇〇〇〇，于辰在寅，燕之分野。

保安州入⑨尾⑩度。《一统赋》。

---

① 自"辰星"至"保安州入尾度"，原本漫漶不清，文字据合刊本"康熙志"补。
② 原本此字漫漶不清。合刊本"康熙志"此处以空白表示脱一字。
③ 合刊本"康熙志"此处以空白表示脱一字。清刻"康熙志"此处漫漶不清。
④ 自"箕尾则燕之分"以下至"于辰在寅，燕之分野"原本已漫漶不清，其零星字句皆据合刊本"康熙志"补。
⑤ 合刊本"康熙志"此处以空白表示脱一字。清刻"康熙志"此处漫漶不清。
⑥ 合刊本"康熙志""其"下约脱若干字。清刻"康熙志"此处漫漶不清。
⑦ 合刊本"康熙志""并"下约脱一字。清刻"康熙志"此处漫漶不清。
⑧ 合刊本"康熙志""尾"下约脱若干字。清刻"康熙志"此处漫漶不清。
⑨ "入"合刊本"康熙志"误作"八"。
⑩ "尾"后疑脱一数字。合刊本"康熙志"此处亦脱。

祇①祥 *前代*

汉桓帝永康元年,大水。诏赐溺死者钱二千,官为敛葬。

晋武帝咸宁二年三月,阴霜伤麦。

魏神瑞二年,霜旱,人多饥死。

北齐天保元年,夏蝗。使赈之。

唐代宗大历六年春三月,旱,斗②米千钱。

德宗建中元年,易水溢,高丈余,苗稼荡尽。

周太祖广顺二年,大水。安次流民入塞③者,有四万口。

宋太平兴国二年秋七月,大水。遣将军李崇矩亟治之。

嘉佑④二年夏四月,地大震,坏城郭,压死者数百人。

元佑⑤元年六月,浑河决刘家庄堤,筑之。

延佑⑥七年五月,浑河决落垡村堤,有司差人修治。

金章宗明昌五年,饥,奉御蒲察五斤⑦擅开仓,赈而后闻。

宣宗贞祐四年,大饥,人相食。

元大德六年四月,浑河溢,坏民田一千八百余顷⑧。

---

① "祇"合刊本"康熙志"误作"机"。

② "斗"合刊本"康熙志"误作"十"。

③ "塞"合刊本"康熙志"误作"寒"。

④ "佑"字误,应作"祐"。合刊本"乾隆志"此处亦误作"佑"。嘉祐:宋仁宗的年号。嘉祐二年为公元1057年,为辽道宗清宁三年。是时,安次属辽地。

⑤ "佑"字误,应作"祐"。合刊本"乾隆志"此处亦误作"佑"。元祐:宋哲宗的年号。元祐元年为公元1086年,为辽道宗大安二年。是时,安次属辽地。

⑥ "佑"字误,应作"祐"。合刊本"乾隆志"此处亦误作"佑"。延祐:元仁宗的年号。延祐七年为公元1320年。编者误将此则置于宋朝时段。

⑦ 蒲察五斤:人名。金朝颇有政绩的一名官员。

⑧ 合刊本"康熙志""余"后脱一"顷"字。

（天启）东安县志　（康熙）东安县志

皇庆元年二月，浑河决黄蜗堤，都水□①工齐治之。

至治二年五月，水坏民田一千五百□□②。

大定二年七月，雨水平地如湖。

致和三年七月，风雹害稼。

至元二十一年六③，蝗。

大德九年八月，蝗。

中统二十九年三月，饥。

明正统七年，蝗盈天，而行所过，虽干木亦食。

成化六年，夏涝，秋旱，人乏食。

二十三年，大水。是年，儿童多为独□□□④，谓之撞拐，即古商羊⑤谶⑥，近果大水。

弘治二年，大水。

正德二年，秋霖⑦四十日，人家无柴，有毁木器而炊者。

二年，中夜地震。

四年秋，如雨雹鸡鹅卵，间有大者。

四五年间，时常黑黄，大风雨沙，昼晦如夜，□⑧灯炊馔。

八年，彗星见⑨夏，至秋乃灭。

---

① 原本此字漫漶不清。合刊本"康熙志"此处未以空白表示有脱字，误。
② 原本此处两字漫漶不清。合刊本"康熙志"此处空白。
③ "六"下脱一"月"字，当补。合刊本"康熙志"此处亦脱此字。
④ 原本此处有三字漫漶不清。合刊本"康熙志"此处以空白表示脱三字。
⑤ 商羊：传说中的鸟名，据说在大雨前，常屈一足起舞。
⑥ 谶（chèn）：迷信的人指将要应验的预言、预兆。
⑦ 霖：久下不停的雨。
⑧ 原本此字漫漶不清。合刊本"康熙志"此处未以空白表示有脱字，误。
⑨ 见：通"现"。

九年,秋潦①,道路行舟。

十二年,大水。

十三年,春旱,大饥。

十四年春,大疫。

嘉靖四年夏五月,大雨雹,麦苗尽伤。

六年,大旱,蝗蔽天。

七年,大风,昼晦,地震。九月,大水。

十年夏六月,大水,无麦。

十一年九月二十七日夜四鼓,星殒如雨,蝗旱民疫。

十四年,夏水涝,秋冬地震,有声如雷。

十六年,大水伤稼。

十七年,雨沙,昼晦如夜。

二十年春二月十五日,下红黄沙,黑暗,旦日执炬。

二十一年,民大疫,死者甚众。

二十一年四五月间,瘟疠次行,儿②屋染死,有绝其门者。

二十三年二月内,下红沙。秋,大水,涝冠③次。

二十五年夏六月,淫雨五昼夜,大水涨溢,民居城门尽坏,人多溺死。

二十九年正月,日未出,民望见东廓④何家庄有城廓楼台出现,日出乃隐。

二月间,北隐村民望见城楼,日出乃隐,如是者三五次。

三月,大风,雨沙。

六月,头畜疫死。

---

① 潦:雨水过多,路上积水。
② "儿"疑为"比"之误。比屋:屋舍相邻。合刊本"康熙志"此处以空白表示脱一字。
③ "冠"合刊本"康熙志"误作"三"。
④ 廓:古同"郭",外城。

(天启)东安县志　(康熙)东安县志

七月初十日,庙学后圃产灵芝,一本三股,上三层,异常。

八月间申时,东南天鼓鸣。

三十三年二月至冬,瘟疫大行,人死大半。

六月,大水。京师上下,淊①没太甚。

三十四年,初瘟疫,后疥痄为害。

三十七年,小东街任堂家牛为人言,后果家道倾覆。

四十二年,县治谯楼上钟不击自鸣,其声嗷嗷,人咸异之。至隆庆初,为知县王宗尧拆毁谯楼,置钟于地。时常哀鸣如前,屡祭不止。至六年,知县王邦直建钟楼以悬之,其鸣遂止。

隆庆元年五月初一日,马头村人于日将出时望西②三五里,见地有流水之势,茫茫白色。远望则有,近看则无。后万历二年,果有浑河冲为河道。此其验也。

十月,地震有声。

二年三月二十八日午时,地震有声。

四年秋,大水泛涨,淫雨三十五日,苗稼尽伤。

五年春,大旱。自六月初一日大雨,至九月终方止。兼之浑河氾溢,平地水深二尺余,漂没庐舍,田苗殆尽。是岁大饥,奉旨赈济。

十一月内,无云天鼓。自东南往西北,大震有声,房屋皆动。

万历二年,水灾,漂没人畜。知县洪一谟,号泣救济。

六年,西南彗星见,数月乃没。

七年,堤决,河水泛滥,大伤禾稼。

八年,春旱,麦不收。至夏秋,浑河泛滥,伤禾稼千顷。

九年,春旱,麦不收,间有麦粒变成如麻子类者。

---

① 淊(yān),通"淹",淹没。
② "西"合刊本"康熙志"误作"酉"。

十年春,瘟疫大行。大头肿脖,人死无数,甚有绝其门者。

十一年春,浑河水冲开堤口,向东横流,障之则冲,濬之则逆,大失水性。

二十一年十一月十七日巳刻,西比①天鼓鸣。

三十二年六月,大水。

三十五年闰六月初四日,大雨。至七月初□②日,大水潦禾,较三十二年高二尺。

三十六年十二月初六日,夜大风。风中□□③星,其色白,大如鸡子,状如雨雪,着物不热。

四十三年,自春亢旱④,至七月初四日始□⑤,禾稼几于槁尽。饥民蜂起,白昼聚抢。

闰八月二十五日,霜杀禾稼。

十月十八日五鼓,地震。

四十四年二月初七日,浑河移至本县。

十一月二十一日夜,大风异常,树枝缠成火球,人家草房屋梁亦多有之,如西瓜大。

四十五年,飞蝗蔽天,旱魃异常。至六月,淫雨异常。浑河泛涨,水至本县西城墙下。本县□⑥申水旱两灾。

八月十八日,正东日未出,天鼓鸣。

四十六年二月十三日,黑风昼晦⑦,室中燃炬。

---

① "比"字误,当作"北"。合刊本"康熙志"此处亦误作"比"。
② 原本此字漫漶不清。合刊本"康熙志"此处未以空白表示有脱字,误。
③ 原本此处两字漫漶不清。合刊本"康熙志"其中一字作"飘",另缺一字则未做提示。
④ 亢旱:大旱。
⑤ 原本此字漫漶不清。合刊本"康熙志"此处以空白表示脱一字。据文意,此处疑为"雨"字。
⑥ 原本此字漫漶不清。合刊本"康熙志"此处作"陆"。
⑦ "晦"合刊本"康熙志"误作"晤"。

（天启）东安县志　（康熙）东安县志

四十六年六月内,野狼城门外吃人。

九月三十日申刻,地震。

九月内,每夜四更时,东方白气如练,长至中天。

十月初七日,彗星出东方,长一丈。

十月二十二日夜五更,东方彗星如鸡子大。其状苍白色,尾指西北太阳守星,渐往西北行,入亢宿七度一十分,起自西南。

四十七年二月二十日申时,红气,已而满天皆红,昼晦,室①中燃炬。

三月二十九日,红沙四起,咫尺不辨,室中燃炬。

五月十一日,水溢。六月十四②,大水渰禾。

天③启元年十月十九日子时,地震。

四年二月三十日辰巳时,地震,至申时又震,从乾地起,有声。

五年五月五日,地雷自西北起,如霹雳声,约一饭顷方止。

六月初二日,地震。其声如雷,人皆不敢居室,自一鼓至三鼓方止。

六年闰六月初二日,浑河入城,房舍淹没,人民架巢为屋,禾稼尽失。

崇祯五年,异常大水,禾稼尽失。是岁,有龙起□□④。

崇祯十三年,异常大旱。人民相食,村落道殣相望。

崇祯十四年,大旱。

国朝

顺治二年,大水伤稼。县主刘应坤控请,奉旨田租尽行蠲免。

顺治五年,土贼刘东坡啸聚水乡。典史陶弘才御贼被害,县主涂应旂请兵征剿。至今满汉两营遂为永镇。

顺治九年,大水伤禾,颗粒未获,未蒙申请。

---

① "室"合刊本"康熙志"误作"堂"。
② "四"下应脱一"日"字,当补。合刊本"康熙志"此处亦脱此字。
③ 合刊本"康熙志"此处"启"上脱一"天"字。
④ 原本此处两字漫漶不清。合刊本"康熙志"此处空白。

顺治十年，大水伤禾，民不堪命。县主宗良弼据实控请，奉旨蠲免田租十分之三。又奉文，煮粥济民，活者无数。

顺治十一年，大饥，甚至全家自卖。县主樊芳春申请蠲免田租十分之三。蒙皇上发内帑银两，兼皇太后发宫中银两，差两部大人逐名给赈。

顺治十三年，岁荒，县主苏兆元申请蠲免。奉旨蠲免本年田租十分之三，又差部臣逐名给赈。

顺治十四年秋，飞蝗蔽天，食伤禾稼。

康熙二年，地动，京师更甚。诏赦天下。

康熙四年，地动兼异常水灾。县主王业隆申请蠲赈。奉旨蠲免本年田租十分之三。

康熙六年，水灾。县主王业隆申请。奉旨蠲免田租十分之三。是年，彗星双出太白，经天地。

康熙七年，淫雨连绵。平地水深数尺，房屋坍塌，禾稼伤毁。县主王业隆申请蠲赈。奉圣上特恩，本年田租尽行蠲免。又发帑银，逐名赈济。

康熙八年九月二十五未时，天鼓鸣，如霹雳声。

康熙九年，旱灾。本县缺官，典史袁希麟代为申请。诏免田租十分之三。

康熙十一年，旱蝗两灾。县主王士美据实申请。奉旨蠲免本年田租十分之一。

康熙九年至十二年，四年无麦。

康熙十二年九月初九日卯时，地震。

按：灾异者，上天示变以垂警戒。先正云："变不虚生"，良有以也。《春秋》不书祥瑞，至于灾异，则屡书之，欲其书人事也。因祥而肆，未必为祥。因灾而敬，未必为灾。《易》曰："君子以恐惧修省。"盖深有味乎其言矣。

(天启)东安县志　(康熙)东安县志

巡　幸

省①方肇于虞夏,补助颂于诗歌。君民悦豫,化理雍熙②,诚盛事也。自仪卫日繁,巡行渐废。以致贞□③莫察,疾苦难间④,壤⑤歌衢祝,不可追已。东邑距神京百二十里,翠华常邀,贲止菲屋,得望天颜。恩膏首被于九州,拜觐独亲于往代,风何隆与！典可垂也。志《巡幸》。

世祖章皇帝顺治八年冬十月,圣驾驻跸大堡,诏知县涂应旂,恩赐红蟒袍一袭、腰带一围。

今上皇帝康熙六年冬十月,圣驾驻跸县城东北。

康熙八年春二月,圣驾进县北门内。见城内一派汪洋,随出,驻跸尤家庄。诏知县王业隆,闻⑥民疾苦。次日上武清,即日午后幸围,复至刘哥庄。

康熙八年冬十月,圣驾驻跸旧州。纶音下诏,谕县官吏,所用草豆木⑦柴一切食用等费,俱赴户部领价,照数给发,不许奸胥蠹吏借端私行科派民间。

东安县志　卷之一终

---

① 自"省方肇于虞夏"至"康熙八年冬十月",原本已漫漶不清,其间文字据合刊本"康熙志"补。
② 雍熙:谓和乐升平。
③ 原本此处有一字漫漶不清。合刊本"康熙志"此处未以空白表示有脱字,误。
④ "间"字误,当作"闻"。疾苦难闻:指很难听到有关民间疾苦的真实声音。
⑤ "壤"合刊本"康熙志"误作"坏"。壤歌:即《击壤歌》。相传尧时有老人击壤而歌,后成为歌颂太平盛世之典。
⑥ "闻"字误,当作"问"。合刊本"康熙志"此处亦误作"闻"。
⑦ "木"合刊本"康熙志"误作"本"。

东安县志 卷之二 地理志

体国经野,古之常经。因俗制宜,治之善法。地理掌于职方,由来重已。东邑壤地平衍,虽无高山绝谷、名物殊产,可谓任土表异者,然而地接皇畿,职先祖识周召之化,最易达于近郊。滕薛之微①,皆可以为善国。观其广狭沃瘠之殊,察其蓄泄堤防之利,于以补偏救敝,捍患鸠工,其有关于守土者之责不浅也。志《地理》。

沿 革

东安县隶顺天府,在府南一百四十里,即古冀州安墟之地。昔黄②帝制天下以立万国,始经安墟以合符釜山,遂隶涿鹿之阿。及颛顼、帝喾建立九州,以东北之地曰冀州,此地即属冀。尧命禹平水土,复为九州,隶属如旧。舜肇十有二州,分燕为幽州,此地隶于幽。夏后受命,仍为九州。殷汤革命,亦为九州。此地俱隶冀。周武王封奭于北燕,始于安墟,置常道乡,隶于北燕。秦制天下③为郡四十,以其地隶上谷。汉高帝○④赖○⑤部,以其地隶燕国。六年,又分燕国为渤海郡,改常道乡,置安次修市,遂隶渤海郡。武帝

---

① 滕薛之微:像滕国和薛国那样的小国。滕:中国周代诸侯国名,在今山东省滕县一带。薛:中国周代诸侯国名,在今山东省滕县南。
② "黄"合刊本"康熙志"误作"皇"。
③ 自"秦制天下"以下至"开大元年",清刻"康熙志"已漫漶不清,其间文字据合刊本"康熙志"补。
④ 合刊本"康熙志"此处以空白表示脱一字。查清刻"康熙志","帝"下应有三字,但已漫漶不清。
⑤ 合刊本"康熙志"此处以空白表示脱一字。清刻"康熙志"此处漫漶不清。

（天启）东安县志　（康熙）东安县志

○○①中，以渤海郡更隶涿郡。昭帝时，又改隶广阳郡。○②帝改郡为国，又更安次为东安修市，而隶于广阳郡③国。和帝复置幽州，隶如旧。三国魏改隶范阳郡。晋太康初，以幽州听治北燕、范阳二国，复改东安为安次，隶燕国。○○○④为冀置幽州刺史，领清河太守，以安次隶清河。后魏迁都平城，置燕都，领于幽州，更安次为安城。太延初，改安城为东安，隶如旧。○○⑤东安隶燕都。唐高祖以东安隶涿郡。武德四年，移县○⑥东南五十里石梁城。贞观八年，又移县西五十里常道城。悬宗⑦开元中，改⑧州为范阳郡，此地仍隶范阳。二十三年，又移于耿就桥行市南。肃宗乾元中，复又改东安为安次，仍隶幽州。石敬塘结○○○○⑨唐○⑩燕○⑪十六州以○⑫之○⑬安次遂为○○○○，○○⑭元年，升幽州⑮○○○○○○○，安次隶焉。开大⑯元年，更幽都为永安析津府，安次隶如旧。天会元年，又析为河北东路，而安次隶之。真元元年，又更燕京为大兴府，而安次亦隶之。宣和四年，改燕京，置燕山府

---

① 合刊本"康熙志"此处以空白表示脱两字。清刻"康熙志"此处作"元狩"。
② 合刊本"康熙志"此处以空白表示脱一字。清刻"康熙志"此处漫漶不清。
③ 前已言"改郡为国"，故"隶于广阳郡国"之"郡"字疑为衍字。
④ 合刊本"康熙志"此处以空白表示脱两字。查清刻"康熙志"，"国"下应有四字，但已漫漶不清。
⑤ 合刊本"康熙志"此处以空白表示脱两字。查清刻"康熙志"，应有四字，但字迹已漫漶不清。
⑥ 合刊本"康熙志"此处以空白表示脱一字。清刻"康熙志"此处漫漶不清。
⑦ "悬宗"即"玄宗"，为避康熙玄烨的名讳。
⑧ "改"下脱一"幽"字，当补。
⑨ 合刊本"康熙志"此处以空白表示脱四字。清刻"康熙志"此处漫漶不清。
⑩ 合刊本"康熙志"此处以空白表示脱一字。清刻"康熙志"此处漫漶不清。
⑪ 合刊本"康熙志"此处以空白表示脱一字。查清刻"康熙志"，此处字形似为"云"字。
⑫ 合刊本"康熙志"此处以空白表示脱一字。清刻"康熙志"此处漫漶不清。
⑬ 合刊本"康熙志"此处以空白表示脱一字。清刻"康熙志"此处漫漶不清。
⑭ 合刊本"康熙志"此处以空白表示脱六字。清刻"康熙志"此处漫漶不清。
⑮ 合刊本"康熙志"此处未以空白表示有脱字，误。据清刻"康熙志"，"州"下原空七字，但已漫漶不清。
⑯ "开大"误，当作"开泰"。"开泰"是辽圣宗耶律隆绪的年号之一。辽开泰元年即公元1012年。

路,收复山前州县,而安次隶燕山。至金,又更号中都路,以析津府为大兴府,而安次仍隶之。元人克燕,中统元年,改安次为东安,隶霸州,更号燕京路,又为总管大兴路以隶之。四年,并立州县,改东安为东安州。至元初,建中都,又为大都,东安隶大都路。至明洪武初,改大都路为北平府,而州隶之。洪武二年,因浑河为患,迁治于常伯乡张李店,即今之县治也。永乐元年,改北平府为顺天府,县则隶之。国朝因之不易矣。

《周礼·职方》曰:东北曰幽州,其山曰医无闾,薮曰貕养,川曰河泲,浸曰菑时,其利鱼盐,一男三女,畜宜四扰①:牛、马、羊、豕②,谷宜三种:稷、黍、稻③。

古郡名

安墟(古名)　安次(汉名)　修市(汉名)　安城(魏名)
崧州(辽名)

疆　域

四乡

安仁乡　在县东北。　　　崇福乡　在县东南。

惠化乡　在县西北。　　　常伯乡　在④县西南,见黄册。

四至

东至本府武清县界东张家务八里。

西至本府永清县界横上村一十二里。

---

① 四扰:指马、牛、羊、豕四种驯养的牲畜。
② 原本"牛、马、羊、豕"为文中小字注解。合刊本"康熙志"以正文字体注之,误。
③ 原本"稷、黍、稻"为文中小字注解。合刊本"康熙志"以正文字体注之,误。
④ 合刊本"康熙志""在"后衍一"册"字。

（天启）东安县志　（康熙）东安县志

南至河间府静海县界独流街六十里。

北至本府大兴县界青闰店九十里。

八到

东到武清县四十里，西到永清县四十里，南到静海县一百四十里，北到大兴县一百四十里，东南到小直沽海口一百一十里，西南到霸州一百里，东北到漷县一百里，西北到固安县八十里。俱旧志①。

到北京一百四十里，到南京三千三百四十里，水路三千七百里。

形　胜

畴平野旷，川秀地灵。南控海口，北接天城，四无山阜，平坦高旷之地。旧志。负京师于北，面沱港于南。运河顺左而行，三关拱右而立。此畿辅襟喉之地，燕冀唇齿之邑也。

东濒沧海，南拥三关。《辽史》。

北控燕云，南接雄霸。《金史》。

地势广阔，水路要冲。《元史》。

设险则三关盘绕，浃文则九河萦旋。幽燕腹心之地，边陲唇齿之邦。《宋②史》

八景　有古诗八首编入诗赋类。

安次晓钟

钟在县大门首譙③楼上西悬，字镌"大安二年造"。按：大安系前五代时北魏文成帝年号，又宋神宗时辽亦有大安年号。身丰有璺④，声圆不杀，顺风可闻二

---

① 原本"俱旧志"三字为文中小字注解。合刊本"康熙志"以正文字体注之，误。

② "宋"合刊本"康熙志"误作"朱"。

③ "樵"字误，当作"谯"。合刊本"康熙志"此处亦误作"樵"。

④ 璺（wèn）：器物的裂纹。合刊本"康熙志"误作"璺"。

十余里。俗传,孕妇饷耕早起,闻地下钟声,往告其夫,掘而得之。

上①楼管弦

上②楼在县治东六里东庄村,宋时为土儿卫。台高一丈二尺,盘一百六十步。前代建楼台于上,以为四时歌乐之所,今其遗址也。

奕台夕照

奕台在县治西八里左奕村,宋为左奕卫。台高一丈六尺,盘一百二十步,制如土楼。元时点军于此。日初出,民居遮蔽无影。日夕,红光浮顶,令人感怆。

通津晚度

通津在县治南三十里淌子淀西齐家坨,古地河一道迤南,广田沃壤。民往耕种,日晚归庄,俱于此竞度。今悉为注水之乡、鱼虾之所矣。

葛城渔唱

葛城在县治南三十五里,其源自永清县界流来,入小沟河。宋建屯守于此,有水者以水为险,无水者立木为寨。今民即水中高阜处居之。日渔于水淀,及晚归舟,往来如梭,行歌互答,音韵清越。

狼城秋月

狼城在县治南四十五里,有里外二狼城,亦□③时所建。里外相距五里,中有河一道,其水自浑河来者,行北岸,其流浊。自边家河来者,行南岸,其流清。一河而清浊各从其派,不相混也。秋夜月色清明,则此河光华皎洁,如濯魄冰壶。

凤河春水

凤河在县治东北四十里凤窝村,李都宪墓前,形如凤凰,故名凤河。古渠

---

① "上"字误,当作"土"。合刊本"康熙志"此处亦误作"上"。

② "上"字误,当作"土"。合刊本"康熙志"此处亦误作"上"。

③ 原本此字漫漶不清。合刊本"康熙志"此处以空白表示脱一字。

(天启)东安县志　(康熙)东安县志

深广,隆冬不冰,溶溶焉,常如春波之溢。其水自西北草桥来,东注运河。

留犊西村

留犊村在县治西北五十里。昔魏钜鹿时苗为寿春令,及得代,留犊于寿春。回经此地时,人以为贤令,因名其里为留犊村,即立祠以祀时公。旧人以时苗留犊为一景。夫留犊事也,非景也。今易以伏魔遗刃为八景之一,至若遗刃事迹,则详载于八景诗末①。

风　俗

顺天多文雅,人多技艺,沉鸷多材②力,重许诺,多豪杰。人性宽舒劲勇而沉静,风俗朴茂。出《一统志》。

燕冀俗尚悲歌慷慨,自古则然。《学碑记》。

东安古名邑,风气浑纯,而民俗质直。治得其道则妥顺,治非其道亦强忍,摄伏③而不敢肆。非如他邑之民,宽则驯,急则扰,暴悍未易绥柔也。《一山集④》。

人性质而好刚,直而不校。士习儒业,农勤稼穑。出旧志。

崇德尚义,顾耻修廉,以忠孝励其俗,以诗礼传其家。金志。

诗礼传家,君子之所长。冯藉傲物,斯民之所短。按:民情醇厚,深以朋讦为耻,婚丧颇知周助,逐末少而务本多,渐重诗书之教。若节俭之风,或不及昔焉。

正月岁首　祀神,祀先亲,诣墓所毕,贺新年。敬尊长,更相贺岁。欢饮、隆师、迎女、追节、媚妇,帖宜春字。

立春　观芒神、土牛,相邀长幼,迎春于东郊外。

---

① "末"合刊本"康熙志"误作"未"。
② "材"合刊本"康熙志"误作"村"。
③ 摄伏:亦作"摄服"。摄,通"慑"。
④ "一山集"合刊本"康熙志"误作"出集"。

上元　元宵张灯为乐,十四日为试灯,十五日为正灯,十六日为残灯。男妇盛服街游,谓之走百病。

二月二日　俗传龙抬头,以灰撒地谓之引龙。

春分　酿酒拌醋,水泮取鱼。

寒食　树秋千,放纸鸢。

清明　插柳看花。清明前五七日,人家男妇各祭扫坟墓,添土挂钱。至日,仍祭先于堂。如新坟则祭于春首戊寅,俗传新坟不过赦①也。

谷雨　帖逐蝎帖。

四月　初八日为佛生辰,人各上庙作会,曰佛会。二十八日,药王诞辰,京师邻县男妇上庙进香,络绎不绝,扮戏会宴。

五月五日　包角黍,饮菖②蒲酒,采药,插艾,贴符,追节,曰耍端午。以五色线系小儿臂以辟毒。

六月六日　曝衣,储水,蹦③曲作酱。

七月　初六挂地头纸。初七日为女节,少女咸以盂盛水向日中漂针,照水中之影,以试巧。复陈瓜果,争相乞巧。

七月十五日　中元节,悬麻柯,醮祖先,陈瓜果。

八月十五日　中秋节,拜月陈瓜果赏月。

九月九日　酿酒,赏菊,登高,隆师,送女,追节,人皆蒸糕相馈。

十月初一日　上墓人家制纸衣,祭祖先而焚之,名曰"送寒衣"。

十一月冬至　暖炉猎兔,人皆祀先,贺节拜师。

十二月初八日　食腊粥,作腊醋。

---

①　"赦"字误,当作"社"。合刊本"康熙志"此处亦误作"赦"。新坟不过社:指给新坟(先年或当年新亡故的人,有些地区指新亡三年内)扫墓要在春社前。"社"是指"春社",即立春后第五个戊日,乃古代人祈求丰收的节日。

②　"菖"合刊本"康熙志"误作"葛"。

③　蹦(xǐ):踩、踏。

（天启）东安县志　（康熙）东安县志

二十四日　扫舍。夜设酒果祭灶神，谓之□①灶。

三十日晚　祀先，仍设酒宴饮，名曰分岁。坐至半夜，俗呼守岁。烧炭辟瘟，燔柴燎岁，门粘纸钱，贴门神、春联，官司士夫之家用桃符。

鞭春

先一日，县官迎于东郊，回即春宴。至次日，候其时，县官具朝服，率僚属，行鞭春礼如制。

乡饮酒礼

岁正月望，十月朔，县官就明伦堂举行，如制。

冠礼

男子年十六七以上随加冠，女子纳聘时加笄。古制虽存，民穷久废。

婚礼

用老妇为媒，问名则取女子庚帖，多用术士合婚。先用羊酒为定礼，将娶纳聘，俗谓下茶。娶之日，婿必亲迎，导以鼓乐。其女嫁妆奁，任贫富以为丰俭。士夫之家多择婿择女不论财，不用术士合婚之事。

丧礼

人家多修佛事，士夫家间用文公家礼。□□□□②丧家俱用裂帛以为赠答。发引之日，亲知□③束帛以送。柩所经过，亲家则设路祭。

祭礼

民间于新坟、元旦、清明、七月望、十月朔日、冬至、除岁，各祭祖先。祭品随贫富所宜，或用牲礼，或止用随时饮食。焚烧楮钱④。

宾兴酒礼

乡试生员赴试，知县先于月前投启请赴公宴。至日，在衙门前十字街搭

---

① 原本此字漫漶不清。合刊本"康熙志"此处未以空白表示有脱字，误。

② 原本此处缺四字，但已漫漶不清。合刊本"康熙志"此处以空白表示脱一字，误。

③ 原本此字漫漶不清。合刊本"康熙志"此处未以空白表示有脱字，误。

④ 楮（chǔ）钱：旧俗祭祀时焚化的纸钱。楮：纸的代称。

天桥,结蟾宫彩楼,旦宴于县堂。聘诸生赴席,毕,即簪花披红,乘马出中门,及至天桥下,县官拱让登桥,扮蟾蛾①,各簪桂花,饮三爵,送于门外,三爵而退。至于会试考贡,宾兴礼更优。

乡射礼

如按古礼,多不能行。前《大明会典》所载:洪武初,奉礼部札令,生员会日讲毕,习射。府州县官办事毕,亦习射。朔望行射礼如式。至八年四②月改令,每月上朔习射,三日下旬亦如之。二十五年,重定射式。朔望以提调官主射。永乐三年七月,奉令出榜,复申明之,习射如式。周旋曲折,简便易行。亦尝准今酌古,参订今射礼仪节,于春秋二仲月之望,率诸生习行之,遵时制也。戊午年,兵事戒严,上司行文各州县,诸生俱许习射如式。

公仪

圣诞、正旦、冬至,知县先一日于广岩寺设仪仗,具朝服,率合属各官师生习仪。至次日,俱于县墀行朝贺礼如制。祝从县正官。朝廷颁诏开读,知县率僚属,具③仪仗,出郭迎导。至县堂,行如朝贺礼。

新官上任

先一日,致斋于城隍庙。至日,祭城隍。毕,诣县,祭仪门。至堂,俱公服,行谢恩礼。毕,升公座,换吉服,行参见礼。次谕僚属,次署公④,移宴属父老。

日食

知县率僚属,具朝服,于县伐鼓,行救日礼。

---

① "蟾蛾"字误,当作"嫦娥"。合刊本"康熙志"此处亦误作"蟾蛾"。
② "四"合刊本"康熙志"误作"西"。
③ "具"合刊本"康熙志"误作"其"。
④ 署公:办理公务。

(天启)东安县志　(康熙)东安县志

月食①

具常服,行礼如日食。

《风俗说统》曰:夫饮酒赌博,宪法具在,截劫巨盗,罪岂能逃？惟有崇尚异道,名曰无为教、皇姑教、罗道教等,众男女混杂,蜂屯蚁聚,虽名族巨家,多入党类,其伤风败俗极矣！然逆谋邪术,渐酿奇变,急宜②治以杜未然可也。

集　镇

东街　每五日集。

南街　每十日集。

西街　每七日集。

北街　每二日集,俱县治内。

马头镇　每一、六日集。

挑河头　每四、九日集。

旧州　每三、八日集。

西更生　每一、六日集,今废。

南寺垡　每四、九日集。

杨税务　每三、八日集。

左奕　每三、八日集,今废。

古县　每四、九日集。

葛渔城　每二、五、七、十日集。

---

① 原本"月食"二字混入正文,未做标题处理,误。合刊本"康熙志"因之未改。为使逻辑清楚,本书整理时略作调整。

② "急宜"二字疑倒,据文意当为"宜急治以杜未然可也"。合刊本"康熙志"此处亦误。

坊 里

洪武初编户四十四里

澄清坊

文城坊　城内以坊名。

黄务里

东庄里　以上迤东。

辛庄里

安庄里

白洼里　以上迤东南。

北马里

河北里

河南里

石桥里

益留里　以上迤西南。

淳化里

丰登里

通津里

东张里

葛南里

葛北里

东沽里

公河里

安富屯

宣化屯

修政屯　以上俱在正南。

（天启）东安县志　（康熙）东安县志

户北里

左南里

左北里

北隐里　以上迤西。

刘庄里

得胜里

芦①村里

徐村里

艾庄里

北昌里

凤窝里

贾庄里

邵庄里

南务里

东务里

辛务里

王庄里　以上迤北。

孙洼里

团城里

白务里

留犊里　以上迤西北。

按：弘治十五年，知县张尧龙因差徭繁重②，百姓逃亡，○○③空虚，奏请

---

① "芦"字误，当作"庐"。合刊本"康熙志"此处亦误作"芦"。

② 自"知县张尧龙因差徭繁重"至"有一里名而甲则不全"，原本漫漶不清，其间文字据合刊本"康熙志"补。

③ 合刊本"康熙志"此处以空白表示脱两字。清刻"康熙志"此处漫漶不清。

准归并三十里。上司分派差役,量为减少,民得苏息。嘉靖十年,知县韩襄因前归并,将逃亡人户、粮草、马匹等项,垛集见在人户,民不堪办。又行奏请,准复四十四里,将流寓人等并老弱不堪,虚增入于版图,填实甲数,以求增里而差分矣。不知日久则流寓者因累而归故土,老弱者自养尤难,何以随办包补?原民数空虚,伪增虚补,竟非实数。有一里名而甲则不全,有一甲名而户不全,有一户名而丁不全。今日富者包贫,不日富者贫矣。今日见在包逃,明日见在者逃矣。虽加箠楚,诸事难办,况府堂将各县里分俱贴堂壁,凡取修边夫、各驿头项、运载车辆,俱照里分。多者责取过多,孰肯查□①?曰②:"东安里空民贫,勿多取乎!"噫!此民之所以重累。而近县五里率多荒芜,负男携女求鸎乐土。如有人心者,皆为之垂泣也。至嘉靖四十三年,知县陶栋每见公事难办,不惟官有酷忍之名,民遭剥肤之苦,则国家之事竟尔隳弃,遂奏准均并为一十八里。后陶知县虽身婴重疾,□③完其事。至今民得稍苏。书此以见里分增减之数云。

嘉靖四十三年,知县陶栋并四十二里为一十八里。

澄清坊

团城里

白务里

葛南里　俱照旧。

得胜里　黄务里、文城坊并。

刘庄里　芦④村里、孙洼里并。

徐村里　留犊里并。

北隐里　左北里并。

---

① 原本此字漫漶不清。合刊本"康熙志"此处未留空白表示有脱字,误。

② "曰"合刊本"康熙志"误作"日"。

③ 原本此字漫漶不清。合刊本"康熙志"此处未留空白表示有脱字,误。

④ "芦"字误,当作"庐"。合刊本"康熙志"此处亦误作"芦"。

（天启）东安县志　（康熙）东安县志

左南里　北马里、户北里并。

东张里　淳化里、益留里并。

丰登里　安付①屯、通津里并。

东沽里　东庄里、葛北里并。

王庄里　东务里并。

艾庄里　辛务里并。

北昌里　贾庄里并。

凤窝里　南务里、邵庄里并。

石桥里　公河里、河南里、河北里并。

安庄里　辛庄里、白洼里并。

各乡村

落垡村	东庄村	七字堤	漂流店	齐官屯	丈房河	范家庄
赵家庄	尤家庄	陈家务	仇家庄	谷家庄	新　庄	栗家庄
马神庙	逯家庄	杨官屯	荆官屯	安家庄	沙窝屯	白草洼
向口村	清水口	穆家口	八里桥	南新庄	马头镇	王家庄
济南屯	益留屯	田家庄	齐家沱	史家务	甄家庄	淘河村
葛渔城	张家沱	六道口	开口村	贩瓮口	东沽港	宋六口
五道口	里狼城	外狼城	渚河港	孙家沱	哈喇港	磨叉港
次平村	挑河头	石桥村	骆驼湾	户子壕	禅房村	北尹村
西储村	灰城村	槚榆木村	朱官屯	左奕村	西史家务	
朱　村	达王庄	柳园村	西张家务	桃园村	白务村	琥珀营
南北城	白家务	更生村	小韩村	大垡村	闫②家垡	王里村

---

① 前此"安付屯"写作"安富屯"，前后不一。合刊本"康熙志"此处亦误作"安付屯"。
② "闫"合刊本"康熙志"误作"阎"。

(康熙)东安县志

朱哥庄	团城村	常道村	东北高	草场村	寺垡村	留犊村
爨庄村	孙垡头	宋家务	麻王庄	王庄村	艾家庄	机察王村
得胜口	景　村	卢　村	五龙村	南务村	旧州镇	徐　村
南石村	北石屯	东①京村	东储屯	顺民屯	固城屯	王家务
刘哥庄	次乡村	永丰村	高家务	南昌村	焦家庄	堤口村
常甫村	祖哥庄	北昌村	北店村	龙门庄	凤窝村	翟哥庄
安乐村	杨税务	柴家庄	苑家务	邵家庄	李家务	马房村
马家务	黄家务	西务村	堤上村	王家寨	辛庄村	周哥庄
古县村	回回店	尖塔村	黑垡村	奶子房	杨秀才店	念头村
田庄村	王莽湖	北京村	南家务	火烧营	萧家务	芒店村
韩哥庄	停子头	马子庄	侯哥庄	孙洼村	纪家庄	第十里
新店村	尤房村

后军都督府军屯

石哥庄　蛮子营　常甫屯　新哥营　卢村屯　小答②屯　尖塔营
东③孟哥庄　左哥庄　霸州营屯　凌洼屯　西孟哥庄　前所营
马房屯　麻家营　西南家务　朱家营　王家营　桃园屯　固城屯
旧州营　半边庄　堤上屯　化家营　东南家务　寺垡屯

戎政府达舍军屯

南北城屯　大垡屯　艾家务　大五龙　浑酒营　庄窠屯　孟村屯
次乡村　东团城　草场屯　西团城　北高屯　东小寨　通州马房
豹都马房　西小寨　东孙洼　李家务　野场村　留犊村　指挥营
苏大营　纪家务　南务屯　北石屯　杜哥庄　南小④寨屯　垡上屯

---

① "东"合刊本"康熙志"误作"束"。
② "答"合刊本"康熙志"误作"塔"。
③ "东"合刊本"康熙志"误作"束"。
④ "南小"合刊本"康熙志"作"小南"。

（天启）东安县志　（康熙）东安县志

小五龙屯　南寺堡屯　翟哥庄屯　营家屯　柳园屯　朱大营屯

物　产

谷类

黍　稷　大麦　小麦　荞麦　蜀秫　谷(红白两色)　黄豆　红豆　绿豆　白豆　黑豆　丸豆　蔓豆　扁豆　芝麻　黎豆　粘蜀秫①　菜豆　稗子　黏谷　稻

蔬菜

葱　蒜　韭菜　芫荽　芥菜　白菜　芹菜　茄　莙荙菜　莴苣菜　赤根菜　蒲笋菜　萝葡　藕　瓠　葫芦　茴香　香椿　香菜　山药　白花菜　苋菜　蓬蒿菜　苦荬菜　甘露　黄花菜

瓜类

王瓜　西瓜　东瓜　北瓜　甜瓜　南瓜　菜瓜　丝瓜　地王瓜

果类

梨(各种)　枣　杏　李　桃　沙果　苹菠　核桃　葡萄　金梅　水梅　石榴　玉黄子　地粟　牛心红　麝香红　唬喇槟　金桃　樱桃　菱角　鸡头　楸子　莲子　柰子

木类

榆　柳　槐　椿　杨(青白二种)　松　柏　槚榆　杜　银母(即夜合树)　桑

花类

菊花(各色)　茨莓花(各色)　玉簪花(白紫二色)　萱草花　牡丹花(各色)　芍药花(各色)　金盏花　鸡冠花　水红花　金鹊花　葵花(各色)　望江南　月季花　爬山虎　十姊妹　茶梅花　马兰花

---

① "蜀秫"合刊本"康熙志"误作"薯林"。

紫荆花　莲花　海棠花　剪春罗　莴苣莲　石竹花(各色)

蔷薇花(各色)　缠枝莲　马缨花　凤仙花(各色)　佛指甲

叶落金钱　八仙花　珍珠花　丁香花　碧桃花　木槿花

草类

蒲　芦　苇　芳　莎　水葱　荻　艾蓼①　荞　萍　猪牙　节节

荑　大小蓝　水稗　茅　苔

药类

大麻　夏枯　地丁　菟丝　车前　蒺藜　枸杞　香附　萆麻　浪荡

麻黄　地黄　竹叶　益母　苍耳　紫苏　薄荷　川芎　蚕沙　山药

艾叶　牵牛　莲壳　半夏　甘草　凤眼　地肤子(即扫帚子)

瓦儿松　桑白皮　苦丁香(即甜瓜蒂)　木贼

禽类

鹤　鹅　鸭　雀　鹊　燕　雁　黄鹂　鸡　鸳鸯　乌鸭②　雉

蜡嘴　鹌鹑　鸂𪆟　鸠　秃鹙　鱼莺　鹳　鹭鸶　鹰　鹄　鹧　凫

天鹅　地鹪　鸥　鸥鸬　啄木　铁脚　鸹汀③

兽类

牛　马　骡　驴　猪　羊　獐　犬　猫　狐　鹿　貉　兔　狼　鼠

獾

鳞类

鲤　鲇　鲫　鲂　鳝　鳡　白鱼　银鱼　面条　淮鱼　鳝　石鲢

鲭鱼

---

① "艾""蓼"系两物,应分列。合刊本"康熙志"此处亦未分列。

② "鸭"字误,当作"鸦"。合刊本"康熙志"此处亦误作"鸭"。

③ "汀"合刊本"康熙志"误作"汙"。

(天启)东安县志 (康熙)东安县志

介虫类

蛇 蝎 蛙 蛾 蚕 螃蟹 虾 鳖 蚌 蜗 蝉 蜂 螺 蝶 蚊 蚁 蟊 蝼蛄① 蚯蚓 蝎虎 蟋蟀 蜘蛛 螳螂

货类

丝 蜜 蜡绵 花椒 红花 苎麻 靛 蒲席 苇帘 苇箔 苇席 柳器

河 渠

浑河

东安地属幽州之镇,名曰医无闾,久有浑河之患。夫浑河自西北浚流,下抵瀛海,中经县西,地仅②七里余,甚为民害。究河之自其源出山西云中口外,名曰桑干河,贾浪仙所谓"无端更渡桑干水",辽天祚遗传国玉玺于桑干河,即此是也。入我中国,经马邑县入芦沟桥③至东安州,过耿就桥一分,东至界河。入土楼东南一分,西至界河,入左奕西南。今自芦沟桥下流,从固安县经永清县北东注。自孙家堡一分派④永清之南,一分派⑤东安之西。至隆庆末年,分派⑥于东安者,又分为二股。一股径东横流,由韩村至管家屯迤东,似有平平奔县之势。然离县二十余里,即停住不行,只在本屯前后左右为害,三四年不止。一股从韩村往东南下,历衡亭、左奕、朱村、马子庄等处,下至挑河头。万历二年,水势既盛,又借天雨连绵,发扬尤甚,人无可栖而栖于树,马无可系于系于县,死者日多。本县知县洪一谟亲诣水处,见人畜漂没,

---

① "蝼蛄"系一物,合刊本"康熙志"此处误将"蝼蛄"分列。
② 仅(jīn):将近,几乎。
③ 芦沟桥,今写作"卢沟桥"。
④ "派"合刊本"康熙志"误作"沠"。
⑤ "派"合刊本"康熙志"误作"沠"。
⑥ "派"合刊本"康熙志"误作"沠"。

望天号泣,令人乘浮①救济。回县具申上司,蒙霸州钱兵尊亲临踏勘,准令修堤。由是洪知县百方曲处,竭力修筑,堤成障水,禾稼颇获,仓库城池亦赖无虞。但地俱沙卤轻浮,间或水涌冲堤,小口犹可塞补。近年挑河头与五道口二处,此地原上可受水,下可流衍,达于瀛海之处,今则日流日壅,逆而之北。万历六年,冲决马子庄堤口,湑没骆驼湾等处。知县韩景闵急处塞补,民得稍苏。万历九年,旧口复决。知县张汝蕴照旧修补。至万历十年八月,又将马子庄冲开堤口,横流泛滥,湑没禾稼,民苦日甚。十一年二月,冰泮水流东南至马头村,此地有沟有渠可顺泄于淌子淀,以达直沽、瀛海。今亦壅塞而北上,至济南屯又向东横流,将史家庄等村围湑。夫欲障则水势横,欲浚则水势逆,知县阮宗道目击其势,恐人力难胜,虔心斋沐,具大牢②,亲诣河所祭祷,水循故道,泛滥少息。又将朱村上下坍塌堤堰旋修塞之,民田赖以无虞。至万历二十三年,水复奔溃,伤我禾稼。适会极门太监王时,县之安庄里人,回家省墓。见民不堪命,洁诚乞灵。天师府捐资,设醮③三日,晋牒沉水以祈河伯之徒。会有朱龙告限之求,以七月朔四日为约,至期,河果徙于霸州。泥沙旧址尽为沃壤,至今民咸颂之。

九河

东安居九河下稍,凡地可栽④桑麻而称膏腴者,久为河水湑没,村落零星,不胜凄楚。河在城北,其名有漕河、徐河、石桥河、一亩泉河、滋河、沙河、鸭儿河、唐河,入易水,又至雄县瓦济河,经流东沽港西河,入于海。

---

① "浮"字误,当作"桴"。合刊本"康熙志"此处亦误作"浮"。
② 大牢:"牢"是关牲畜的栏圈,古时人们把祭祀燕烹时用的牲畜叫做"牢",祭祀时并用牛、羊、豕三牲的叫做"大牢",也称"太牢"。
③ 醮(jiào):道士设坛念经做法事。
④ "裁"字误,当作"栽"。合刊本"康熙志"此处亦误作"裁"。

(天启)东安县志　(康熙)东安县志

白沟河

在县治西八十里,其源自栲栳圈,流①在②县境东南,入于武清县直沽港。

挑水

受涞水分,东至安次,入古地河。汉志③

易水

其源出固安县闫乡西山,历安州合流瓦济河,至东沽港入于海。罩马河、白河东分,经凤河,过县东漂流店南,入三角淀。

古浑河

在渚河港西,通信安,宋运军饷故道。

新挑河

成化间主簿何瑛所挑,循纪家庄等④入淌子淀。今淤。

三川

大五桥之流为东川,西浮桥之流为西川,八里□□□□□□□□⑤,刘琨守此以拒石勒。

凤□淀⑥

□□□□□□□□⑦之南,浑河东注于此,□⑧有鱼虾之利。

孙家沱

在古地河北。

---

① 合刊本"康熙志"此处脱"流"字。
② "在"疑为"经"之误。合刊本"康熙志"此处亦误作"在"。
③ 合刊本"康熙志""汉"后脱一"志"字。
④ "等"后疑脱一"村"字,当补。合刊本"康熙志"此处亦脱此字。
⑤ 原本此八字漫漶不清。合刊本"康熙志"此处以空白表示脱若干字。清刻"乾隆志"此八字作"桥迤西之流为南川"。
⑥ 原本此处中间一字漫漶不清。合刊本"康熙志",此三字及以下若干字皆空而未书,存疑待考。
⑦ 合刊本"康熙志"此处所空之字与河流名称联排,误。
⑧ 原本此字漫漶不清。合刊本"康熙志"此处未留空白以示有脱字,误。

张家沱

在孙家沱东。

齐家沱

在张家沱西,昔为水地,今成沃壤。

垂杨渡

在东沽港之北,下通静海县,上通东安,因岸有垂杨故名。

渚河港

此地西北有龙泉寺、东岳庙,北有龙王祠,东接武清三角淀,西接永清浑河,可佃可渔,为一胜地。四十年来尽属水府,前自万历十一年,又为可田之地。桑沧屡变,语不虚也。

磨叉港

在东沽港西南,相传唐令鱼思圣征高丽从此经过。

哈喇港

在□①阳堤南。

西凉港

在十家堤西南,上接淘河泊。

宋六口

在东沽港西北,莲苇延生,清漪□□②,北有旧运河小泊。

得胜口

在宋六口西南,宋时开决河以灌溉屯田,水势一望无际。

马家口

在得胜口西北。

---

① 原本此字漫漶不清。合刊本"康熙志"此处以空白表示脱一字。
② 原本此两字漫漶不清。合刊本"康熙志"作"月爱",疑有误。

（天启）东安县志　（康熙）东安县志

五道口
在哈喇港南、狼城北，宋时通信安大路。

贩瓮口
在葛渔城东南，迤南有瓮城。

六道口
在穆家口东，宋时通运河，开以溉田，今止见茫茫滔滔之势已耳。

穆家口
在葛渔城东北，上通乡口、解口，下经八里桥入六道口。

乡口
在穆家口北，北通解口，宋时东川分派。

东沽港
在县治南五十八里，其源自县西浑河来，北接九河，东衍三角淀。

小河沟
其源自宛平县浑河至大兴县，经东安境入武清县界，达于潞河。

瑯川淀
在县治南七十里，其源自霸州，为九河之所聚，入于磨叉港。

桃河泊
在县治南五十里，周围群水攸聚。每至秋水大时，入三角淀。

信安口①
太平兴国六年建军于此，景德二年改狼城口，七寨属河北，靖康后没于金。

吕公河
在县治南五十里，自霸州浑河经磨叉港东流入桃②河泊，达于武清县三

---

① 原文此字漫漶不清。合刊本"康熙志"此处空白。
② "桃"字误，当作"挑"。合刊本"康熙志"此处亦误作"桃"。

角淀。

莲花泊

在县治南三十里甄家庄南东流,经葛渔城入武清,同上。

按:县治四周平坦,迤北二十里颇高,迤南二十里地多洼下,淫雨积潦。自北而南不惟县周受害,即迤北亦无洞泄之处。成化初,主簿何瑛相度地势,东畔自南坛旁开成河渠,经杨官屯直达甄家庄之河口;西畔自北隐旁开创河渠,经马子庄直达桃①河头之河口。水得通行,害去六七。今皆淤塞而遗址尚存。

又按:县治南二十五里曰②甄家庄,此河水北岸南至信安、王庆沱、决河,东南连丁字沽、三角淀、海口,其西南连运河、黑狼口,俱邻永清、文安、静海、霸州等。水是南北东二三百里尽为洼下水窟,其水村二十余处皆在水中。百姓虽有苇产,常有不产之处;虽有渔利,亦多有不利之时。即岁办钱粮已不胜包赔之苦,况又有三官籽粒、御马草场,若船纲鱼课,巡青阉校派扰孔亟。追呼嚣悍,民真溺于水哉!即有一二处偶遇水涸,民亦不敢耕种。缘水性无常,迁徙倏忽,或既种而潴没,倾累益苦。察民故者不可不知也。

堤　堰

黄蜗堤　在县南四十里,挑河镇之南,皇庆元年,水溢黄蜗堤,即此俗呼"黄家堤"。

青杨堤　在挑河镇之东南。

马家堤　在挑河镇南。

于家堤　在葛渔城之南,树木蔚然,形势巍密,今则凋落孤荒,仅数家而已。

---

① "桃"字误,当作"挑"。合刊本"康熙志"此处亦误作"桃"。

② "里曰"合刊本"康熙志"误作"曰里",字序颠倒。

(天启)东安县志　　(康熙)东安县志

刘家堤　在四十亩口①之南。

魏家堤　在故县之北。

凤河堤　在凤河之南,派流相延数十里,如秋水大溢,亦可下流至县治东下。

左奕堤　在县西②四十里,辽为③之西堤。

七里堤　在县东八里,辽为之东堤。

燕王堤　在户子濠南五十里。

天津堰　在淘河村南。

朱村堤　在县正西八里。

按:自黄蜗等堤原为保护民地民产,堤外始有未央宫等庄田,今堤内有左南、左北二里民地二百余顷。已告准还官,除豁钱粮,又恐日久水退,地可耕种。如有势要之家不分官庄民地一概兼并,则有难辨。记此以为后日可辨之大界也。

河　浅

河道北自河西务,南至丁字沽,设主簿一员,率领六州县□□④。春夏间用堤夫补筑堤口,以防冲决。如遇旱干河浅,用浅夫疏挖以利漕运。东邑原额里下民夫一百三十二名,每年设一夫长,名曰委官,督率众夫料理河浅。然里下民夫既已荷锄南亩,不能两地分身,是以有愿去应夫者,工食按季领值于本县,不愿去应夫者,即将工银转募佣力于河滨。此公私两全之道,变通可久之法也。

东安三浅

杨村南头浅

---

① 此处"亩口"似有误,存疑待考。
② 合刊本"康熙志""县"后脱一"西"字。
③ 为:叫做,称为。
④ 原本两字漫漶不清。合刊本"康熙志"此处以空白表示脱一字,误。

蒲口浅

马家口浅

剥　船

东邑原额剥船三十五只，自明崇祯十二年间每船一只船户，在库领银九十两，应运军白二粮。至国朝顺治元、二、三年，缘赋役缺额，每船发银七十二两。及顺治四年，工、户二部具疏题请，蒙发抚院，转行通州、霸州、蓟州三道会议，每船拨给人①粮民地十顷，共给地三百五十顷。后又于顺治十三、十四两年二次奉文，自武清县金过东安剥船一十八只，随拨给大②粮民地九十顷，拨墨儿根一勒兔退出投充地九十顷。见今实在应运剥船共五十三只，共拨给征粮民地五百三十顷。

古　迹 已见八景中者兹不重录。

安墟

黄帝时已有之，在常道城。

安次县

在县治西北四十里，汉置安次县于此，基址尚存，今易名古县。

石梁城

在县治东南，唐武德中曾移治于此。

常道城

在县治西北五十里，魏文帝封宇文英为常道乡公，即此。

旧州

在县治西北四十里，安次之西。金以前为县，元升为东安州。尝经浑河

---

① "人"合刊本"康熙志"误作"大"。
② "大"字误，当作"人"。合刊本"康熙志"此处亦误作"大"。

冲决,后人渐复辏居,亦名东安州。

崧州城

在县治西北七十里,辽称城古喇王店,即今机察王是也。

修市

汉名安次修市,在古县。

行市

汉立县在此,至辽时移耿就桥。

长庆宫

旧在广平淀,辽天会三年移安次南五十里,东接捺钵,南通番汉,有大石桥以受宋诸国之礼。今次平屯乃其旧址也。

飞空故里

即仙庄,在安次县南九十里,又相传在半截河之南。

卢王屯

在常道乡东南二十五里,汉卢绾屯兵在此,与刘贾夹攻取燕。今名卢村屯。

马庄

在县治西十五里,辽人牧马之所,今为马子庄。

尼姑口

何承矩言:"自淘河至尼姑口,屈曲百二三十里,天设险阻,真地利也。"昔人讲水战之地,大为要害。

飞虹桥

在安次南,跨界河川。汉武帝元狩二年建,刘琨曾饮于此。

印台

一名砥柱台,在县南东沽港、半截河之西,北接九河,南连大海。

省抑宫

在安次南,辽曾同中建,以禁妃嫔之有犯①者。□②以高墉,锢以重锁,置契丹军千人以守之。元至元六年,囚后于东安州是也。今名皇后店。初为安次之边防,今属武清县境。

待清楼

在安次北王礼村浑河东岸,元皇庆元年,建常驻此,修决河防,行劳工礼。

二士楼

在行市南,宋杨存勖、周伯苈二士讲读之所,有志欲靖荡中原。闻元已入承大统,遂弃业而遁,不知所终。其楼相传为元人所毁。

东安县志　卷之二终③

---

① "犯"后疑有脱字。
② 原本此字漫漶不清。合刊本"康熙志"此处以空白表示脱一字。
③ 原本此处无"卷终"字样。合刊本"康熙志"因之未改。

（天启）东安县志　（康熙）东安县志

东安县志　卷之三　建置志

变迁因革随乎其时,补苴修饬准乎其义。故新厥必书,所以重民力;大城不惜,所以固封疆。《建置》之宜详也尚已。东邑当都会之要区,实畿辅之重地,凡城池、仓库、泮藻、坊桥整顿,固不容缓,经理亦自多端。若夫念地重则桑土之计宜周,念民贫则苫楚之情宜惜。官斯土者,其尚慎审于斯哉! 志《建置》。

城　池

城东面　　阔七百六十四步,垛口四百七十个。

城南面　　阔七百一十八步,垛口五百一十三个。

城西面　　阔五百六十步,垛口三百九十三个。

城北面　　阔八百步,垛口五百五十六个。

共四面,阔二千八百二十四步,垛口一千九百六十二个①。

按:洪武三年移治于此,公廨、民居尚俱草创,城池并未修砌。天顺间,知县于璧、成化初主簿何瑛节创濠②堑。弘治十一年,知县蒋③昇重修,□□④砖券城东门一座,号镇东门。正德六年,流贼□⑤獗,知县周义急筑垣浚濠,建三城门,曰安西、曰平南、曰拱北。正德十二年,知县武魁垣内帮土,筑厚坯、垒女墙,外浚池堑,始似城池。以后官节为修补而举废靡常。嘉靖十六年,知

---

① "共四面,阔二千八百二十四步,垛口一千九百六十二个"都是正文字体,未做旁注处理,误。合刊本"康熙志"中"共四面"为正文字体,其余作文内注释处理,较为合宜。

② "濠"合刊本"康熙志"误作"豪"。

③ "蒋"合刊本"康熙志"误作"将"。

④ 原本两字漫漶不清。合刊本"康熙志"此处以空白表示脱两字。

⑤ 原本此字漫漶不清。合刊本"康熙志"此处以空白表示脱一字。联系上下文,此处疑为"猖"字。

县刘继先将门额改,北曰迎恩,东曰曙海,南曰通津,西曰宗山。嘉靖二十八年,知县成印增修城基,广一丈四尺,顶收一丈,高二丈二尺,堞高五尺。浚池深八尺,广一丈二尺,植柳排岸,以横木贯顶。至二十九年春,仍砖包城一四隅各四十丈,上建角楼四座。北门券上建楼一座,外用砖包瓮城一圈券。重门上建二檐重楼一座。八月,贼患紧急,池外添掘围城濠堑一周,深广加倍。城中添中心台六座,以便上下防守。又城外创置窑厂数处烧砖。先将城西面包修,又重修城南门,砖券重楼。隆庆二年,知县刘祜承上司明文,令修砖城,审派①阖县富民砖七百余万,灰四千万斤,□②修成坚固之城,堪资守御。至天启五年,知县郑之城又复重修。凡欹裂处皆撤故易新,而内垣之卑薄者,帮筑坚厚,可垂永远。崇祯元年,知县欧阳保重修城楼,改门额曰东升、西爽、南明、北拱云。至国朝,自顺治五六年间,浑河水患,四围冲没,城楼垛口尽行坍圮。康熙十一年间,业经差员□③勘估计,详咨工部,迄今未蒙发帑修筑,居民何所恃以无恐?且钱粮库狱,所系匪轻。萑苻④时警,金汤不完,难言巩固。此重烦守土者夙夜之殷忧也。于康熙十五年九月内,知县李大章廑虑颓城,捐俸出米,督工修葺。四面完固,渐有可观,实未费民间之一钱一物也。迄今士民安枕,仓库无虞,殆拜我贤侯之赐乎!

公　署

县治旧在常道城东,耿就桥行市南,因浑河水患,洪武三年十一月,主簿华得芳移治于常伯乡张李店,即今县治是也。永乐二年,知县李骥重修。

谯楼,在县大门上,转角二檐,重楼高广,诚一邑壮观。正德十一年,知县

---

① "派"合刊本"康熙志"误作"泒"。
② 原本此字漫漶不清。合刊本"康熙志"此处未留空白表示有脱字,误。清刻"乾隆志"此字作"缮"。
③ 原本此字漫漶不清。合刊本"康熙志"此处以空白表示脱一字。
④ 萑苻(huán fú):泽名。有时也直接指盗贼;草寇。

（天启）东安县志 （康熙）东安县志

武魁创建,至嘉靖四十五年知县王宗尧拆废,后知县欧阳保时称循牧,尤精堪舆①,于崇祯元年照旧重建。延至八年,知县何达海复坏。

仪门　四楹。

角门　二座。

戒石亭一座　在仪门内。万历九年,知县张汝蕴撤去戒石,易以木匾,而金填其字。

牧爱堂　四楹。知县冯沂改忠爱堂。

库房一间　在堂左。

藏房一间　在堂右。

仪仗库　在藏西。

赞政厅②　在库东,今废。

思政堂　六楹。在牧爱堂后,东西两厢房。

知县宅　在思政堂后,坐北向南。

县丞宅　在正东,今废。

主簿宅二所　一催粮,一管马,今俱废。

典史宅　在县丞宅南,坐东向西,今在县堂西,坐北向南。

六房　吏户礼马科承发司共五间,在堂墀东;兵刑工□□③库□④长司共五间,在堂墀西,今俱废。

吏公廨　东西各十间,今废。

衙神祠　在大门内甬道东。

钟楼一座　在甬道东。

---

① 堪:天道。舆:地道。堪舆即风水。
② 自"赞政厅"至"鼓楼",清刻"康熙志"已漫漶不清,其间文字据合刊本"康熙志"补。
③ 合刊本"康熙志"此处以空白表示脱两字。
④ 合刊本"康熙志"此处以空白表示脱一字。

鼓楼一座　在甬道西,俱知县王邦直①建立,今废。

寅宾馆一所　在钟楼北,知县张汝蕴创建,今废。

察院行台　在县治东,坐北向南,大门四楹,二门一座,角门一座,正堂四楹,皂隶房各二间,堂后寝室四楹,东书吏房二间,西厨房二间,今废。

顺天行府　在县治西南隅,久废。万历六年,知县韩景闵改为马神祠,今又废。

金台书院　在东街三官庙西。万历四十六年,知县陆燧建,今废。

税课司　在县治西。洪武八年,知县侯文秀创建,裁革。

河泊所　在县治西,久革。

阴阳学　在县治东。洪武初,知县秦士弘创建,今废。

医学　在县治东,今废。

申明亭、旌善亭　久废。嘉②年间,知县成印重修,又废。万历十一年,知县阮宗道重修,今俱废。

养济院　在县治大南街西胡同。万历十一年,知县阮宗道重修,今废。

僧会司　在县治西广严寺。

演武场　在县治东门外,坐北向南,正厅四楹,旗台一座,今废。

学　校

庙学在县治西。先唐开元间,建于耿就桥行市前。元中统四年,改县为州,升为州学。至正二十三年,因浑河水患,移于州治东朝正坊。至明洪武二年,改州为县,又为县学。三年,复因浑河水患,随县通迁于张李店,即今庙学是也。宣德五年,知县王友信重修。天顺□③年,知县冯珍复重修先师殿宇六楹,知县冯珍重修旧有塑像。嘉靖十年,承制撤去,易以木主,改称"至圣先

---

① "直"合刊本"康熙志"未书,以空白表示脱一字。
② "嘉"后脱一"靖"字,当补。合刊本"康熙志"此处亦脱此字。
③ 原本此字漫漶不清。合刊本"康熙志"此处以空白表示脱一字。清刻"乾隆志"此字作"七"。

(天启)东安县志　(康熙)东安县志

师孔子神位"。撤像祭文知县韩襄所作,云:"德出帝王,上固不假爵而荣;神与造化,游亦不依形而立。撤塑像而易之以木,更王号而尊之以师,此固时王之新制,亦我夫子之夙心也。"

东庑七间

西庑七间　隆庆五年,知县王邦直重修。至康熙三年,教谕王梦明捐俸银一百三十五两,每庑改修五间,巍焕一新。

神库房二间　在文庙右,久废。

殿墀碑二通　西碑风折废。万历六年,教谕吕希简新补。康熙三年,教谕王梦明率生员贾庆云等同立碑一通。

戟门　四楹。嘉靖二十八年,知县成印重修。康熙十三年,训导马元调捐俸重修。

棂星门　嘉靖四十二年,署印县丞赵希儒因圣殿并此门颓坏,率士夫诸生合资重修。康熙三年,教谕王梦明重修。

屏壁一座　在棂星门前,久废。康熙十三年,训导马元调捐俸修筑于旧泮池前。

泮池　在屏壁前。嘉靖十八年,知县刘继先修浚,内栽莲苇。二十八年,知县成印重修。

新泮池　在戟门前。砖券三孔上木桥三座。万历十年,知县张汝蕴创修,今废。

启圣祠　四楹。知县王邦直重修。

传经堂　在敬一亭后,久废。今改为启圣祠。

奎楼一座　在庙学东南。万历三十九年,本道梁有年、知县郑崇岳、教谕寇光裕同建,有碑。

敬一亭　在明伦堂后。

四箴并程范箴　俱在内。嘉靖十年,知县韩镶①奉敕建立,今废。碑存。

明伦堂　四楹,在文庙后。康熙十一年,训导马元调重修。明堂巍阔,焕然一新,手书圣经并四箴于照壁之上。

育英门　康熙十三年,训导马元调修。

卧碑一通　在堂东北壁上。

进德斋　三间,在堂左,久废。

修业斋　三间,在堂右,久废。

梓潼祠　在文庙左,今移在明伦堂左。康熙七年,训导石光岳率诸生合资重修,复整四围墙壁。

名宦祠　前在启圣祠东北,后移于戟门东,今废。专俟后之当轴者,重一修补,庶从来贤侯姓氏、政绩循良,不致湮没无稽云。

乡贤祠　前在西庑后,后移于戟门西。隆庆五年,知县王邦直又移此二祠于戟门外,一向西,一向东。今移向南,生员邵豫新重修。

孝弟二号　五间,在敬一亭左,久废。

忠信二号　五间,在敬一亭右,久废。

教谕宅　一所,在学门内甬道东,居中,坐②东向西。

训导宅　二所,一在教谕宅南,一在教谕宅北。井一眼,在南训导宅夹道内③,今存训导一宅。

文庙牌坊　东曰德侔天地,西曰道冠古今。万历三十九年,兵道梁有年、教谕寇光裕同建④,今废。

射圃亭　在庙学西,今废。

社学　在县西街,坐北向南,今废。

---

① "镶"合刊本"康熙志"误作"讓"。原本其他处俱作"韩襄"。

② "坐"合刊本"康熙志"误作"生"。

③ "内"合刊本"康熙志"误作"而"。

④ 合刊本"康熙志""同"后脱一"建"字。

(天启)东安县志　(康熙)东安县志

文昌阁　于崇祯十四年,知县李之用延堪舆沈之征度地于东南隅,五丈方台,坐东向西,与奎楼遥应。台高二丈,已成,尚未构直木工,偶值寇变,遂辍。基址尚存,倘后之莅兹土①者一加意焉,亦名垂不朽事也。

文昌阁创于县之东南隅,乘生气以启文明也。论三合之年,则居官旺。论九星②之度,则属贪狼。且巽地乃木星也,得于③霄文笔,恰与学宫相照映。允知名宦乡贤、勋名彝鼎从兹兆之矣。其基址背乙面辛,加乙卯辛西④分金,约五丈方台,较之奎楼高出一头,为阖邑之青龙,宁独利于文风哉?

稽山堪舆沈之征记。

仓　库

库在县堂左右各一间,内贮赃罚纸赎商税鱼课并征寄库银两,奉明文乃申报,方便动支,实在新除俱登簿。又有循环二簿,每月送上司倒换稽查。

广有仓　在东街,坐南向北,今废。

预备仓,在县治北街,坐西向东,大门一座,二门一座,仓廒共一十间,粮厅二楹,内储罚赎谷,并奉制设法积谷石,备赈荒军饷。奉明文及申报方敢动支,实在新除俱登簿。又有循环二簿,每月送上司倒换稽查。

按:此仓也,一以贮谷,亦一以囿轻犯者。除贮粮外,一间空房,止⑤可容犯妇数人而已,其余尽在露宿。夫地窄人稠,气味相杂,多生瘟疫。雨绵地湿,动转不便,后补营数间,迄今稍为宽舒。

又按:重囚恶犯,宜禁囹圄。小民无知,偶犯小过,或逋欠零粮,或正犯逃遁,辄将孤男弱妇拘禁于此,亦政之一疵也。今仁明在上,经月不仓一人,是

---

① "土"合刊本"康熙志"误作"士"。
② "星"合刊本"康熙志"误作"皇"。
③ "于"字误,当作"干"。合刊本"康熙志"此处亦误作"于"。干霄:高入云霄。
④ "西"字误,当作"酉"。合刊本"康熙志"此处亦误作"西"。
⑤ "止"合刊本"康熙志"误作"上"。

即于公之用心矣。

牌　坊

都谏坊　在县东街。弘治六年为礼科给事中孙瑞建，久废。

兄弟联芳坊　在县东街。为李德仁、李德恢建，今废。

都谏坊　在县东街。正德十六年为兵科都给事中许复礼建，今废。

进士坊　在县东街。弘治十六年为监察御史李锡①，今废。

大司寇坊　在县南街。正统年为刑部尚书施礼建，今废。

孝行坊　在县南街。景泰年为孝子周尚文建，今废。

经元坊　在县南街。嘉靖八年为经□②孟绂建，今废。

都宪坊　在县西街。成化年为都御史李侃建，今废。

五世进士坊　在县西街。为李辅建，今废。

名登天府坊　在县西街。嘉靖十六年为举人张文举建，今废。

宫保坊　在县西街。万历十九年间为兵部尚书刘体乾建，今废。

继往开来坊　在文庙左右。嘉靖二十九年建，今废。

方伯坊　在县南纪家庄。洪武中为布政纪谆建，今废。

绣衣坊　在县南街。正统间为监察御史施礼建，今废。

太宗伯坊　在县南街。成化年间为礼部尚书、太子少保施纯建，今废。

解元坊　在县南街。成化年间为施绅中乙卯解元建，今废。

父子尚书坊　在县南街。成化年间为施礼、施纯建，今俱废。

昭代名卿坊

清朝俊彦坊　二坊在县治左右。万历四十六年知县陆燧建，有碑文，今废。

贞节坊　在县东街。弘治十二年为李俊妻张氏建，今废。

---

① "锡"后脱一"建"字，当补。合刊本"康熙志"此处亦脱此字。

② 原本此字漫漶不清。合刊本"康熙志"此处以空白表示脱一字。

（天启）东安县志　（康熙）东安县志

贞节坊　在县东街。正德十二年为文学妻张氏建，今废。

贞节坊　在县西街。正德八年为陈琏妻孔氏建，今废。

贞节坊　在县西街。正德中为刘景学妻张氏建，今废。

贞节坊　在县南纪家庄。正统四年为纪锁妻王氏建，今废。

贞节坊　在县西左奕村。成化间为桑恭妻孟氏建，今废。

贞节坊　在小南街。万历二十一年为贾时雍妻郭氏建，今废。

贞节坊　在大南街。天启二年为武生员王大传妻任氏建，今废。

贞节坊　在北尹村。天启四年为刘可儒妻李氏建。

冢　墓

晋刘琨墓　在县东二十里楼桑村。晋幽州刺史①匹䃅推琨为盟主，共讨石勒。屯蓟城，后为匹䃅所害，葬于此。见《一统志》。

辽中丞韩泽墓　在县西北五十里更生村。乾统八年，墓旁民掘地得志石而掩之。

杨大王墓　公名暂。墓在旧州西南二里，石器见存，有碑文。

施礼墓　在县南十五里益留村。正统间为刑部尚书，卒于官，正统十年葬于此。子纯成化间为礼部尚书，亦附葬焉。谕祭碑文存。

齐章墓　在县北二里东储村。太常寺卿。弘治八年有谕祭，碑久废。

纪谆墓　在县东南六里纪家庄。永乐间以岁荐为交趾布政。

李侃墓　在县北五十里凤河之阳。成化间为都御史。二十一年谕祭，墓志存。

刘体乾墓　在县北门外一里许。万历间为南京兵部尚书。万历四年○○○○○○○○②。谕祭碑文存。

---

① "史"后脱一"段"字，当补。合刊本"康熙志"此处亦脱此字。

② "万历四年"之下空白，未知何意。合刊本"康熙志"照录下来。然查阅《明史》卷二百十四《列传》第一百二《杨博　马森　刘体乾　王廷　葛守礼　靳学颜》有："万历二年致仕。卒赠太子少保。"

桥　梁

飞虹桥　　见古迹。

耿就桥　　见古迹。

大通桥　　即大石桥。宋往来互市之路,北通长庆宫,南通信安寨,跨浑河南界。

通济桥　　即西浮桥。南通益津关,北通耿就桥,在左奕东,跨浑河西界。

八里桥　　即东浮桥。宋建。南通六道口,北通凤河,在土楼东罩马河。

小石桥　　在县西南二十里马子庄迤南。辽往来为牧放之处。

济公桥　　在县北七十里蕃育署南。嘉靖初年,中官王守成建。

永年桥　　在东沽港中流。嘉靖三年,中官徐忠建。

次平桥　　在县治西。万历四十六年,生员葛浩造。

按:桥梁所以利民,涉也。如时际丰泰民多富庶而建之,自易易耳。今也民则穷矣,财则尽矣,值国家多事,役重差繁,日求充饥尚难,而欲出财□①以便往来,以免没股曳轮之患,不可得也。是以宁倚陂待渡,而日昃不前,宁冒溺无救,而野渡无人。噫!民生贫富,时势盛衰,观风至此,宁不恻然也哉!

封　建

常道乡

周武王封召公长子为燕伯,以此为采邑。

修市原侯

汉武帝本始四年,封清河王纲子寅。

常道乡公

魏甘露二年,封陈留王奂,又魏文帝封宇文英。甘露五年,将军司马炎迎

---

① 原本此字漫漶不清。合刊本"康熙志"此处未留空白,未做有字缺而未录的提示,误。

（天启）东安县志　（康熙）东安县志

常道乡公璜嗣明帝。

东安孝侯

魏甘露四年,封鲁孝王子疆。

东安王

北齐皇建初,封娄昭兄子睿。

东安伯

后魏明元间,刁痈①以功赐爵。

东安公

太武时,刘尼世为方面大人,以功封昌国子,后以迎立文成公进封。

安城县子

宣武时,杨大眼武都氐②难当之孙以战功封。

东安县志　卷之三终

---

① "痈"字误,当作"雍"。合刊本"康熙志"此处亦误作"痈"。

② "氐"合刊本"康熙志"误作"氏"。

东安县志　卷之四　赋役志

三壤则于《禹贡》，九赋备于《周官》。瘠土民劳，下田赋减，因地制赋，古圣王之恤民至矣。东安正地之外，项款多名，输挽乐于争先，急公恐其或后，民至瘁也。乃斥卤①沮洳②苦竭民力，腴田广野屯派③不复。

朝廷有德州拨给之恩，穷黎未沾尺寸兑补之惠。地已去而额尚存，民日穷而赋难缓，以故闾里萧条，疮痍日益。官斯土者，寓抚字于催科，集哀嗷于安堵，庶有疗乎？志《赋役》。

明代赋役④

明制，每里十甲，每甲里长一户，甲首十户，又有畸零户，此十户之外附余者。洪武初，我邑编四十四里，该户四千八百四十，而畸零尚多，则户口概可见矣。黄册每十年大造一次，民数具载版图，但地瘠差重，流移逃亡者甚多，虽中间不无生息，实不能补空虚之数。故至今丁无全户，户无全甲，甲无全里，甚至里甲并户丁而无孑遗，如修政、宣化是也。皆由见户包逃，逃丁不罪，则见者效尤，逃者不复，则人地两虚。当道者每以人逃地不逃为论，殊不知逃者实因地累而去也。本人一去，此地或为豪强侵隐，其粮草或为他人诡寄。加之年月积久则地去粮存，地日少而粮日重，见者不去则包逃宁有已乎？有

---

① 斥卤：盐碱地。

② 沮洳（jǔ rù）：低湿之地。

③ "派"合刊本"康熙志"误作"沠"。

④ 原本此处纲目顺序为"赋役——明"，为使全文眉目清楚，编者特此调整为"明代赋役"，以与下文"国朝赋役"相对应。

（天启）东安县志　（康熙）东安县志

云："户口不增者,请深究之。"旧志。

户

唐开元二十三年一万二千户　《辽史》

明朝原额四千六百一十一户

后见在一千七十二户

逃亡二千六百九户　俱旧志。

口

□①额三万二千口

□②见在当差六千三百四十九口

□□□③二千五百五十八名　俱旧志。

庄田

未央宫　田三百一十九顷八十七亩八分九厘二毫七丝,又有指挥李伟讨八十五顷三十五亩六分。

永清公主　田八十七顷四十九亩。

永安公主　田九十七顷三亩,后改仁孝宫。

恭圣夫人　田五十五顷八十七亩五分。

英国公　田一十三顷六十七亩。

镇远侯　田二顷四十亩。

太宁侯　田一十一顷。

安平伯　田二十七顷一十六亩四分。

惠安伯　田六十二顷一亩。

嘉祥公主　田二百二十一顷三十亩二分二厘。

---

① 原本此字已漫漶不清。合刊本"康熙志"此处未留空白以示脱字,误。

② 原本此字已漫漶不清。合刊本"康熙志"此处未留空白以示脱字,误。

③ 原本此三字已漫漶不清。合刊本"康熙志"此处未留空白以示脱字,误。

顺义府仪宾　田五十八顷三十六亩。

锦衣卫指挥　田六顷。

隆善护国寺　田一顷八十四亩四分八厘。

□①大马房　地二百三十三顷一十八亩九分九厘。

□□②马房　地一十五顷四十六亩三厘八毫。

□□□□③　地四十一顷四十四亩一分隆庆四□□□④。

按：未央宫子粒征于户部。曩时，地无水占，田皆沃壤，故军民开种纳租自易。尔来，葛渔城二十二处九河泛涨，平地水深丈余，民何从而耕，租何从而办？上人征催仍急，民何以堪？况正德年间，管庄各役大肆吞噬，地之邻近者皆强占以去，令民田册有一顷之额，实无二三十亩之数。地既赔税粮马草，又征租银子粒，欲民不困穷、不逃徙，安可得乎？前侍御俞公、胡公、车公亲见其弊，相继丈勘为之停征，民困稍苏。吾闻为政犹张琴瑟，琴瑟不调，必解而更张之，乃可鼓□⑤。为今之计，宜一审核，凡水占积荒者蠲之，侵吞者复之，民庶几得免为鱼乎！俱旧志。

贡赋

官民地　共三千六百六十五顷三十六亩九分四厘二毫二丝四忽五微。

官地　五百三十八顷七厘二毫二丝四忽五微。

民地　三千一百二十七顷二十六亩八分七厘。

夏粮　六百九十一石七斗三升二合。

秋粮　一千七百四十八石五斗一升五合八勺二抄四撮二圭七粒七粟。

马草　一十万六千三百六十束九分一厘九毫三丝二忽二织。

---

① 原本此字已漫漶不清。合刊本"康熙志"中此处以空白表示脱一字。
② 原本此两字已漫漶不清。合刊本"康熙志"中此处以空白表示脱两字。
③ 原本此四字已漫漶不清。合刊本"康熙志"中此处以空白表示脱四字。
④ 原本此处若干字漫漶不清。合刊本"康熙志"此处以空白表示脱若干字。
⑤ 原本此字已漫漶不清。合刊本"康熙志"中此处以空白表示脱一字。

（天启）东安县志　（康熙）东安县志

人丁丝　折绢七十二匹一丈二尺。

农桑丝　折绢二百七十六匹二丈三尺二分五厘。

户口食盐　钞七万六千七百六十贯。

地亩花绒　一千三百七十八斤六两。

商税　银八十一两八钱八分。

鱼课　银二十六两五钱。

以上乃额制也。自此制后，国事日烦，征求日多，徐徐添派如缕，民何得不穷且逃耶？今将额后逐年旋添民赋开具于左。

地亩

东安田亩之数不减于昔，而可耕之地实缩于旧。县北十二里多沙碱，南八里多积涝，东西五里又多荒芜。且上有蕃育署之吞没，下有各庄田之侵占，加以逃亡户多，奸民影射，里胥低昂，小民之颠连穷困久矣！语有云："井田废，莫善于限田。限田革，莫善于均田。"盖田均则赋平，而无包赔失业之患。昔侍御胡公汝辅作令之时，尝奏均之。后以调去，行之未果。今欲为民立经常以定制，酌盈缩以宜时，均田一事，诚长吏之责也。旧志。

地亩　银二千二百九十六①两七钱九分五厘四毫。

按：嘉靖二十九年，奉上明文，此年修边，本县起夫四千余，无处凑作工食。奉文令起地亩银，加追十二次。是一时兼用十二年之地亩，可胜叹哉！

光禄寺果品　银二十两五分六厘。

牲口　银九十三两。

科道皂隶一十三名　共银一百三十三两二钱。

本府皂隶二名　共银二十四两。

国子监膳夫四名　共银四十两。

---

① "六"合刊本"康熙志"误作"四"。

苫盖木植芦①苇夫三名　共银四十五两。

本县儒学斋夫四名　共银四十八两。

蓝靛　银三十两。

刑部棘茨　银八两七钱五分。

荆杖　银十两五钱。

冰窖葍秸　银二十二两六钱六分。

芦苇　银一十三两。

砍柴夫　银一千三百四十三两七钱。

抬柴夫　银一千一百二十五两七钱。

新添木柴夫　银九十五两。

工部四司料价　银一百九十五两五钱七分五厘。

搬运木柴夫　银九十五两。

胖袄七十一副三分　共银一百七两四分九厘九毫。

光禄寺马连根　银一十九两。

太常寺建言民情芦苇　银一十三两。

协济粮乡县五色土　银三十二两五钱。

总督军门廪给　银二十二两五钱，嘉靖三十二年新添。

昌平道纸札　银五十两。

本县皂隶五名　银六十两。

儒学膳夫二名　银二十四两。

乡饮春秋二祭无祀鬼魂　共银一百零二两。

协济各驿递站粮　共一万五千零六十石。

差役

东安土瘦民贫，比他州县斯为下矣，而差繁役重实倍于他处。以地亩言

---

① "芦"合刊本"康熙志"误作"卢"。

（天启）东安县志　（康熙）东安县志

之,霸州每亩出银六厘,他州县更又有轻者,东安县出银一分三厘,不既倍之乎?至于人丁,胡知县奏议,霸州下下丁出银三钱①,文安大城二县止出二钱,惟独东安县出银四钱八分,当时已称过矣。目今下下户出至五钱五分,夫丁日②下下者,为其无田产房屋生理也,为人佣力也,四方就食也,是安所出银乎?况出而又倍之乎?宜其③贫者益贫,日就逃亡。倘上人不加意曲处之,京辅要地,何以称重根本、宣王化乎? 旧志。

役

力差　银二千五百九十四两一钱八分。

内承运库夫一十四名　共银七十两。

天财库夫十八名　共银九十两。

督察院库子二名　银二十两。

会同馆夫十四名　后准改银差。

御马监脚夫五名　该银一十八两。

广盈库夫一名　该银一十八两。

明智坊库夫六名　共银四十三两二钱,后改银差。

旧州民壮十二名　共银四十三两二钱。

本县民壮四十名　共银一百四十四两。

国子监庙户一名　该银三两。

京卫武学门子一名　该银三两。

国子监④医生一名　该银三两。

提学、巡监二察院皂隶三名　共银三两六钱。

---

① "钱"合刊本"康熙志"误作"银"。
② "日"字误,当作"曰"。合刊本"康熙志"此处亦误作"日"。
③ "其"合刊本"康熙志"误作"且"。
④ "国子监"合刊本"康熙志"误作"国监子",字序颠倒。

灵济宫佃户一名　银一两八钱。

本府堂上各衙门皂快、阴阳生共一十五名　共该银五十四两。

本县马快手一十六名　共银一百六十两。

本县铺司兵一十六名　共银四十三两二钱。

预备仓斗级二名　该银三两二钱。

儒学门子二名　共银四两。

儒学斗级四名　共银十两四钱。

河口堤夫一百三十二名　共银四百七十五两。

坝上脚夫一名　该银三两。

各马房脚夫一十八名　共银五十四两。

添设各马房仓脚夫五名　共银一十五两。

小直沽巡检司弓兵二名　共银六两。

职司①

吏、户、礼、兵、刑、工各司吏一名

典吏二名

铺长司司吏一名

承发司架阁库各典吏一名

马科司典吏一名

学司吏一名　旧志。

徭役

里长各坊里屯一名

老人各坊里屯一名

书手各坊里屯一名

仓老人二名

---

① 自"职司"至"马政",原本已漫漶不清,其间文字据合刊本"康熙志"补。

(天启)东安县志　(康熙)东安县志

教读

医生

阴阳生

集头老人

木铎老人

力差共该银二千九百四十三两二钱

银差共该银三千五百九十两四钱二分九厘五忽　旧志。

马政

□①长各坊里屯□②名，□□③各坊里屯一名。

原额寄养马二千四百三十二匹，发给各□□④伍兵骑。

按：马头人□□□□□⑤三十八名，□⑥例该十年一次编审。马头先年照草数，近年照地数。三顷七十亩养马一匹，按地数均匀派定。□□□⑦之数造册解送太仆寺收掌。遇各处解马到寺验勘，印烙讫即照册坐名发寄养。遇时□⑧用，管马官吏、群医押解马户带领马匹前赴处所交俵。又按太仆寺发下马匹，马匹领养多无正身，因地咸⑨粮重，丁逃累户，户逃累甲，甲逃累里，包养刍草尚不能给，况求谷豆饲秣得乎？又兼以荒⑩歉之岁或水草不时，或盗贼窃发，倒死失亡审报无已。积以数年，倒失多于见在。如正德年间，倒失

---

① 原本此字漫漶不清。合刊本"康熙志"此处未留空白以示有脱字，误。
② 原本此字漫漶不清。合刊本"康熙志"此处以空白表示脱一字。
③ 原本此两字漫漶不清。合刊本"康熙志"此处以空白表示脱两字。
④ 原本此两字漫漶不清。合刊本"康熙志"此处以空白表示脱两字。
⑤ 原本此五字漫漶不清。合刊本"康熙志"此处以空白表示脱五字。
⑥ 原本此字漫漶不清。合刊本"康熙志"此处以空白表示脱一字。
⑦ 原本此三字漫漶不清。合刊本"康熙志"此处以空白表示脱三字。
⑧ 原本此字漫漶不清。合刊本"康熙志"此处以空白表示脱一字。
⑨ 地咸：指地多盐碱。
⑩ 合刊本"康熙志""歉"前脱一"荒"字。荒歉：荒年歉收。

共四千余匹是也。先年,率令买补,买补未及一二,倒失又有二三。有一人倒失马三五匹及十数余匹,如白务里郭乾倒失马一十六匹是也。民害政蠹莫此为甚。一任其职,皆知难于有为,徒有抚案窃叹而已。嘉靖初年,奉文尽数蠲免,民始鼓舞一苏,但念国用亏虚,亦不可不惜也。近年,遇例倒失马匹,止追赔价值银两,朋伙陆续征解。后嘉靖五年,伪增户口,深累贫民,又兼以旱涝相因,逃亡无数,后奉诏免追倒①死马价,讫尤虑无人喂养,不时调取,难以供事。于嘉靖四十三年,蒙御史吴奏除马六百零四匹,见在马一千八百三十匹。又嘉靖四十五年,蒙御史顾在漷县调马点验,见民苦甚,马太瘦弱,恐误国事,又奏除马九百九十匹,见在八百四十匹。如有倒死者,买补马,将群长②革免。止十八里,立牌头十八人,兽医六人,以候点查交俵,百姓颇得生矣。奈点马一事未便民情,盖东安与固安有浑河相隔,递年上司点马常调于固安。河水浩荡,间有陷溺人马性命者,司马政者不可不留心也。旧志。

军职

武职官九十五员　　　　　□③军□□□④

旗尉一百四十六名　　　　勇士三十三名

力士一十六名　　　　　　军一千五十四名

额役　民壮　快手　保正　民兵　子弟兵　保甲

按:民壮、快手、民兵,工食俱均徭,银两拨给应用俱常川⑤,听候管操官赴演武场操演,振扬威武,缉捕⑥盗贼。又选练义勇,并编审乡瞳保正、保甲,无事归农,有事调用。此安不忘危,有备无患,真讲武济时之要术也。旧志。

---

① "倒"合刊本"康熙志"误作"例"。

② "长"合刊本"康熙志"误作"马"。

③ 原本此字漫漶不清。合刊本"康熙志"此处以空白表示脱一字。

④ 原本此三字漫漶不清。合刊本"康熙志"此处以空白表示脱若干字。

⑤ 常川:指连续不断。

⑥ "捕"合刊本"康熙志"误作"补"。

（天启）东安县志　（康熙）东安县志

邮传

额役　马夫头　骡夫头　驴夫头　牛夫头　车夫头①　水夫头

按：驿制头项，例该十年一次编审。先年照草，近年照地，科派粮石，拨发附各州县驿所，协济驿费。各项夫头，繁简轻重不等，坐派粮石多寡相称。但供役无虚时，粮户多逃亡，不能依期完□②。嘉靖二十年以前，亲身下驿，富者顷家，贫者死驿。后奏准三年一传，各家朋当。近又告准一□③鞭追征，钱粮分解。各驿民虽有头役之□□□④前日下驿之苦，此穷民渐得少苏者□⑤有。以□⑥旧□⑦。

国朝赋役

户口款数　*户册有丁无户。*

历代皆有登耗，至明季，饥馑疾疫，十不存一矣。国朝鼎革以来，嘉意抚绥，民之复业者视昔渐繁。生聚教训，其在今日与？

原额人丁七千五百三十二丁，内除节年奉文编审开豁逃亡投充人丁，共五千四百八十九丁。

实存剩人丁二千零四十三丁。十四年，又奉文五年编审一次，以十四年审出人丁三百六十丁，又奉文查出优免供丁八百一十一丁，又复业人丁四丁。

通共人丁三千二百一十八丁，内优免人丁八百一十一丁，该征银二百七十七两四钱四分，造入额外征银解部外，止存实在行差人丁二千四百零七丁。

---

① "额驿"项下，"驴夫头、骡夫头、牛夫头、车夫头"的顺序在合刊本"康熙志"误作"驴夫头、车夫头、骡夫头、牛夫头"。

② 原本此字漫漶不清。合刊本"康熙志"此处以空白表示脱一字。

③ 原本此字漫漶不清。合刊本"康熙志"此处以空白表示脱一字。

④ 原本此三字漫漶不清。合刊本"康熙志"此处以空白表示脱三字。

⑤ 原本此字漫漶不清。合刊本"康熙志"此处以空白表示脱一字。

⑥ 原本此字漫漶不清。合刊本"康熙志"此处以空白表示脱一字。

⑦ 原本此字漫漶不清。合刊本"康熙志"此处以空白表示脱一字。

上上则人丁无。

上中则人丁无。

上下则人丁无。

中上则人丁一丁,征银八钱四分。

中中则人丁二丁,每丁征银七钱四分,共征银一两四钱八分。

中下则人丁四丁,每丁征银六钱四分,共征银二两五钱①六分。

下上则人丁二十丁,每丁征银五钱四分,共征银十两八钱。

下中则人丁一百六十九丁,每丁征银四钱四分,共征银七十四两三钱六分。

下下则人丁二千二百一十一丁,每丁征银三钱四分,共征银七百五十一两七钱四分。

以上行差人丁共二千四百零七丁,各征则不等,共征银八百四十一两七钱八分。

遇闰,每丁加银二分六厘七毫六丝七忽。

共加征闰月银六十四两四钱二分八厘一毫六丝九忽。

康熙元年,奉文编审,新增人丁九十八丁,每丁征银三钱四分,共征银三十三两三钱二分。

遇闰,每丁加银二分六厘七毫六丝七忽。

共加征闰月银二两六钱二分三厘一毫六丝六忽。

康熙二年,查出土著人丁一百三十七丁,每丁征银三钱四分,共征银四十六两五钱八分。

康熙五年,奉文编审,新增人丁六十一丁,每丁征银三钱四分,共征银二十两七钱四分。

遇闰,每丁加银二分六厘七毫六丝七忽。

---

① "钱"合刊本"康熙志"误作"银"。

（天启）东安县志　（康熙）东安县志

共加征闰月银一两六钱三分二厘七毫八丝七忽。

康熙六年，英俄儿代退出韩应召等七丁，每丁征银三钱四分，共征银二两三钱八分。

康熙十年，奉文编审，新增人丁八十四丁，每丁征银三钱四分，共征银二十八两五钱六分。

遇闰，每丁加银二分六厘七毫六丝七忽。

共加征闰月银二两二钱四分八厘四毫二丝八忽。

康熙十一年，奉户部发下人丁二丁：刘朝臣、刘朝相，每丁征银三钱四分，共征银六钱八分。

以上新增人丁共三百八十九丁，共征银一百三十二两二钱六分。

遇闰年，除查出退出并部发等人丁不征闰银外，共加征闰月银六两五钱零四厘三毫八丝一忽。

康熙十五年，奉文编审，新增人丁七十五丁，每丁征银三钱四分，共征银二十五两五钱。

以上通共人丁二千八百七十一丁，各征则不等①。

共征银九百九十九两五钱四分。

遇闰，共征银七十二两零九钱三分二厘五毫五丝。

顺治十四年九月，诏定《赋役全书》内额征钱粮照明万历年间则例，其天启、崇祯加增尽行蠲免，并附记于此。

田土款数

原额民地三千二百四十二顷八十四亩七分六厘，每亩征银五分七厘九毫一丝起科，共征银一万八千七百七十九两三钱三分四毫五丝一忽六微。奉文加芝麻、棉花、胖衣②、裤鞋，每亩征银五毫五丝六忽八微五纤二沙，共加银一

---

① 合刊本"康熙志"此下"共征银九百九十九两五钱四分"未提行。
② 胖衣：棉上衣。元明时亦专指边防将士或锦衣卫的冬服。

百八十两零五钱七分八厘六毫一丝七忽一微七纤五沙五尘二埃。遇闰,每亩加银一厘五毫二丝七忽九微,共该银四百九十五两四钱七分四厘六毫八丝四忽八微零四沙。

以上正加通共该银一万八千九百五十九两九钱零九厘六丝八忽七微七纤五沙五尘二埃,遇闰,共加银四百九十五两四钱七分四厘六毫八丝四忽八微零四沙。

圈丈①投充地亩

顺治二年分,奉部差,孙满官圈给镶蓝旗下地八百一十五顷三分,应除正银②四千七百一十九两六钱八分二厘三毫七丝三忽,又除增加银四十五两三钱八分三厘六毫五忽五纤五沙六尘。遇闰,除闰银一百二十四两五钱二分四厘三毫零八忽三微七纤。

顺治三年分,奉部差,朝满官圈给镶蓝旗下地七百六十四顷零四分,应除正银四千四百二十四两三钱四分七厘一毫六丝四忽,又除加增银四十二两五钱四分三厘七毫一丝五忽五微四纤八尘。遇闰,除正③银一百一十六两七钱三分二厘一毫七丝一忽一微六纤。

顺治四年分,奉部差,艾满官圈给正蓝旗下地三百六十八顷四十五亩零三厘,应除正银二千一百三十三两六钱九分五厘六毫八丝七忽三微,又除加增银二十两五钱一分七厘二毫二丝八忽六微四纤五沙五尘六埃。遇闰,除闰银五十六两二钱九分五厘五毫二丝一忽三微三纤七沙。

顺治四年分,奉部文,镶黄旗下投充人焦春茂等带投地三百五十三顷七十二亩五分七厘,应除正银二千零四十八两四钱二分五厘五毫三丝八忽七

---

① "丈"合刊本"康熙志"误作"仗"。
② 自"应除正银"至"顺治四年分,奉部文,镶黄旗下投充人焦春茂等",原本已漫漶不清,其间文字据合刊本"康熙志"补。
③ 原本中此字已漫漶不清。合刊本"康熙志"此处作"正",疑有误。依例,遇闰,则除闰银,故此字当为"闰"。

（天启）东安县志　（康熙）东安县志

微，又除加增银一十九两六钱九分七厘二毫八丝六忽三微四纤九沙六尘四埃。遇闰，除闰银五十四两零四分五厘七毫四丝九忽七微零三沙。

顺治四年分，奉部文，河西务剥船三十五只，每只给地十顷，共给地三百五十顷，应除正银二千零二十六两八钱五分，又除加增银一十九两四钱八分九厘八毫二丝。遇闰，除闰银五十三两四钱七分六厘五毫。又奉文于十三、十四两年分，二次增添剥船①，坐拨民地七十九顷三十五亩八分六厘六毫，应除正银四百五十九两五钱六分六厘六纤，又除加增银四两四钱一分九厘一毫二忽八微五纤三沙八尘三埃二渺。遇闰，除闰银一十二两一钱二分五厘二毫零九忽六微六纤一沙四尘。

以上圈丈投充并给船地共二千七百三十顷五十四亩一分六厘六毫，共该除正银一万五千八百一十二两五钱六分六厘七毫五丝三忽六纤，又除加增银一百五十二两五分七毫五丝八忽四微四纤五沙四尘三埃二渺。遇闰，共除闰银四百一十七两一钱九分九厘四毫六丝零二微三纤一沙四尘。

实存剩②民地五百一十二顷三十亩五分九厘四毫，每亩征银五分七厘九毫一丝，共该征正银二千九百六十六两七钱六分三厘六毫九丝八忽五微四纤。又奉文加芝麻、裤鞋，共增银二十八两五钱二分七厘八毫五丝八忽七微三纤八埃八渺。遇闰，每亩加银一厘五毫二丝七忽九微，共增银七十八两二钱七分五厘二毫二丝四忽五微七纤二沙六尘。

拨补并新垦开荒地亩新项

顺治四年分，奉部③拨本境官屯等地三百零七顷二十九亩，内拨补本境备边地四十一顷五十六亩七分，每亩照原征则例二分起科，共该征正银八十三两一钱三分四厘，每亩加增芝、棉。遇闰，等银与民地无异。

---

① "剥船"合刊本"康熙志"误作"船剥"，字序颠倒。
② "剩"合刊本"康熙志"误作"剥"。
③ 此处疑脱一"文"字，当补入。合刊本"康熙志"此处亦脱此字。

拨补京卫圈剩荒芜屯地二百六十五顷七十二亩三分，每亩照原征则例二分起科，共征正银五百三十一两四钱四分六厘，每亩征加增芝、棉。遇闰，等银与民地无异。

本境圈去地亩原补德州卫伍所屯地，照数令民兑认，到彼随蒙部委波满官赍执清档，卫地不拨。县民并无兑认，无凭开载。

顺治八年分①，开垦荒地二十六顷零四亩二分五厘，每亩照拨补垦荒例二分起科，共征正银五十二两八分五厘，加增遇闰，无异。

以上三项共地八百四十五顷六十三亩八分四厘四毫，共征正银三千六百三十三两四钱三分四厘六毫九丝八忽五微四纤，共该加芝、棉、裤鞋银四十七两零八分九厘五毫四丝五忽六微五纤九沙八埃八渺。遇闰，加银一百二十九两二钱零五厘九丝七忽三微四纤七沙六尘。

正加共银三千六百八十两五钱一分八厘二毫四丝四忽一微九纤九沙八埃八渺。

原额起运款数

各部寺监项下共银四千六百二十一两三钱一分，因本县地丁圈投缺额，无凭征解。

户部项下

夏税

锦衣卫驯象房仓，大麦二十六石七斗，准小麦一十三石三斗五升四合，每石折银一两一钱。

外象房仓，大麦三十二石六斗九升，准小麦一十六石三斗四合，每石②折银一两一钱。

镇边城新城仓，棉布一十一匹一丈七尺，准小麦共折银一十二两九钱

---

① 自"顺治八年分"至"派剩米一百九十石"，原本已漫漶不清，其间文字据合刊本"康熙志"补。
② 合刊本"康熙志"此处脱"每石"。

（天启）东安县志　（康熙）东安县志

九分。

密云驿,小麦二十七石二斗二升,每石折银七钱。

龙庆仓,小麦二十八石五斗七升,每石折银七钱。

古北口仓,小麦七十二石零五升,每石折银八钱五分。

派①剩小麦八十六石七斗三升,每石折银八钱。

京库农桑丝,折绢二百七十六匹一丈三尺,每匹折银七钱。

京库人丁丝,折绢七十一匹一丈二尺,每匹折银七钱。

秋粮

密云龙庆仓,粟米二百二十石,每石折银六钱五分;黑豆十二石八斗一升,每石折银六钱。

横岭口仓,粟②米一百八十石,每石折银六钱五分。

古北口仓,粟③米一百四十八石三斗六升,每石折银八钱五分。

镇边城新城仓,粟米五十一石八斗四升,每石折银六钱五分。

派④剩米一百九十石四斗七升,每石折银五钱。

南石渠仓,黑豆四十二石九斗四升,每石折银六钱。

马草

安仁坊草场,草一万三千九百二十九束,每束折银三分五厘。

居庸仓,草六千束,每束折银三分。

太仓银库,草八十七束,每束折银二分五厘。

蓟州,草六万二千七百五十九束,每束折银二分五厘。

石门镇,驿草一千零五十八束,每束折银二分五厘。

马兰峪,草三千九百四十二束,每束折银二分五厘。

---

① "派"合刊本"康熙志"误作"泒"。
② "粟"合刊本"康熙志"误作"栗"。
③ "粟"合刊本"康熙志"误作"栗"。
④ "派"合刊本"康熙志"误作"泒"。

宣府在城草场,草三千四百零五束,每束连脚价折银六分四厘。

旅顺兵饷银三十九两五钱六分七厘。

御马监项下

御马仓,大麦七石五斗三升,准小麦三石三斗六升五合,每石折银壹①两三钱。

豌豆三十九石五斗四升,准小麦抵豆每石折银九钱。

御马仓,□②豆八十四石六斗八升,每石折银七钱。

御马仓内场,草二千一百八十五束,每束折银五分五厘。

天师庵外场,草八千六百二十四束,每束折银五分。

宣徽院项下

供用库,芝麻五十二石二斗,每石折银一两五钱。

御用监项下

京库地,棉花绒一千三百七十八斤六两,每斤折银八分。

礼部项下共银四百零二两二钱八分九厘,因本县地丁圈投缺额,无凭征解。

光禄寺果品银二十两零五分六厘。

光禄寺牲口银七十三两。

光禄寺马连根银一十九两。

光禄寺活兔银四两八钱。

光禄寺小麦九十八石九斗,每石折银九钱。

光禄寺赤豆二十四石六升,每石折银一两五钱。

大青、黄豆七石三斗九升,每石折银九钱。

国子监医生工食银,四两五钱。

---

① "壹"字误,当作"一"。合刊本"康熙志"此处不误。

② 原本此字漫漶不清。合刊本"康熙志"此处以空白表示脱一字。

（天启）东安县志　（康熙）东安县志

国子监膳夫银四十两。

礼部会同馆夫工食银一百两零八钱。

太医院蒿术、苍术银七两五钱。

观象台灯油木炭银一两六钱。

历日板片银六两五钱。

工部项下共银一千八百七十八两二钱，因本县地丁圈投缺额，无凭征解。

胖衣、裤鞋七十一副，每副价银一两五钱。

砍柴夫银一千三百四十三两七钱。

四司料价银一百九十五两五钱。

蓝靛银三十两。

苇夫银四十五两。

鹅翎银七两一钱五分。

狐皮银十两。

搬运木柴夫银三十一两六钱六分。

司设局项下

冰窖葦秸银二十二两六钱六分。

以上起运共银六千九百两，因圈投缺额，无凭征解。

存留款数

修理龙亭仪仗银一两。

修理文厅银十两。

直隶顺①抚吏书三名，每名岁支廪给银三十六两，共银一百零八两。于顺治十三年会议裁银九十两解部，实支银十八两。于康熙元年奉文全裁解部。

霸州道快手（今改巡道快手）十二名，每名岁支工食银七两二钱，共银八

---

① "顺"字误，疑应作"巡"。合刊本"康熙志"此字亦误作"顺"。

十六两四钱。于顺治十三年会议裁银十四两四钱解部,实支银七十二两。于康熙十五年奉文暂裁解部。

本府府尹柴薪银四十二两。于康熙七年奉文全裁解部。

本府儒学斋夫二名,每名岁支工食银十二两,共该银二十四两。全裁解部。

本县知县俸薪二项,共银六十三两四钱九分。于康熙十五年奉文暂裁解部。

心红纸张银二十两,油烛银一十两。于顺治十三年会议全裁解部。

迎送上司伞扇银十两内。于顺治十二年遵会议裁银八两解部,留银二两。于顺治十三年会议全裁解部。

修理宅舍家伙银二十两。于顺治九年会议全裁解部。

吏书十二名,每名岁支工食银十两八钱,共银一百二十九两六钱,于顺治九年会议裁银五十七两六钱解部,实支银七十二两。于康熙元年奉文全裁解部。

门子二名,每名岁支工食银七两二钱,共银十四两四钱。于①顺治九年会议裁银二两四钱,实支银十二两。于康熙十五年奉文暂裁解部。

皂隶十六名,每名岁支工食银七两二钱,共银一百一十五两二钱。于顺治九年会议裁银十九两二钱解部。于顺治十三年八月内奉部驳议裁皂隶四名,每名岁支工食银六两,共银二十四两,实支银七十二两。于康熙十五年奉文暂裁解部。

马快八名,每名岁支工食银七两二钱,每匹岁支草料银十两八钱,共银一百四十四两。于顺治九年会议裁银九两六钱解部,实支银一百三十四两四钱。于康熙十五年奉文暂裁解部。

民壮五十名,每名岁支工食银七两二钱,共银三百六十两。于顺治九年

---

① 合刊本"康熙志""顺"前脱一"于"字。

（天启）东安县志　（康熙）东安县志

会议裁银六十两解部。于顺治十三年八月内奉部驳议,裁民壮六名,每名裁银六两,实支银二百六十四两。于康熙十五年奉文①暂裁解部②。

灯夫四名,每名岁支工食银七两二钱,共银二十八两八钱。于顺治九年会议裁银四两八钱解部,实支银二十四两。于康熙十五年奉文暂裁解部。

看监禁子八名,每名岁支工食银七两二钱,共银五十七两六钱。于顺治九年会议裁银九两六钱解部,实支银四十八两。

修理监仓银二十两。于③康熙十五年奉文暂裁解部。

轿伞扇夫七名,每名岁支工食银七两二钱,共银五十两四钱。于顺治九年会议裁银八两四钱解部,实支银四十二④两。于康熙十五年奉文暂裁解部。

库书一名,岁支工食银十二两。于顺治九年会议裁银六两解部,实支银六两。又于康熙元年奉文全裁解部。

仓书一名,岁支工食银十二两。于顺治九年会议裁银六两解部,实支银六两。又于康熙元年奉文全裁解部。

库子四名,每名岁支工食银七两二钱,共银二十八两八钱。于顺治九年后两次奉文共裁银十六两八钱,实⑤支银十二两。至康熙十五年奉文又裁一半解部。

斗级四名,每名岁支银工食银七两二钱,共银二十八两八钱。于顺治九年后两次奉文共裁银十六两八钱,止剩银十二两。至康熙十五年奉文又裁一半解部。

---

① "文"合刊本"康熙志"误作"支"。
② 自"暂裁解部"至"于顺治九年会议裁银四两八钱",原本多处已漫漶不清,其间文字据合刊本"康熙志"补。
③ 合刊本"康熙志""康"前脱一"于"字。
④ "二"合刊本"康熙志"误作"三"。
⑤ 合刊本"康熙志""支"前脱一"实"字。

铺兵十六名,每名岁支工食银六两,共银九十六两。遇闰,加银八两。于顺治十八年奉文闰银全裁解部。

本县典史俸薪二项共银三十一两五钱二分。于康熙十五年奉文暂裁解部。

书办一名,岁支工食银七两二钱。于顺治九年奉文会议裁银一两二钱解部,实支银六两。于康熙元年奉文全裁解部。

门子一名,岁支工食银七两二钱。于顺治九年会议裁银一两二钱解部,实该银六两。于康熙十五年奉文暂裁解部。

皂隶四名,每名岁支工食银七两二钱,共银二十八两八钱。于顺治九年会议裁银四两八钱解部,实支银二十四两,又半裁银一十二两。于康熙十五年奉文暂裁解部。

马夫一名,岁支工食银七两二钱。于顺治九年会议裁银一两二钱,实该银六两。于康熙十五年奉文暂裁解部。

儒学教谕俸薪二项共银三十一两五钱二分。于康熙三年奉文裁官俸银,全裁起解。

儒学训导,俸银十九两五钱二分,薪银十二两,二项共银三十一两五钱二分。于顺治十六年三月十二日奉旨裁官俸银解部。于康熙三年改裁教谕,前银后支。

斋夫六名,每名岁支工食银十二两,共银七十二两。于康熙三年奉文改裁教谕,斋夫银三十六两裁官解部外,实支斋夫银三十六两,于康熙十五年奉文暂裁解部。

门斗五名,每名岁支工食银七两二钱,共银三十六两。于康熙三年奉文改裁教谕、门斗三名,工食银二十一两六钱解部,实支银一十四两四钱。于康熙十五年奉文暂裁解部。

学书一名,岁支工食银七两二钱。于康熙元年奉文全裁解部。

教官喂马草料银二十四两,除教谕裁银十二两解部外,训导实支银十二两。于康熙十五年奉文暂裁解部。

廪生二十名,每名每月支银八钱,共银一百九十二两。于顺治十三年会议裁三分之二银一百二十八两解部,实支银六十四两。于康熙二年奉文全裁解部。

膳夫二名,每名岁支工食银二十两,共银四十两。于顺治十三年会议裁三分之二银二十六两六钱六分,实支银十三①两三钱三分。于顺治十三年会议裁银二两二钱二分,实该银②一两一钱一分。又于康熙十五年奉文暂裁解部。

学院科岁二考并本县季考生员试卷花红③银二十两。于顺治十三年会议裁银十两解部,实支银十两。十八年分,奉文裁银五两。于康熙十三年奉文复留,实支银十两。

文庙启圣、名宦乡贤春秋二大祭银四十两。

社稷、山川风云雷雨、城隍、马神、八蜡等神春秋二大祭银三十两。

三小祭无祀鬼神银十两。

春牛、芒神、桃符、门神、酒席银五两。于顺治十三年会议裁桃符银二两,实支芒神银三两。于康熙十五年奉文暂裁解部。

历日银三两。于康熙十五年奉文裁一半。

朔望行香、纸、烛银一两。于顺治九年会议全裁解部。

乡饮酒礼银十两。于顺治十三年会议裁银五两解部,实支银五两。于康熙十五年奉文暂裁解部。

看守察院门子二名,每名岁支工食银六两,共银十二两。于康熙十五年奉文暂裁解部。

---

① "十三"合刊本"康熙志"误作"三十"。
② "银"后脱一"十"字。合刊本"康熙志"此处亦脱此字。
③ "花红"合刊本"康熙志"误作"红花"。

修理察院家伙等项银十两。于顺治九年会议全裁解部。

五色土银三十二两五钱。

朝日坛坛户三名,每名岁支工食银六两,共银十八两。

圜丘坛坛户二名,每名岁支工食银六两,共银十二两。

帝王庙庙户一名,岁支工食银六两。

走递马匹草料并喂马夫、车夫银一千四百八十两。奉文,自顺治十三年至康熙十五年历裁,止剩银二百四十六两六钱六分七厘。

杂支供应过往上司下程做饭中伙等银二百两。奉文①顺治十一年为始,裁银一百两解部。又于顺治十三年裁银一百两解部。

杠轿夫工食银一百两。奉文,顺治十一年为始,裁银五十两,实支银五十两。

接递皂隶四名,每名岁支工食银六两,共银二十四两。奉文,顺治十一年为始,裁银十二两,实支银十二两。

吹手四名,每名岁支工食银七两二钱,共银二十八两八钱。于顺治九年分会议裁银四两八钱解部,实该银四十四两。于康熙十五年奉文暂裁解。于康熙十五年奉文暂裁解部。

火夫八名,每名岁支工食银六两,共银四十八两。于康熙十五年奉文暂裁解部。

孤贫冬衣布花银六两。于顺治十三年会议全裁解部。又于康熙九年奉文复给。

通州工部分司挑挖新河夫银五十九两五钱。

柳栽银二十六两四钱。

□②草银九十二两四钱。

---

① 合刊本"康熙志""奉"后脱一"文"字。
② 原本此字已漫漶不清。合刊本"康熙志"此处以空白表示脱一字。

闸夫工食银七两二钱。

挖运浅夫一百三十二名,工食银一千零八十二两四钱。

考贡路费、花红、旗匾银四十两,每年带存银二十两。于顺治十四年半裁银十两。又于康熙十年奉文全支。于康熙十五年奉文暂裁解部。

三年一办

科考生员宾兴盘费、花红、酒席银八十两,每年带存银二十六两六钱六分七厘。于顺治十三年会议裁银十三两三钱三分三厘三毫解部,存支银十三两三钱三分三厘七毫,至康熙十五年奉文暂裁解部。

乡试对读生员誊录书手、厨役盘费共银三十六两八钱。自顺治十三年至康熙十五年,奉文暂裁解部。

状元归第银十两,每年带存银三两三钱三分三厘三毫三丝三忽。于康熙十五年奉文暂裁解部。

会试举人每名盘费银十两,每年带存银二两三钱三分三厘三毫三丝三忽。于康熙十五年奉文暂裁解部。

会试对读生员誊录书手①、厨役盘费银三十二两七钱二分,每年带存银十两九钱六分六厘六毫六丝。自顺治十三年至康熙十五年,奉文暂裁解部。

朝觐盘费银二十五两。

朝觐纸张银六两。

以上二项共银三十一两,每年带存银十两三钱。于顺治十三年遵奉会议全裁。

新中举人每名牌坊银八十两,每年带存银二十六两六钱六分六厘六毫。于康熙十五年奉文暂裁解部。

新中进士每名牌坊银一百两,每年带存银二十三两三钱三分三厘三毫。

---

① 自"会试对读生员誊录书手"至"顺治十三年分清丈民小地四十二顷六十九亩",原本多处已漫漶不清,其间文字据合刊本"康熙志"补。

于康熙十五年奉文暂裁解部。

新中武举人每名花红银十两,每年带存银三两三钱三分三厘三毫。于康熙十五年奉文暂裁解部。

新中①武进士每名花红旗匾银二十两,每年带存银六两六钱六分六厘六毫。于康②熙十五年奉文暂裁解部。

科场器皿银四十五两三钱,每年带存银十五两一钱。于康熙十五年奉文暂裁解部。

额外人丁款数

优免供丁八百一十一丁内,下中则人丁十七丁,每丁征银四钱四分,共征银七两四钱八分;下下则人丁七百九十四丁,每丁征银三钱四分,共征银二百六十九两九钱六分。

新更实在人丁二百三十七丁,每丁减半征银一钱七分,共征银四十两二钱九分。

以上额外人丁共一千零四十八丁,各则征银不等,共征银三百一十七两七钱三分。

遇闰,除新更丁并退出等丁不加外,共加闰月银二十一两七钱。

额外地亩款数

备边小地一百四十五顷三十亩一分,每亩一分起科,共征银一百四十五两三钱一厘,又该加增芝麻、棉、裤鞋,每亩该银五毫五丝六忽。

顺治八年、十年分,奉户部信牌,退出镶白旗壮丁地一万六百七十二垧③,每垧计地六亩,共地六百四十顷三十二亩。除屯地外,实退本县民荒地

---

① "中"合刊本"康熙志"误作"进"。
② 合刊本"康熙志""熙"前脱一"康"字。
③ 垧(shǎng):中国计算土地面积的单位,各地不同,东北地区一垧一般合十五亩,西北地区一垧合三亩或五亩。

（天启）东安县志　（康熙）东安县志

一百七十四顷八十亩。于顺治十三年至康熙五年分，复行圈给镶蓝等旗，全圈无存。

顺治八年分，奉部文退出英王下投充人张良栋等大地二十一顷五十六亩，每亩二分起科，共征银四十三两一钱三分。内除顺治十六年分孙绪祖告退还官地八项五十亩，实剩征粮地十三顷六亩五分，该征银二十六两一钱三分。

顺治十年分，奉户部信牌退出墨儿根王下投充人张召卿等地五十八顷八十八亩，每亩照民地起科，共该银三百四十两九钱七分四厘零八丝。于顺治十四年拨派粮船，讫本年分，又奉户部信牌退出一勒兔亲王下投充人刘守业地四十一顷七十六亩一分三厘四毫，每亩照民地则例起科，共该银二百四十一两八钱三分九厘九毫一丝九忽九微四①纤。于顺治十四年拨派粮船，讫顺治十三年分，奉文首认开垦备边小地一百一十二顷三十六亩五分，每亩一分起科。

顺治十三年分，清丈民小地四十二顷六十九亩，每亩二分八厘起科。于顺治十六、十七年至康熙五年，奉部文圈给镶蓝旗，全圈无存。

备边等地六十八顷五十万亩，每亩一分起科。

康熙十一年奉工、户二部②圈给，交与打牲衙门③地二顷九十亩，实在地六十五顷六十五亩七分，每亩征银一分。

顺治十四年分，首认开垦备边退圈等小地一百一十顷一十四亩，每亩一分起科。

顺治十五年分，首认开垦备边退闪等小地共一百顷八十亩，每亩一分起科。

以上二项④共地二百一十顷九十四亩三分八厘，共征银二百一十两九钱

---

① "四"合刊本"康熙志"误作"十"。
② "二部"合刊本"康熙志"误作"部二"，字序颠倒。
③ 打牲衙门：官署名。又称打牲乌拉处。清代内务府兼领机构，满语称"布特哈衙门"。
④ "项"合刊本"康熙志"误作"顷"。

四分三厘八毫。自①康熙五年至康熙十一年,除圈给镶白、蓝二旗地外,实剩地五十八顷二十六亩一分五厘,每亩征银一分,共征银五十八两二钱六②分一厘五毫。

韩承兆开荒地五十亩,每亩征银一分,共征银五钱。

慈宁宫地八顷一十四亩,每亩征银四分五厘。

乾清宫地九十七顷零三亩,每亩征银三分。

瑞安长宫主地四十一顷四十四亩,每亩征银三分。

寿宁宫地一百三十五顷七十五亩三分,每亩征银三分。

成国公地五顷二十亩,每亩征银三分。

锦衣卫指挥地二十顷一十六亩,每亩征银三分。

泰宁侯地十四顷,每亩征银三分。

惠安伯地六十二顷零一亩,每亩征银三分。

隆平侯地七顷七十三亩,每亩征银三分。

安卿伯地十五顷,每亩征银三分。

以上十项③地亩于顺治二年拨补民田,复于三、四年间尽行圈丈讫,并无余剩。

御马监马房原额地二十九顷一十亩,每亩一分起科,共银二十九两一钱。

此项地亩于顺治三年分尽行圈仗④带投⑤,去全完讫,并无余剩地亩。

御马监坝北马房原额地共一百零八顷一十八亩七分,上中地不等,共该银三百二十一两四钱五分三毫。此项地亩除顺治四年分正蓝旗满洲圈丈⑥

---

① "自"合刊本"康熙志"误作"日"。
② "六"合刊本"康熙志"误作"五"。
③ "项"合刊本"康熙志"误作"顷"。
④ "仗"字误,当作"丈"。合刊本"康熙志"此处亦误作"仗"。
⑤ 带投:带地投充。汉族农民投靠满洲人为奴,称为"投充"。
⑥ "丈"合刊本"康熙志"误作"仗"。

(天启)东安县志　(康熙)东安县志

并投充带去外,实在存剩地六顷九十一亩二分,每亩征银一分。

御马监坝大马房原额共地三百六十二顷零一亩,每亩一分起科。此项地亩于顺治三、四年分,正蓝等旗圈丈①带投,共去地二百三十九顷零一分一厘,实在存剩地一百二十三顷零八分九厘,每亩征银一分。奉文,保定粮厅查出夹空地二顷七十四亩五分,每亩征银一分。

镶黄旗退出荒地一十三顷二十五亩,每亩征银三分。

康熙四年,镶白旗退出荒地一十四顷六十四亩内,康熙七、九两年圈去地十二顷九十亩,实剩地一顷七十三亩三分二厘,每亩征银二分九厘。

康熙四年,孙绪祖告出开垦还官地八顷五十亩,每亩征银二分。

英俄儿代退出韩应召地二顷八十亩,每亩征银二分八厘。

查出三年报过垦荒地五顷七十三亩三分,每亩征银一分,共征银五两七钱三分二厘。

康熙八年,李汝峰告出垦荒地一十一顷二十亩,每亩征银一分。除康熙十一年镶白旗圈去地九顷八十亩,实剩地一顷四十亩,共征银一两四钱。

康熙九年,奉户部满官交民开垦退圈地一顷五十四亩,每亩征银一分。

康熙十一年,奉户部满官交民开垦退圈地三十五亩,每亩征银二分九厘八毫。

户部发下刘朝臣等荒芜小地二顷二十一亩四分,每亩征银一分五厘一毫。

以上额外共地五百六十六顷三十三亩六分一厘,共征银六百三十二两六钱六分三厘。

康熙十年,报垦马房地五十四顷九十二亩三分四厘,每亩一分起科。

康熙十年,报垦荒地四十三顷九十五亩二分,每亩一分起科。

康熙十一年,报垦荒地六十六顷三十二亩五分,每亩二分起科。

---

① "丈"合刊本"康熙志"误作"文"。

康熙十二年,报垦荒地三十八顷一十七亩四分,每亩一分起科。

康熙十二年,报垦民地七顷六十一亩四分九厘四毫,每亩五分八厘四毫六丝六忽八微五纤二沙。

康熙十二年,报垦荒大地六顷四亩一分三厘二毫,每亩二分起科。

康熙十二年,报垦备边地三百六十四顷零九分,每亩一分起科。

以上三项,奉文俱于康熙十五年起科。

盐法

自管仲煮海富齐,盐政遂为后世理财之奇策。明时,召商种屯,实粟塞下,而取偿于盐,则富而兼之以强矣。殆叶淇倡改折色,盐政遂①坏。我清朝定鼎以来,各直省盐法俱照额编钱粮分数以定殿最②,考成③东安之盐,载在令甲,以九百引为额,官商办课,平价自卖。而县之当轴者,□④责巡役,禁遏私贩,越境出入,置以重典。其为国赋民生计者,制非不善也,但商人承严杜私贩之时,肆夹带冒引之弊,假公引而货卖私盐,恃独行而恣取重利,非惟价银加倍,亦且斤数不足,以视邻邑之每斤六文者,其为害当何如也!后之司民牧者,不可不留心于斯。

户口食盐　折钞七万六千七百六十贯。

盐院盐斤　每年解银一十二两。

巡盐民壮　每季五名。旧志。

课税

县属名集镇牛驴牙杂等课,旧无定额,收⑤尽解。

---

① "遂"合刊本"康熙志"误作"逐"。
② 殿最:古代考核政绩或军功,下等称为"殿",上等称为"最"。引申为高低上下。
③ 考成:在一定期限内考核官吏的政绩。
④ 原本此字漫漶不清。合刊本"康熙志"此处以空白表示脱一字。
⑤ "收"合刊本"康熙志"误作"牧"。

(天启)东安县志　(康熙)东安县志

铺邮 附

常甫铺　在县治北二十里。

祖哥庄　在县治北四十里。

李家铺　在县治北九十里。

马圈铺　在县治东二①十里。旧志。

东安县志　卷之四终

---

① "二"合刊本"康熙志"误作"三"。

东安县志 卷之五 秩祀志

治民莫大于礼,礼莫大于祭。然祭虽交乎于神明,实以重民事也。天子祭天地,诸侯祭城①内之名山大川,则淫祀之无福也明矣。东邑虽小,治民事神毋敢矫诬,毋敢陨越。其自先圣而外,惟社稷、山川风云雷雨之司有常祀也。他若琳宫②、绀宇③、村祠、社庙亦存而不废,庶几荐明德之维馨,毋或如臧孙之越祀④。志《秩祀》。

典 礼

先师庙　春秋仲月上丁日致祭,行三献礼。陈设豕七、羊三、鹿一、兔九、帛十三。

十哲两庑　行一献礼。

启圣祠　春秋仲月上丁日,先文庙祭,行一献礼。

文昌祠　春秋仲月上丁日致祭,行一献礼。

名宦祠　春秋仲月上丁日致祭,行一献礼。

乡贤祠　春秋二仲月上丁日致祭,行一献礼。

魁星楼　春秋二仲月上丁日致祭,行一献礼。以上祭器、祭品、祭文俱如制。

坛 壝

社稷坛　在县治西门外。春秋二仲月上戊日致祭,行三献礼。陈设豕一、羊

---

① "城"字误,当作"域"。合刊本"康熙志"此处亦误作"城"。
② 琳宫:仙宫,亦为道观、殿堂之美称。
③ 绀(gàn):红青,微带红的黑色。绀宇即绀园,佛寺的别称,亦指借道教宫观。
④ 臧孙:即臧文仲。

(天启)东安县志 (康熙)东安县志

一、兔一、帛二。

山川风云雷雨坛 在县治南门外城南角。春秋二仲月上戊日致祭,行三献礼。

厉坛 在县治北门外东北角。清明节、七月望、十月朔行祭。

漏泽坛 在厉坛东。地八亩,知县韩襄查复。

庙　宇

城隍庙 在县治西南隅。每月朔望,县官行香祗谒。三月二十八日神诞,民俗香火。康熙四年,邑士孙祚昌住持①、羽士②郝复礼募化重修。

土地祠 春秋二仲月上戊日行祭。

玉皇庙 向在县治东北隅。万历九年,阴阳官刘九经创建。顺治十七年,邑民贾登云、李其德、监工张圻改建北门外,坐北向南。邑民魏之剑舍庙基地十七亩。

东岳庙 旧在县治东门内。永乐十五年,知县李茂建。顺治十七年,邑民贾登云等募化改建东门外,坐东向西。

三皇庙 康熙七年,穆进孝③刚太募化创建于药王庙之后。坐西向东。

药王庙 在县治西门外。嘉靖二十年,邑民马斯才等募修。每年四月二十八日,香火盛兴,大赛社鼓,为一邑胜观。本境以及邻县京师进香男妇络绎不绝。

关帝庙 在县治北街,坐北向南。嘉靖初年募修。顺治十三年,泾阳张玉置买④香火地三十亩,立碑记。康熙三年,邑民贾登云复募重修。

马神庙⑤ 旧在县治西南隅。万历六年,知县韩景闵改顺天行府。顺治八年,游击徐自能建于大寺东北隅,坐北向南。每于春秋仲月上戊日行祭。

真武庙 在县治小东街,坐东向西。嘉靖十九年募修。

---

① 住持:佛教寺院主管僧的职称。起于禅宗。也称"方丈"。后道教亦用此制,称道观之主持者。
② 羽士:道士的别称。
③ "孝"合刊本"康熙志"误作"李"。
④ "买"合刊本"康熙志"误作"置"。
⑤ 自"马神庙"至"比堡寺",原本多处已漫漶不清,其间文字据合刊本"康熙志"补。

三官庙　在县治东街路北。嘉靖二十七年,知县成印创建北城楼上,后知县陶栋移此。康熙元年,贾登云、张圻募化重修。

观音堂　在税课司胡同,坐南向北。崇祯年间,邑监生刘乃鼎□□①。康熙十年,邑民张琇重修。

二郎庙　在县治西街北后巷。嘉靖初年,澄清坊民孟永昌募修。

白衣庵　在县治南门外,观音堂之南,亦北向。万历四十六年,知县陆燧建,置香火地六十亩。

观音堂　在县治南门外。嘉靖己亥年,曹雄等创建。康熙四年,邑民贾登云、张圻募重修。

八蜡庙　旧在县治西。水淹。万历十七年,知县王朔于东门外捐俸买地六亩创建。四楹。今废。上戊日春祈秋报,一先啬,二司啬,三田畯,四邮表畷②,五猫虎,六司坊,七水庸,八昆虫。

龙王庙　春秋致祭。在县治东门内三官庙西。嘉靖二年募修,今废。

既济庙　旧在县治南门外白衣庵之后,知县陆燧建。顺治三年,邑人孙彦高移建路北,向南。

旗纛③庙　旧在县治东门外东岳庙迤东北演武场。每岁文武官于霜降日行祭。

寺　观

广严寺　在县治西街中,坐北向南。正德三年,邑民孟士中舍地、郭谅捐资创建。迄今,每遇朝贺,习仪在此。

广福寺　在县治西北四十里。元建。《一统志》。

---

① 原本此处漫漶不清,合刊本"康熙志"此处作"康熙"。据文意,疑为"募修"二字。
② 邮表畷(zhuó):古代井田间的交界处。因树有标木,故称。
③ 纛(dào):古代军队里的大旗。

（天启）东安县志　（康熙）东安县志

定觉寺　在县①西北七十里常道乡。大唐垂拱三年，锡②额"定觉寺"。唐五代毁于兵燹③。辽天庆间，承直郎张铣复为建立，至天会四年成。自后，兴废不一。正隆间，韩承彦重修葺。大定元年，奉直大夫杨俊卿复新之。

广福禅院　在故县西北五十里。天会中建。大定三年，僧会颐请额"广福寺"。

灵岩寺　在县治东北五十里凤河之南。大定五年，僧洪宝建。

广善寺　在县治，即唐之"灵应寺"。宣德初元重造。正统十四年赐额。

崇国寺　在僧法头。金时建。天会五年重修。碑存。

大悲禅院　在安次县西阎垡。天会六年，家僧行进募，民韩福林修。碑存。

宁国寺　在大兴府安次县留犊里。大定三年，民曹瑛建。碑存。

兴化院　在东更生。大定四年建。碑存。

广福院　在艾庄里古县北。大定五年建。

古营寺　在常道乡。明昌五年建。碑存。

团城寺　在常道乡。明昌六年重修。碑存。

兴胜寺　在顺民④屯。金时建。

广善寺　在徐村里固城庄。唐为"灵应寺"。洪熙元年，太监何至渊重修。景泰三年立碑。

净觉寺　在小寨村。宣德八年，太监张盛创建。

净安寺　在固城里惠化乡。宣德八年，太监张盛创建。正统四年，赐额。碑存。

华严寺　在凤窝里麻家营。僧知通募，民张浩重修。碑存。

福胜寺　在凤旗营。景泰四年，千户张通修。

兴国寺　在瓽庄村。景泰四年，太监王镇建。

---

① "县"后脱一"治"字，当补。合刊本"康熙志"此处亦脱此字。

② 锡：通"赐"，赐予。

③ 燹(xiǎn)：野火，多指兵乱中纵火焚烧。

④ "民"合刊本"康熙志"误作"天"。

兴国寺　在麻村。景泰四年,太监王庆建。

宝圣寺　在旧州。正统十四年,民王福林修。

延福寺　在机察王店。成化二年,民邓昇建。

观音寺　在凤窝里马房村。成化庚子,僧道山募修。碑存。

西更生庵　民张泰修。万历九年,僧明宝募重修。

延祥寺　在祖哥庄。正统十二年,太监张善创建。

隆恩寺　在艾家庄里堤上村。正德二年,民魏郁重修。

故城寺　内建古塔数仞,无顶。

马头东寺　内建转轮藏经阁。

马头西寺　万历九年,民何可俭创建。

芦①村寺　北隐寺　得胜寺　王家务寺　马圈寺　北昌寺　常道寺

马子庄寺　旧州南寺　比②垈寺　潘村寺　五龙南奄　槲榆木屯寺

回回店寺③　次平寺　王家寨寺　王礼寺　常甫寺　大五龙寺

挑河头寺　张家庄寺　禅房寺　东沽港寺　柳园寺　南北城寺

南次垈④寺　马家务寺

议曰:"老释之宫,左道也。或古迹、或赐额、或创自中官,大姓书之,存其故也。至于托身缁流而滥竽禅籍,假借黄冠而计规奸利,贤有司所当明罚饬法,使归农力本者也。"

仙　释

任风子　不知何许人。成化终,云游到县,去就无常。善奕⑤,知修养,

---

① "芦"字误,当作"卢"。合刊本"康熙志"此处亦误作"芦"。
② "比"字误,当作"北"。合刊本"康熙志"此处亦误作"比"。
③ "寺"合刊本"康熙志"误作"守"。
④ "南次垈"误,当作"南寺垈"。合刊本"康熙志"此处亦误作"南次垈"。
⑤ 奕:通"弈"。

(天启)东安县志　(康熙)东安县志

不修容止,大类乞丐。雪夜宿于关帝庙檐下,止着单粗衣而暖汗沾体,其气蒸蒸然。与庠中知名士交,有人于城外途中遇,往西去,及入城,又见在广严寺观。棋①后,闻此日有邑人自山北推灰来家者,则曰已在京北山坡中尸解。此成化二十三年丁未时也。

米四　字元祯,安次人。少好钓,长业儒,六经皆通,尤深于《易》。遇异人,授以仙术,志在山水之间。元中统初,举人才,有司荐之登进士高第,不仕,遂归隐于云居山三十余年。元末归家,见一老妪,问曰:"此非米四之故宅乎?"妪曰:"是也。吾乃四之近邻,相传以来,四去家百余年,田庐俱荡矣。"四以实告。妪曰:"汝之父母,吾家殡之;汝之兄弟,吾家姻之。遭时之乱,今已去此地久矣。"四曰:"吾家受汝厚恩,何以为报?昨检天箓②,即今当有王者出,揭中天之日月,以再造乾坤。此地人民诛无孑遗,母当避之。"妪从其言,后果验。四自此去,莫知所之。

僧洪莲　七岁净发,学经文二十载。宗善登坛,演大乘之法门,闻之大喜,特参妙相禅宗。五派源流付受法衣,时③缘会合,五部灵文,刺血书写。应缘出世,钦取赴京。阅《大藏经》毕,除僧录司左讲经。归籍,明窗净几④,兀居独坐,越八十六岁告寂,宗风大阐。

福兴　白务里人。大兴隆寺请经,后住持本县广严寺。精通释典名著,缁流洪莲所度。成化三年,卒,遣主事易贵谕祭之。今射圃园西北有塔存。

真敬　左奕人。南门外观音堂住持。修道行,寡言笑。甘贫好施,朝暮诵经,寒暑不辍。预知其死,遂坐逝。

圆朗　姓康,左奕观音堂住持。断绝嗜欲,勤身修行。预知其死,常⑤对

---

① "棋"字误,当作"其"。合刊本"康熙志"此处亦误作"棋"。

② 天箓:道教谓天帝所授官爵。

③ "衣时"合刊本"康熙志"误作"时衣",字序颠倒。

④ "几"合刊本"康熙志"误作"儿"。

⑤ 常:通"尝",曾经。

客作别,曰:"性寂情空"。遂危坐而殁。

方　伎

周凤①　淳化人。平生以农为业,纯朴诚笃,分外无余事。与僧洪莲为友,授之以抚病之术,抚处即愈。又授以洪莲数,算人生死,无失。凤自算某月日该亡。至日,门户不出以避之。至晚,忽下床,一跌而没,与数无二。后以此授之均智,均智自算其没,亦不爽时刻。此数尚②有隐传者。

施③**伯诚**　镇江万户翁子,寓都下。恒自念去家数千里,无以自给,惟医药有济人利物功,遂从名医学。而性颖悟,博通轩岐以来诸家方论,切脉辨症,知疾病候。或遇奇疾,辄著神效,时人以为有阴功云。

张文英　西储人。深晓医脉,闻人有疾,每亲诣病所,持药饵以救济之。当时乡间蒙济而生者甚众,今禅房寺见有石碑存。

按:古之教一,后世漓而为三。古之民四,后世流而为九。呜呼!异端起而正道乖,方言盛而大理湮,故不宜志以惑愚俗。第倜傥异人、烟霞逸士,亦能蝉蜕④功名,膏肓泉石⑤,操一节之士,为乡曲所传颂者,书之不没旧也。至于僧释之徒,工讽诵者忘领悟,饰形象者惰心行。间有一二沙门辈能恪遵禅教,敕守梵规,为缁流所取重者,亦当表而揭之,为释家树赤帜也。

东安县志　卷之五终

---

① 合刊本"康熙志"此处以空白表示脱两字。
② "尚"合刊本"康熙志"误作"上"。
③ 合刊本"康熙志"此处以空白表示脱一字。
④ 蝉蜕:比喻摆脱。
⑤ 膏肓泉石:膏肓,指胸鬲之间,比喻难治的病症。泉石,指山水。膏肓泉石是形容热爱山林泉水已成为很难改变的癖好,指隐居不愿做官。

(天启)东安县志　(康熙)东安县志

东安县志　卷之六　职官志

设官凡以为民,今之县令,古之子男,附庸一国之长也。职虽卑而于民则亲,权虽轻而于事则习。举百里之内利孰当兴、弊孰当革,民有疾痛惨怛,朝呼而夕救者,惟县令为能,贵官大吏□①不及也。故古之贤人君子,有辞禁近卿寺不为,而愿为守令者,有以也。东自受封以来,显绩不少,概见而循良廉谨为民尸祝者,亦不乏人。□②乃尉属赞政皆不可旷职从事,苟能洁己勤民,追卓鲁③之休声④,绍⑤廉能于往牒,其有裨于圣世黜陟之典不浅也。志《职官》。

元

太守⑥　世宝墀

监郡⑦　卜侯

知州⑧　田诚　南唐人。登进士⑨。元贞二年任,清介自持,无异于寒士,诏进征南元帅。初来赴任时,不携妻孥⑩,只买二鹤为友。及去任,乃云:"寿春留犊,予何可携鹤以归?"亦留之而去。

太守　赵时敏　牛德裕　世侯

---

① 原本此字漫漶不清。合刊本"康熙志"此处以空白表示脱一字。
② 原本此字漫漶不清。合刊本"康熙志"此处以空白表示脱一字。
③ 卓鲁:汉代卓茂、鲁恭的并称。二人均以循吏见称,故后世以之指代贤能的官吏。
④ 休声:赞美声。
⑤ "绍"合刊本"康熙志"误作"诏"。
⑥ 太守:官名。战国时为郡守尊称。明清则专称知府。
⑦ 监郡:官名。监察郡县的官员,秦汉御史,外督州郡,称监郡。
⑧ 知州:官名。地方行政机构州之长官。
⑨ 进士:唐宋时称殿试及第者。明清时复以殿试合格者为进士。
⑩ "孥"合刊本"康熙志"误作"拏"。孥:子女,亦指妻子和儿女。

州判① 翟仲景　王显祖　奥鲁

奉训大夫②、达鲁花赤③、管本州诸军、劝农防御、知河防渠堰事　卜兰奚

判目④　赵彬

学正⑤　张天麟　俱见学碑,至正二十四年。

明

知县⑥一员

县丞一员　久裁。

主簿一员　久裁。

典史⑦一员

　　攒典⑧五名

　　典吏⑨十二名

教谕⑩一员

训导⑪一员

---

① 州判:官名。地方各州之副职,从七品,分掌督粮、捕盗、海防、水利诸事。
② 奉训大夫:奉训大夫是文散官名。金始置,从六品下。元升为从五品。明为五品初授之阶。清废。
③ 达鲁花赤:蒙语的音译。元职官名。
④ 此官职不见于《元史》,疑有误,待考。
⑤ 学正:官名。宋朝始置。地方州学所设学正,掌本州生员教育,及评定生员品行优劣。
⑥ 知县:官名。地方行政机构县之长官。
⑦ 典史:官名。元朝设此官,为知县的属官,掌管收发公文。明清沿置。明朝废县尉,存典史和主簿,主簿兼领县尉缉盗之务,主簿出缺时,典史兼管其务。到清朝,典史掌管缉捕和监狱;如无主簿和县丞,典史兼领其职务。
⑧ 攒典:吏员名。
⑨ 典吏:吏名。明清四种外吏(承差、书吏、典吏、攒典)之一。在清朝,司、道、府、厅、州、县的吏员都称典吏。
⑩ 教谕:官名。宋朝始置于太学附属小学,一至二人,掌训导、考校、责罚学生。元朝于县儒学及医学置。儒学由任满并考试合格之直学选充,任满后考查合格者再升学正、山长。明朝置为县学正官,不入流。每县一人,掌学政,教诲生徒。清朝沿置,改正八品。
⑪ 训导:官名。明清地方学校之学官。

（天启）东安县志　（康熙）东安县志

　　廪膳①二十名

　　增广②二十名

　　附学③无定数

　　　攒典一名

　　税课局大史④一员　久裁。

　　阴阳学训术⑤一员　原无置官。

　　医学训科⑥一员　原无置官。

　　僧会司僧会⑦一员　领札讫。

　　道会司道会⑧一员　未经领札。

知　县

（明）⑨

　　侯文秀　四川人。洪武七年任。

　　王友信　山东人。洪武九年任。

　　王　观　○○人⑩。洪武十一年任。

　　岳　镇　○○人⑪。洪武十五年任。

---

① 廪膳：即廪膳生，科举制度中生员名目之一。通常简称廪生。

② 增广：即增广生，科举制度中生员名目之一。简称增生。

③ 附学：即附学生，明清科举制度生员名称之一。

④ 税课局大史：明清掌管税课的官吏。

⑤ 阴阳学训术：明代地方阴阳学官，府曰正术，州曰典术，县曰训术。

⑥ 医学训科：明代地方专司医学的官员。

⑦ 僧会司僧会：地方上管理寺庙和僧尼事务的职官，由僧人担任。明清时期，府僧纲司设都纲、副都纲，州僧正司设僧正，县僧会司设僧会，各一人。

⑧ 道会司道会：主管县级道教机构的官吏。

⑨ 清刻"康熙志"原无此字，根据全卷逻辑结构添加，以便眉目清楚。

⑩ 清刻"康熙志"与合刊本"康熙志"关于王观的籍贯皆空而未书，存疑待考。

⑪ 清刻"康熙志"与合刊本"康熙志"关于岳镇的籍贯皆空而未书，存疑待考。

秦士弘　〇〇人①。洪武十八年任。

邓　侯　金坛人。洪武二十二年任，由聪明正直科举之。

李　骥　山东郯城人。由举人，洪武二十九年初，任户科给事中。永乐二年，调本县令。九载任满，升刑部郎中。

李　茂　〇〇人②。永乐十五年任。

王　睿③　河南临颖④人。由监生，宣德五年任，满，升知州。请留，仍理县事。

冯　珍　陕西人。由监生，天顺四年任。

于　璧　山东人。由进士⑤，天顺八年任。

程　资　河南人。由监生，成化元年任。

郑　兴　山东人。由监生，成化七年任。

朱　华　滁州人。由举人，弘治二年任。

景　佐　山西蒲州人。由进士，弘治五年任，升参议。

郭　淳　山西高平人。由举人，弘治八年任。

蒋　昇　湖广荆州人。由进士，弘治十一年任。

张尧龙　山东济宁人。由举人，弘治十五年任。

郭　登　山西洪洞人。由举人，正德元年任。

杜　泰　山东长清人。由进士，正德三年任。

彭　伟　山东掖县人。由举人，正德四年任，升佥事。

周　义　山西翼城人。由举人，正德八年任，升永平府通判。

武　魁　山东沂县人。由举人，正德十年任。十一年建谯楼二檐于县门外，为一邑大观。升郑州知州。

---

① 清刻"康熙志"与合刊本"康熙志"关于秦士弘的籍贯皆空而未书，存疑待考。
② 清刻"康熙志"与合刊本"康熙志"关于李茂的籍贯皆空而未书，存疑待考。
③ 自"王睿"至"阮宗道"，原本多处已漫漶不清，其间文字据合刊本"康熙志"补。
④ "颖"字误，应作"颍"。合刊本"康熙志"此字亦误作"颖"。
⑤ "士"合刊本"康熙志"误作"土"。

（天启）东安县志　（康熙）东安县志

傅　相　山东长山人。由举人，正德十三年任。

张　云　陕西凤翔人。由举人，正德十五年任。

胡　瀹①　河南洛阳人。由进士，嘉靖二年任，升知府。

韩　襄　山东鱼台人。由举人，嘉靖五年任，升工部员外②。

张　钺　山东登州人。由举人，嘉靖十一年任。

胡汝铺　山西石州人。由举人，嘉靖十四年任，权③御史，升副使。

刘继先　山东新泰人。由监生，嘉靖十六年任。

赵廷琦④　山西岢岚人。由举人，嘉靖二十年任。

汪宗之　贵溪人。由举人，嘉靖二十六年任，升应天府通判。

成　印　陕西耀州人。由举人，嘉靖二十七年任，升永平府通判。

秦　璿　广西桂林人。由举人，嘉靖二十九年任。

刘　思⑤　山东寿光人。由举人，嘉靖三十二年任。

杨　缙　陕西陇州人。由举人，嘉靖三十五年任。

文邦彦　广西全州人。由举人，嘉靖三十七年任。

白　鹤　河南卫辉人。由举人，嘉靖三十八年任。

江一定　山东即墨人。由监生，先任本县县丞，升，嘉靖二十九年任。

姚守中　陕西洮州人。由监生，嘉靖四十二年任。

陶　栋　山东历城县人。由举人，嘉靖四十三年任。

王宗尧　山西闻喜县人。由举人，嘉靖四十五年任，官至郎中。

刘　祐　陕西咸阳人。由举人，隆庆二年任，升石州知州。

---

①　瀹(yuè)：多义字，煮；浸渍；疏导。
②　"外"合刊本"康熙志"误作"郎"。
③　"权"字疑有误。清刻"康熙志"此处已漫漶不清。
④　合刊本"康熙志"作"赵建琦"，"建"字误，当作"廷"。清刻"康熙志"此处稍可辨识，作"赵廷琦"。
⑤　据合刊本"康熙志"校勘记，当作"刘恩"。合刊本"康熙志"此处将"恩"误作"思"。清刻"康熙志"此处无法辨识。

王邦甫　山东临朐人。由举人,隆庆五年任。

李锦制　山西榆社人。由举人,万历二年任,调宛平县。

洪一谟　山东历城县人。由举人,万历三年任,调良乡县,擢御史。

张承礼　河南郑州人。由举人,万历四年任。

韩景闵　山西洪洞县人。由举人,万历六年任。

张汝蕴　山东章丘①县人。由进士,万历八年任,调献县。

阮宗道　山西大同人。由选贡士②,万历十年任。居官廉爱,光霁近人。升南京大理寺评事,又升云南府知府。南直通泰,兵备陕西,行太仆寺卿。

王光祖　河南南阳县人。由举人,万历十一年任。

刘世武③　直隶舒城县人。由选贡士,万历十二④年任。

冯　沂　河南汝州郏县人。由恩贡士⑤,万历十三年任⑥。廉平玉尺⑦,清湛冰壶。急保障而抑萤丝,杜苞苴⑧而谢干谒。冤雁含沙,人怀孺慕。迨阴谴之昭报,显天道之有知,宜列蒸尝⑨,用垂矩镬⑩。

孙　绪　山西大同应州人。由岁贡士⑪,万历十五年任,以丁忧⑫去。

---

① "丘"合刊本"康熙志"作"邱"。"邱"为避讳字,避孔子之讳。

② 选贡士:科举制度中贡入国子监生员的一种。明代在岁贡之外,考选学行兼优的生员充作贡生,称为选贡,至清代发展为拔贡与优贡两种。

③ "武"合刊本"康熙志"误作"祖"。

④ "二"合刊本"康熙志"误作"三"。

⑤ 恩贡士:明清贡监之一。

⑥ 合刊本"康熙志""任"后衍一"任"字。

⑦ 玉尺:玉制的尺,借指选拔人才和评价诗文的标准。

⑧ 苞苴(bāo jū):包装鱼肉等用的草袋,也指馈赠的礼物或贿赂。

⑨ 蒸尝:本指秋冬二祭。后泛指祭祀。

⑩ 矩镬(jǔ huò):矩,画直角形或方形的工具。镬,大锅。矩镬指符合规矩。

⑪ 岁贡士:科举制度中贡入国子监生员的一种。

⑫ 丁忧:古代,父母死后,子女按礼须持丧三年,其间不得行婚嫁之事,不预吉庆之典,任官者并须离职,称"丁忧"。

（天启）东安县志　（康熙）东安县志

　　王　朔　　陕西兴平县人。由岁贡士,万历十五年任。

　　谢赐带　　山东东昌府武定州人。由举人,万历二十年任。

　　田子耕　　山东东昌府夏津县人。由举人,万历二十二年任。宽厚宜民,优容①待士。

　　徐　伟　　山东临清州人。由举人,万历二十五年任。

　　曾曰唯　　河南汝宁府光山县人。由进士,万历二十七年任,调繁②武清县,升户部员外。

　　李希召　　河南兰阳县人。由进士,万历二十八年任。政③教严肃,吏畏民怀。升南京行人司司正,又升南京户部郎中。

　　郑崇岳　　浙江金华府浦江县人。由举人,万历二十三年任。力兴学校,政戢④权豪。温厚,自其家声;精明,出之独见。升南京刑部主事。

　　段必选　　云南昆明县人。由举人,万历三十八年任。

　　戴之二　　河南汝宁府固始县人。由举人,万历二十九年任。心存慈厚,政务宽平。条鞭立而炎海生凉,琴鹤归而高山系仰。实多遗爱,爰建生祠⑤。

　　张　燮　　浙江余姚县人。由举人,万历四十四年任。

　　陆　燧　　南直松江府上海县人。由进士,万历四十五年任。当机迅决,莅事严明,精搜剔而窟穴俱清,勤稽缉而萑苻绝警。叔子有碑可纪,文翁雅化节存。调繁遵化县,行取兵部主事。

　　陈所养　　陕西汉中府洋县人。由举人,万历四十八年任。

　　段　铨　　陕西兰州人。由举人,天启二年任。仁厚恭谨,恪守官箴。

　　郑之城　　湖广辰州府平溪卫人。由选贡士,天启四年任。判决民冤,高悬明

①　"容"合刊本"康熙志"误作"客"。
②　调繁:谓调任政务繁剧的州县。
③　"政"合刊本"康熙志"误作"改"。
④　戢(jí):止,收敛。
⑤　建生祠:古代民俗。为活着的人建立祠庙,而加以奉祀。

镜。治服衙蠹,遍颂神君。

丘民仰　陕西西安府渭南县人。由举人,天启六年任,调繁新城县,合县保留。

欧阳保　江西新建县人。由举人,崇祯元年任。居官正直,御下精明。法尚严威而城孤①灭迹,才长兴作而花县聿新。

卢跃龙　广东人。由举人,崇祯三年任。清廉端介,礼士爱民。

赵　海　贵州人。由举人,崇祯三年任。廉明莅政,端介存心。执②法如山而庭无猾吏,清修如鹤而室无暮金。故服官而颂德铭仁,乃去任而扳辕卧辙。允为良吏,不愧神君。

李之藩　山东○○③人。由举人,崇祯四年任。

欧阳一遇　江西赣州府兴国县人。由选贡士,崇祯五年任。

何达海　山西沁水县人。由岁贡士,崇祯七年任。

黄奇遇　揭阳县人。由进士,系固安县令。崇祯九年,署东阳县事。代庖只经数月,剔蠹不下百端,混派④立为搜除,侵渔画行摘发,革从前未清之弊,定后日画一之规。循牧称艮⑤,《甘棠》⑥永颂。

郑以诚　陕西甘州张掖县人。由选贡士,崇祯九年任。因失陷城池羁禁九载,公保复任。

王佩弦　山东青城县⑦人。由选贡士,崇祯十年任,升盐运使。

李之用　山西太原府偏头关人。由举人,崇祯十三年任,升陕西泾州知州。

赵世亮　山东掖县人。由岁贡士,崇祯十六年任。爱民有政,待士有礼,廉隅

---

① "孤"字误,当作"狐"。合刊本"康熙志"此处亦误作"孤"。
② "执"合刊本"康熙志"误作"报"。
③ 原本与合刊本"康熙志"此处皆空而未书,存疑待考。
④ "派"合刊本"康熙志"误作"泒"。
⑤ "艮"字误,当作"良"。合刊本"康熙志"此处亦误作"艮"。
⑥ 《甘棠》:《诗经·召南》中的一篇。本诗劝人不要砍伐甘棠树,表达了人们对召伯的纪念,诗以对甘棠树的爱护,写对曾在甘棠树下歇息的召伯的爱戴,是爱屋及乌之情。
⑦ "城县"合刊本"康熙志"误作"县城",字序颠倒。

（天启）东安县志　（康熙）东安县志

守己,宽厚宜人。禳灾而民跻春台,劝稼则农歌乐岁。讲读乡约,草野明伦。训练卒徒,守望相助,遭①寇变而题诗明志,值国破而挂冠告归。远驾植柳之高风,宜续采薇之芳迹,诚能动物,信可格神。

国朝

郑以城　陕西张掖县人。由选贡士。顺治元年鼎革,邑民赴京,公保复任本县。学识沉涵,才能通变。治民有术,缉盗多方。调南阳县知县。

刘应坤　辽东〇〇②县人。由贡士③,顺治二年任。劝民息讼,门无雀角之纷;救厄申冤,里免吏呼之苦。在任,胥依抚字;告归,争效扳辕。

王鼎胤　山东淄川县人。由进士,顺治三年任。堂规整饬,胥吏畏其风裁;听讼精严,编氓服其明断。调繁南直溧水县知县。

王　晋　山东掖县人。由进士,顺治四年任。

夏时昌　满洲人。由生员,顺治五年任。

涂应旂　辽东铁岭人。由选贡士,顺治六年任,升山东沂州知州。

宗良弼　河南荥泽县人。由进士,顺治九年任。爱牧黎庶,慑服强梁。棍徒不致生奸,顽夫不敢作梗。六案无尘,决数年不决之狱;两造④有⑤镜,判一时难判之冤。迄今吏畏民怀,尚尔途歌户诵。

樊芳春　陕西泾阳县人。由举人,顺治十一年任。古貌古心,实德实政。律身清谨,剔蠹精严。

苏兆元　福建福宁州人。由举人,顺治十三年任。居官有体,度务安详。

王业隆　陕西平凉府人。由岁贡士,顺治十八年任,升四川崇庆州⑥知州。在

---

① "遭"合刊本"康熙志"误作"曹"。
② 原本与合刊本"康熙志"此处皆空而未书,存疑待考。
③ 贡士:旧指地方向朝廷荐举人才。清制,会试中式者为贡士。
④ 两造:指斥讼的双方,原告和被告。
⑤ "造有"合刊本"康熙志"误作"有造",字序颠倒。
⑥ 合刊本"康熙志""庆"后脱一"州"字。

任礼士爱民。

李长炜　南直高邮州人。由恩贡士,康熙八年任。

丁尔发　浙江义乌县人。由举人,康熙九年任。政宽德厚,惠下俱见婆心;法肃性严,厘奸惟有铁面。迄今士歌《棫朴》①,民颂《甘棠》。

王士美　江西金溪县人。由举人,康熙十年任。清廉守己,慈良本自性生;谦牧近人,宽厚不袭官迹。票差攸禁,衙前之狐鼠无权;冗费概除,民间之鸡豚不扰。若伞扇、若大轿,旧属常例,而力为却辞,若棘茨、若秋秸②,久系陋规,而尽行禁革。洵称慈母,允颂神君。偶因分任科场,无端诖③误。后随补山西闻喜县知县。

侯应封　宁远县人。由举人,康熙十二年任。有才有守,善政多端,士民感颂不忘。

李大章　江南丹徒县人。由官贡士,康熙十四年任。操履端洁,学问渊通,振□④有为,不畏权势。慈以爱民而民跻春台,礼以待士而士歌《棫朴》。刊志书,缮城池,屡捐俸金。严保甲,缉逃亡,时申明禁。买办不亏,物价固平,衡之惟公。差役不扰村庄,每狐鼠之必惩。至若缓征以恤民困,而且编审不事苛求。种种善政,难于殚述。一隅称治,安颂神明焉。

县　丞

明

严　杰　天顺八年任。

何　瑛　河南杞县人。成化初年任,由本县主簿升。

杨　英　陕西巩昌卫人。成化七年任。

---

① 《棫朴》:《诗经·大雅·文王之什》的一篇。是歌颂周文王郊祭天神后领兵伐崇的诗。歌颂周王仪态端庄,用人得当,治理四方。

② "秸"合刊本"康熙志"误作"楷"。

③ "诖"合刊本"康熙志"误作"注"。诖误:失误。

④ 原本此字漫漶不清。合刊本"康熙志"此处作"振"。

（天启）东安县志　　（康熙）东安县志

叶本盛　无为州人。成化十一年任。

包　钟　陕西甘州人。弘治九年任。

张　镗　河南人。弘治十一年任，升房山县知县。

包　汴　辽东人。弘治十六年任。

李永昌　山东邹平县人。正德四年任，升昌黎县知县。

李　文　陕西羽林卫人。正德七年任。

罗　节　四川人。正德十年任。

徐一勤　山东长山县人。正德十四年任。

李时雍　河南磁州人。嘉靖四年任。

高　巍　山东滨州人。嘉靖十二年任。

原宗浙　山西辽州人。嘉靖十四年任。

张东铭　山东濮州人。嘉靖十九年任。

张鸿渐　山东齐东县人。嘉靖二十四年任。

史　策　山西解州人。嘉靖二十八年任。

郭　鲁　河南新安县人。嘉靖三十一年任。

严应爵　零陵人。嘉靖三十三年任。

徐云翔　蕲州人。嘉靖三十五年任。

江一定　山东即墨县人。嘉靖三十七年任，升本县县尹。

赵希儒　山东武定州人。嘉靖四十一年任。裁革。

主　簿

明

华得芳　洪武三年任。

李　铎　天顺六年任。

辛　谅　天顺八年任。

何　瑛　河南杞县人。成化初年任,升本县县丞。入《名宦》。

薛　志　弘治七年任。

张　翔　弘治十年任。

马　安　陕西武功县人。弘治十四年任。

丑　华　山西人。弘治十四年任。

靳　铭　山西人。弘治末年任。

李彦达　山西人①。正德元年任。

豹　振　凤翔人。正德四年任。

周凤翔　山西人。正德五年任。

杨　俨　山西人。正德七年任。

原宗禄　正德七年任。

刘　辉　山西人。正德十年任。

宋　琏　平定州人。正德十一年任。

杨东山　平定州人。正德十二年任。

麦　振　凤阳府人。正德十三年任。

姜　润　山东人。正德十三年任。

刘　文　陕西三元县人。正德十四年任。

徐　问　凤阳人。正德十五年任。

宋宗伦　山东曹州人。嘉靖四年任。

冯　连　凤翔府人。嘉靖五年任。

孙学礼　山东人。嘉靖八年任。

张　沦　庆阳府人。嘉靖八年任。

张　文　山东人。嘉靖九年任。

蔡　仁　陕西人。嘉靖十一年任。

---

① 合刊本"康熙志""西"后脱一"人"字。

(天启)东安县志　(康熙)东安县志

郝　成　山西人。嘉靖十三年任。

于　塘　河南人。嘉靖十六年任。

张　表　荏平县人。嘉靖十七年任。

武　官　丘县人。嘉靖二十年任,升巢县县丞。

徐　润　颍州人。嘉靖二十一年任。

颜孔耀　山东人。嘉靖二十四年任。

张大中　应州人。嘉靖二十四年任。

董　儒　宣府人。嘉靖二十五年任。

郑　祁　济宁人。嘉靖二十八年任。

关　洛　应州人。嘉靖二十九年任。

段胤光　山东巨野县人。嘉靖三十二年任。

东颐寿　华州人。嘉靖三十三年任。

乔文太①　洪洞人。嘉靖三十五年任。

郭　杲　辽东人。三②十五年任。以后裁革。

典　史

明

万昌盛　天顺八年任。

潘　茂　弘治七年任。

宁　英　弘治十五年任。

赵　贤　云南人。正德初年任。

宋　儒　山西人。正德五年任。

席　凤　河南人。正德八年任。

---

① "太"合刊本"康熙志"误作"泰"。
② "三"前脱"嘉靖"二字。合刊本"康熙志"亦脱此两字。

汪　鸿　南直隶人。正德十二年任。

盛　明　山东人。嘉靖六年任。

胡福玘　山西人。嘉靖十二年任。

马　玹　泾阳人。嘉靖十四年任。

范大爵　霍州人。嘉靖十七年任。

夏九皋　辽州人。嘉靖十九年任。

何　贡　南京人。嘉靖二十五年任。

孙　荣　全椒县人。嘉靖二十七年任。

李　济　代州人。嘉靖三十一年任。

袁　汉　亳州人。嘉靖三十四年任。

金　麟　浙江上虞县人。嘉靖三十七年任。

张　绪　招远县人。嘉靖①四十三年任。

贾世安　大同人。隆庆五年任。

何　凤　南京人。万历二年任。

陈　谏　苏州人。万历五年任。

许　节　江西临川县人。万历八年任。

石　琼　福建莆田县人。万历十三年任。

叶应诏　浙江山阴县人。万历十七年任，升巡检。

徐廷节　南直青阳县人。万历二十年任，升归顺州吏②目。

祈天相　浙江绍兴府人。万历二十四年任。丁忧。

鲁廷贯　浙江山阴县人。万历二十七年任。致仕③。

---

①　"靖"合刊本"康熙志"误作"解"。
②　"吏"合刊本"康熙志"误作"史"。
③　致仕：交还官职，即退休。古代官员正常退休叫作"致仕"，古人还常用致事、致政、休致等名称，盖指官员辞职归家。

（天启）东安县志　（康熙）东安县志

张　默　　山东东阿县人。万历三十年任。致仕。

刘良臣　　湖广巴陵县人。万历三十三年任，劳干有守，升建昌营大史。

张　谆　　陕西渭南县人。万历三十七年任。

江起龙　　江西吉安府人。万历四十年任。丁忧。

汪必达　　江西南昌县人。万历四十三年任。

彭廷官　　江西永新县人。万历四十五年任。

黄家栋　　福建莆田县人。万历四十七年任。

狄用礼　　溧阳县人。万历四十八年任，升仓大史。

常应时　　山西蒲县人。天启元年任，升大史。

陈三策　　南直合肥县人。天启三年任。

陈三豪　　福建福清县人。天启五年任。学富政平。

杜其弊　　陕西〇〇①人。崇祯元年任。

路自纯　　山西〇〇②县人。崇祯六年任。有才有为。

吉　庚　　山西〇〇③县人。崇祯九年任。

柴希贡　　山西〇〇④县人。崇祯九年任。廉仁有守。

许之蛟　　南直人。崇祯十一年任。

刁昭汉　　山东邹平县人。崇祯十三年任。

张凤化　　陕西富平县人。崇祯十四年任。

吴从仁　　山西人。崇祯十七年任。

国朝

陶弘才　　绍兴府人。顺治五年任。剿寇殉难。

---

① 原本与合刊本"康熙志"此处皆空而未书，存疑待考。
② 原本与合刊本"康熙志"此处皆空而未书，存疑待考。
③ 原本与合刊本"康熙志"此处皆空而未书，存疑待考。
④ 原本与合刊本"康熙志"此处皆空而未书，存疑待考。

言大学　绍兴府人。顺治五年任。

顾　相　绍兴府人。顺治十一年任。

王　敩　顺天府人。顺治十三年任,由贡生。

徐中畅　青阳县人。顺治十六年任。廉介劲直。

叶邦治　义乌县人。康熙二年任。

袁希麟　富平县人。康熙九年任。

徐　同　浙江会稽县人。康熙十二年任。

邵　观　浙江○○①县人。康熙十四年任。

教　谕

明

胡　振　长坦县人。由举人,永乐三年任。

陈　晔　天顺八年任。

谢延②龄　高密县人。弘③治五年任。

陈　宪　鱼台县人。弘治八年任。

赵　隆　历城县人。由举人,正德初年任,升知州。

张永祯　曲阜县人。由举人,正德十五年任,升通判。

张　纪　河南灵宝县人。嘉靖初年任。

周　福　凤阳府人。嘉靖七年任。

张文明　祥符县人。由举人,嘉靖十一年任,升知州。入《名宦》。

郭　锦　曹州人。嘉靖十六年任。

陈洪范　滨州人。嘉靖二十年任。

---

① 原本与合刊本"康熙志"此处皆空而未书,存疑待考。
② "延"合刊本"康熙志"误作"廷"。
③ "弘"合刊本"康熙志"误作"宏"。

（天启）东安县志　（康熙）东安县志

张　轸　　辽东复州人。嘉靖二十二年任。

周　绅　　固始县人。嘉靖二十四年任。

刘三锡　　山东丘县人。嘉靖三十一年任。

杨　环　　山西霍州人。嘉靖三十五年任。

舒弘化　　富顺县人。由举人，嘉靖四十一年任，升知县。

于　绣　　山东新城县人。嘉靖四十三年任。

李一才　　山东嘉祥县人。隆庆元年任。

高希哲　　山东常山县人。隆庆四年任。

孙　杰　　贵州人。由举人，万历二年任。

吕希简　　保定县人。万历五年任，升金州卫教授。

刘大良　　安州人。万历八年任。

萧九章　　福建晋江县人。由举人，万历十一年任。

颜魁槐　　福建海澄县人。由举人，万历十四年任，升饶平县知县。

张凤翼　　广东澄海县人。由举人，万历十七年任，升国子监博士。

滕如麒　　云南永昌县人。由举人，万历二十年任，升武清县知县。

毕　格　　直隶南皮县人。由岁贡士，万历二十五年任，升山西教授。

蔡正茂　　湖广黄冈县人。由举人，万历二十九年任，升福建龙溪县知县。

贾　桐　　直隶兴济县人。由岁贡士，万历三十一年任，升大同府教授。

苗时露　　直隶曲周县人。由岁贡士，万历三十三年任，升赵府典膳。

寇光裕　　山西榆次县人。由举人，万历三十六年任，升安肃县知县。

韩东明　　直隶安肃县人。由举人，万历四十一年任，升湖广武昌县知县。

三从先　　湖广石首县人。由举人，万历四十七年任，升新都县知县。

边　仑　　直隶蠡县人。由举人，天启二年任。

张文光　　○○①县人。由岁贡士，崇祯二年任。

---

① 原本与合刊本"康熙志"此处皆空而未书，存疑待考。

霍懋官　曲周县人。由岁贡士,崇祯三年任。

田嘉谷　山西人。由岁贡士,崇祯五年任。

崔恒春　真定县人。由岁贡士,崇祯七年任。

彭复贤　○○①县人。由岁贡士,崇祯十年任。

郎　位　贵州人。由岁贡士,崇祯十四年任。

国朝

冯熙朝　真定县人。由岁贡士,顺治三年任。

潘鹏程　滦州人。由岁贡士,顺治六年任。

颉　光　清苑县人。由举人,顺治六年任。

王梦明　安肃县人。由岁贡士,顺治十八年任。自此裁。

训　导

明

刘　铁　天顺六年任。

杨　银　天顺八年任。

谢　颙　天顺十年任。

崔　浩　弘治三年任。

茹　璿　弘治九年任。

王　治　中牟县人。弘治十二年任。

邹世澄　○○②县人。弘治十三年任。

高　耸　漳浦县人。由举人,弘治十五年任。

贾　受　太原县人。弘治十八年任。

常　春　河南人。由举人,正德二年任。

---

① 原本与合刊本"康熙志"此处皆空而未书,存疑待考。
② 原本与合刊本"康熙志"此处皆空而未书,存疑待考。

(天启)东安县志　(康熙)东安县志

张　钺　山东人。正德三年任。

闵　宽　眉州人。正德五年任。

王　镐　华容县人。正德八年任。

陈云汉　高唐州人。正德十年任。

唐　炼　归安县人。正德十二年任。

徐　玺　鄱阳县人。正德十三年任。

王文镐　湖广人。正德十五年任。

黄　逢　江西安异县人。嘉靖元年任。

望　遍　卢氏县人。嘉靖二年任。

王　泰　榆次县人。嘉靖六年任。

董　振　即墨县人。嘉靖七年任。

荣　华　海丰县人。嘉靖十年任。

桑光溥　滨州人。嘉靖十六年任，升遵化县教谕。

韩　贤　新野县人。嘉靖十七年任。

孙思诚　邹平县人。嘉靖二十年任。

方凤翔　襄城县人。嘉靖二十三年任。

李　抚　蓬莱县人。嘉靖二十八年任。

刘世禄　安阳县人。嘉靖三十年任。

马　源　广宁县人。嘉靖三十三年任。

丁　昆　凤翔府人。嘉靖三十四年任。

帅　义　四川人。嘉靖三十六年任。

刘　洗　河南人。嘉靖三十八年任。

吴　东　兰州人。嘉靖三十九年任。

王之干　闻喜县人。嘉靖四十二年任。

田　畔　昌乐县人。隆庆三年任。

孟　锐　孟津县人。隆庆四年任。自此裁革一员。

王存仁　辽东人。隆庆五年任。

孙　富　同州人。隆庆五年任。

张　祯　冀州人。隆庆六年任。

陈问学　广宗县人。万历六年任。

杨廷选　真定府人。万历十年任，升安肃县教谕。

张　试　山西安邑县人。由选贡士，万历十二年任，升永清县教谕。

胡向仁　河间府青县人。万历十七年任，升山西平遥县教谕。

李　蕃　保定府安州人。万历二十二年任。

徐可久　永平府迁安县人。万历二十五年任，升河南开封府获嘉县知县。

齐　岐　保定府蠡县人。万历三十二年任。

张启明　山东夏津县人。万历三十五年任，升保安州学正。

郑民念　河间府东光县人。万历四十年任，升保定府教授。

卢思问　永平府卢龙县人。万历四十三年任，升河南临漳县教谕。

杨[①]三元　保定府定兴县人。万历四十七年任，升河南洛阳县教谕。

陈　瑾　河间府天津卫人。由恩选，天启二年任。

白成文　南和县人。由岁贡士，天启七年任。

齐光裕　高阳丘县人。由岁贡士，崇祯二年任。

郭履礼　静海县人。由岁贡士，崇祯九年任。

曹应时　任县人。由岁贡士，崇祯十一年任。

郭一元　蠡县人。由岁贡士，崇祯十四年任。

万人杰　昌黎县人。由岁贡士，崇祯十四年任。

赵　阶　深泽县人。由岁贡士，崇祯十七年任。

国朝

孟陈王　滦州人。由岁贡士，顺治三年任，升福建将乐县知县。

---

① "杨"合刊本"康熙志"误作"扬"。

（天启）东安县志　（康熙）东安县志

傅尔珍　衡水县人。由岁贡士，顺治十三年任。

刘映斗　定州人。由岁贡士，顺治十五年任。

石光岳　昌黎县人。由岁贡士，康熙四年任。古执端谨。

刑师孔　新河县人。由岁贡士，康熙十年任。

马元调　顺德府任县人。由岁贡士，康熙十一年任。学问淹博，操守严正，性敏而百务皆通，教恰而诸生向化。洒洒乎光风霁月之怀，恢恢乎茹川纳海之量。刊志书，修学宫，振作有为。捐义助，恤贫生，廉能无玷。青膻①小试，此日已见一斑；骥足高腾，他年必能千里。

武　职

国家声教四讫，中外乂安，投戈讲艺，文治聿兴，武备似非所急。不知邑宰为民司牧，弘宣教化耳。至若严斥堠②、备不虞③，师武臣力，与有责焉。东邑自顺治五六年间，土寇沸腾，民不安枕。知县涂应旂缘城池仓库关系匪轻，具文申请。蒙部设满洲章京三员，绿旗游击一员，后易守备把总二员，专城镇守至今，遂永为东安营云。

国朝

东安营

游击一员　　裁。

守备一员

把总一员

旧州都司一员

---

① "膻"字误，当作"毡（氈）"。合刊本"康熙志"此处亦误作"氊"。青毡：指代清寒贫困者。

② 堠（hòu）：古代瞭望敌情的土堡。

③ 不虞：指意料不到的事。

游击

徐自能　满洲人。顺治六年任。自此裁。

守备

徐国栋　京卫人。由武进士,顺治十一年任。

周　光　山西人。康熙元年任。

周子泰　陕西人。康熙十一年任。

李蕴华　京卫人。由武进士,康熙十五年任。

把总

张荣善　昌平州人。

李九思　永平人。

张聊芳　天津人。

赵可立　河间人。

旧州都司

孔弘宪　河间人。

李自芳　京卫人。

东安县志　卷之六终

(天启)东安县志　(康熙)东安县志

东安县志　卷之七　选举志

明王求贤若弗及,周试乡三物而宾兴之。汉治郡,举孝廉及贤良方正诸科。唐宋有词赋理学之荐辟。明设科、贡两途,网罗英俊,复有监胥,以收遗珠。逮我国朝三途并用,多士奋兴,才无留滞。东邑自有明三百年来,甲乙两科人文蔚起,黼黻皇献,光贲丁里者,颇称济济,显赫一时。□□①出身明经,皆登三事,岂非才之所在,不以资格限欤?倘今日者应运以兴,将思皇之盛,媲美成周矣。志《选举》。

前代科第

扈　蒙　　仕周为右拾遗、直史馆、知制诰。宋初为学士承旨。有传。

扈　载　　蒙之弟。登进士,知制诰学士。有传。

吕　琦　　仕宋为兵部侍郎。有传。

吕余庆　　琦之子。仕宋为尚书左丞,赠侍中。有传。

吕　端　　余庆弟。仕宋为名宰相。有传。子藩、蔚、蔼、荀皆出仕。

吕　诲　　端之子。登进士,为开封尹。见《一统志》。

韩孟殷　　仕辽为蓟、儒、顺三州刺史。

杨　晳　　大中进士。辽封②西郡王南枢密院使。今□③有碑文。

韩延徽　　孟殷之子。崇文馆学④,封鲁国公。有传。

---

① 原本此两字漫漶不清。合刊本"康熙志"此处以□表示脱两字。
② "辽封"误,字序颠倒,当作"封辽"。合刊本"康熙志"此处亦倒。
③ 原本此字漫漶不清。合刊本"康熙志"此处未留空白以示脱字,误。
④ "学"下脱一"士"字,当补。合刊本"康熙志"此处亦脱此字。

韩德枢①　延徽之子。仕中书，封赵国公。

韩资让　德枢之子。仕中书平章事。

刘徽柔　登进士，为洪洞令。县为立祠。累官大理寺少卿。

李士瞻　登进士及第，为翰林承旨，封楚国公。著《经济集》。

韩绍芳　仕辽侍中。谏征元昊，不听。出为广德节度使。

李继本　士瞻之子。登进士，为翰林检讨。河朔学者尊仰德意，随其才识教之。慎取与时，号"一山先生"，有《一山集》。

韩绍勋　仕辽东京户部使。会大延林叛，被执，抗节不屈。贼以锯解之，骂而死。

进　士②

明

施　礼　中洪武丙子科举人，登丁丑科进士，累官刑部尚书。

李　佩　中正统戊午科举人，登壬戌科进士，累官都御史。

施　纯　中成化乙酉科举人，登丙戌科进士，授给事中，累官礼部尚书、太子少保。

魏景昭　中成化丁酉科举人，登壬戌科进士，授御史。

许　弼　中成化壬午科举人，登乙未科进士，累官郎中。

许　辅　中成化乙酉科举人，登壬辰科进士，授户部主事。

李德恢　中成化辛卯科举人，登乙未科进士，累官严州府知府。

李德仁　中成化辛卯科举人，登戊戌科进士，累官刑部郎中。

齐　文　登进士，累官户部郎中。

---

①　自"韩德枢"至"李德恢"，原本多处已漫漶不清，其间文字据合刊本"康熙志"补。

②　原本此处纲目顺序为"明——进士"，为使全文眉目清楚，编者特此调整为"进士——明"，以与下文"举人""贡士"等相对应。

(天启)东安县志　(康熙)东安县志

齐　章　登进士,累官太常寺少卿。

孙　瑞　中弘治乙酉科举人,登癸丑科进士,授礼科给事中。

李　锡　中弘治辛酉科亚元,登壬戌科进士,累官御史。

许复礼　中正德丁卯科亚魁,登辛未科进士,累官参政。

吴　栋　中正德庚午科举人,登辛未科进士,累官长史。

李光霁　中正德庚午科举人,登甲戌科进士,授大理寺评事。

李钦昊　中正德丙子科举人,登癸未科进士,累官参议。

李　珥　中嘉靖乙酉科举人,登丙戌科进士,授户部主事。

许应元　中嘉靖辛卯科举人,登壬辰科进士,累官布政。

许应亨　中嘉靖庚子科举人,登甲辰科进士,累官参议。

刘体乾　中嘉靖癸卯科经元,登甲辰科进士,授行人司行人,累官南京兵部尚书、太子少保。

吴文灿　中万历丙子科乡试,登丙戌科进士,历官吏科都给事中。

林应元　中万历己①卯科乡试,登壬辰科进士,初授翰林院庶吉士,历官吏科给事中。

杨　遇　中万历丙子科举人,登丙戌科进士,初授直隶松江府上海县知县。

李若琳　中天启辛酉科亚魁,登壬戌科进士,初授翰林院庶吉士,累官礼部尚书。

林有本　中崇祯丙子科举人,登丁丑科进士②。吏科应元孙。

补遗

孙承泽　中庚午举人,登辛未科进士,累官吏部左侍郎兼太子太保,都察院右督御史。

李若琛　中乙酉举人,登丙戌进士,累官福建道御史,巡按河南。

---

①　"己"合刊本"康熙志"误作"已"。
②　合刊本"康熙志"此处以空白表示脱一字,误,此处不脱。

李若璨　诰赠云南水利民屯粮储道副史。系元阳、益阳父。

李若琏　中戊辰科武进士，累官锦衣卫南堂督都佥事。

李复阳　中丙子科举人，累官山西关内道参议。系尚书若琳子。

李元阳　中戊子副榜，见任山西分守河东参政。系若璨子。

李亨阳　恩荫，累官陕西巩昌府同知。系尚书若琳子。

李益阳　恩荫，任湖广宝庆府知府。若璨子。

孙道缵　庚午科举人。

孙道朴　恩荫，任泰州同知侍郎。承泽子。

孙圣麟　丙戌科举人，任五河县知县。

李观阳　壬子拔贡，考授中书。系若琛子。

李　昱　恩荫，湖广陨①西县知县。

李咸阳　戊戌科武进士，任山西湖口水师营都司。系若琏子。

李晋阳　已②丑科武进士，任山西天成卫守备。系若琏子。

李起阳　戊戌科武进士，任宣府镇标右营守备。系若琏子。

李巽阳③　已④酉武举人⑤。

杨　○⑥　中万历○⑦。

李若琳　中天启辛酉科⑧。

---

① 据四种合刊(康熙)《东安县志》校勘记，"陨"字误，当作"鄖"。合刊本"康熙志"此处亦误作"陨"。

② "已"字误，当作"己"。合刊本"康熙志"此处误作"乙"。

③ 自"李巽阳"至"吏科应元孙"，原本多处已漫漶不清，其间文字据合刊本"康熙志"补。

④ "已"字误，当作"己"。合刊本"康熙志"亦误作"已"。

⑤ 武举人：科举时代，武乡试及第者。

⑥ 原本与合刊本"康熙志"此处皆空而未书，存疑待考。

⑦ 合刊本"康熙志"此处以空白表示脱若干字。清刻"康熙志"此处漫漶不清。

⑧ 原本此下依稀有科举仕宦经历，但已漫漶不清。合刊本"康熙志"此下空而未书。

（天启）东安县志　（康熙）东安县志

林〇〇① 吏科应元孙。

举 人

明

邢　严　中洪武甲子科举人，授教谕。

崔　林　中洪武甲子科举人，授照磨。

刘　埜　中洪武丁卯科举人，授学正。

焦　铎　中洪武丙子科举人，授教谕。

范　凯　中永乐癸酉科举人，授经历。

许　忠　中永乐乙酉科举人，授知州。

张　溥　中永乐戊子科举人，授济南府同知。

王　佐　中永乐甲午科举人，累官苏州府知府。

李　新　中永乐甲午科举人，累官太仆寺丞。淳化里人。

李　春　中永乐丁酉科举人，授照磨。

许　成　中宣德丙午科举人，授松江府照磨。

李　伸　中宣德壬子科举人，累官国子监丞。

施　绅　中宣德乙卯科解元，累官通政司右参议。

周尚文　中正统戊午科举人，授教谕。见《乡贤》。

赵　宽　中景泰庚子科举人，授知州。

李　宪　中成化戊子科举人，授青州府通判。

胡　纶　中成化戊子科举人，授胡州府□②官。

赵　鸾　中成化戊子科举人，授高邮州同知。

李　慧　中成化戊子科举人，授丰城县知县。

---

① 原本"吏"字前尚有若干字，但已漫漶不清。合刊本"康熙志"此处空而未书。

② 原本此字漫漶不清。合刊本"康熙志"此处以空白表示脱一字。

王　佐　中成化丁酉科举人,授修武县知县。

王宗义　中成化丙午科举人,授兖州府通判。

张　本　中弘治己酉科举人,授安定县知县。

黄鹤龄　中正德癸酉科举人,授巩昌府通判。

刘大有　中正德丙午科举人。

阎　登　中正德乙卯科举人,累官户部员外郎。

张　儒　中正德庚午科举人。

鲍　朝　中正德庚午科举人。

齐　思　中嘉靖甲午科举人,授宣城县知县。

孟　绂　中嘉靖戊子科经元,授南康府通判。

张文举　中嘉靖辛卯科举人,授郑州知州。

吴　桐　中嘉靖庚子科举人,授栖霞县知县。

李大经　中嘉靖庚子科举人。

邵鸣岐　中嘉靖庚子科举人,累官广西府知府。

李世清　中嘉靖巳①酉科举人,授东阿县知县。

魏　楠　中嘉靖壬子科举人,授临淄县知县。清廉致仕。

庞　梅　中嘉靖壬子科举人。

李应期　中嘉靖壬子科举人,授掖县知县。

刘顺性　中隆庆庚午科举人,授河南新郑县知县。

吴惟忠　中万历丙子科举人,授延安府同知。

福文明　中万历壬午科举人,授太原府同知。

陈　宪　中万历戊子科举人,累官平阳府通判。

黄宗周　中万历庚子科举人,授汲县知县,累官山东济南府海防同知。

邵豫立　中万历壬子科举人,授山东冠县知县,升凤阳府泗州知州。系知府鸣

---

① "巳"字误,当作"己"。合刊本"康熙志"亦误作"巳"。

(天启)东安县志　(康熙)东安县志

岐之孙。

孙绳武　中万历戊午科举人,授河南襄城县知县。

刘跻蘷　中天启甲子科经魁。尚书体乾之孙。

张居易　中崇祯壬午科举人,授浙江金华县知县。

国朝

福　泽　中顺治乙酉科举人,授赵州学正,升莱州府刑厅,迁青州府海防同知。系贡士而恒之子。

邵骏发　中顺治戊子科举人。原系中书○○○①,系豫立之子。

恩选岁贡士

明经一途,原以宿儒未售,特假一命之荣②,稍偿十年之苦。由来府州县教官全设,故贡生皆得后先授职,无壅滞患。前当暂停,未免坐□□③。康熙十四年,□④科臣题请开复教职一疏。奉旨:"州县教官仍复全设。"嗣此,出贡者皆叨荣一职,得邀特恩于无已也。

明

陶　贵　应洪武丁亥贡士,授刑部主事。

王　郁　应洪武己丑贡士,授户科给事中。

王　昭　应洪武乙卯贡士,授刑部主事。

纪　谆　应洪武乙亥贡士,授御史,累官山西布政使司。见《乡贤》。

李　东　应洪武□□⑤贡士,授行人司左司副。

孟　固　应永乐丁酉贡士,授刑部员外。

---

① 原本与合刊本"康熙志""中书"后有若干字空而未书,存疑待考。
② "荣"合刊本"康熙志"误作"染"。
③ 原本此处若干字漫漶不清。合刊本"康熙志"此处以空白表示脱若干字。
④ 原本此字漫漶不清。合刊本"康熙志"此处以空白表示脱一字。
⑤ 原本此处墨黑两字。合刊本"康熙志"此处以空白表示脱两字。

魏　纲　应永乐己亥贡士,授浙江道御史。

阎　杰　应永乐辛丑贡士,累官太仆寺丞。

朱朝臣　应永乐壬寅贡士,授训导。

李　厚　应永乐癸卯贡士,授训导。

杨　敬　应永乐乙巳贡士,授县丞。

王　鉴　应宣德丙午贡士。

范克明　应宣德丁未贡士,授主簿。

尹　智　应宣德乙酉贡士,授府照磨。

孙　武　应宣德辛亥①贡士,授邠州巡检。

鲁　昇　应宣德癸丑贡士,授卫知事。

贾　杲　应宣德乙卯贡士,授推官。

胥　瞻　应正统丁巳贡士,授府知事。

王　谧　应正统己未贡士,授照磨。

周　信　应正统癸亥贡士,授知县。

唐　斌　应正统甲子贡士,授主簿。

刘　瑶　应正统丙寅贡士,授卫经历。

阎　岗　应正统戊辰贡士,授县丞。

孟　玘　应正统己巳贡士。

孟　宣　应景泰庚午贡士,授州吏目。

纪　宣　应景泰壬申贡士,授府照磨。

刘　鉴　应景泰甲戌贡士,授县丞。

张　铭　应景泰丙子贡士,授州判。

李　盛　应天顺戊寅贡士,授县丞。

王　俨　应天顺庚辰贡士,授华亭县主簿。

---

① "亥"合刊本"康熙志"误作"未"。

（天启）东安县志　（康熙）东安县志

王　鉴　应天顺壬午贡士,授县丞。

孙　俊　应天顺甲申贡士,授鸿胪寺序班。

韩　玉　应成化丙戌贡士,授闸官。

崔　贤　应成化戊子贡士,授县丞。

张　纯　应成化庚寅贡士,授州同。

仇　睦　应成化壬辰贡士,授州同。

黄　简　应成化戊戌贡士,授滨州判官。

刘　玉　应成化庚子贡士,授□①东训导。

杨　闾　应成化壬寅贡士,授主簿。

郝　文　应成化庚辰贡士,授肥城县主簿。

周　观　应成化丙午贡士,授训导。

阎　福　应弘治戊申贡士,授王府奉祀正。

张　昭　应弘治己酉贡士。

王　忱　应弘治庚戌贡士。

孟　旭　应弘治壬子贡士,授训导。

窦　惠　应弘治甲寅贡士,授即墨县县丞。

李　凤　应弘治丙辰贡士,授茌平县县丞。

焦　诚　应弘治丁巳②贡士,授封丘县训导。

窦　奇　应弘治己未贡士,授新乡县县丞。

阎　翔　应弘治庚申贡士。

李　杰　应弘治壬戌贡士,授寿光县主簿。

李希贤　应弘治甲子贡士,授吏目。

郭卓伦　应弘治丙寅贡士,授扶沟县训导。

---

① 原本此字漫漶不清。合刊本"康熙志"此处未留空白以示脱字,误。

② "巳"合刊本"康熙志"误作"己"。

焦　谨　应正德戊辰贡士,授教授。

张　骐　应正德庚午贡士,授教谕。

施　懋　应正德壬申贡士,授大同府训导。

许伯伦　应正德甲戌贡士,授平凉府知事。

王宗礼　应正德丙子贡士,授教谕。

刘　宣　应正德戊寅贡士,授县丞。

刘　景　应正德庚辰贡士,授米脂县教谕。尚书体乾之父。

于　铎　应正德辛巳贡士,授训导。

李　宣　应正德壬午贡士,授鹿邑县训导。

王尚大　应嘉靖癸未贡士,授寿光县县丞。

马汝颐　应嘉靖甲申贡士,授武原县知县。

孟　绌　应嘉靖丙戌贡士,授河南省通判。

魏秉直　应嘉靖戊子贡士,授崇信县教谕。

黄　瑁　应嘉靖庚寅贡士,授平定州同知。

刘　进　应嘉靖壬辰贡士,授秦州①判。

王　镛　应嘉靖癸巳贡士。

高　伦　应嘉靖甲午贡士,授东昌府经历。

陈　位　应嘉靖丙申贡士,授金州卫教授。

李景荣　应嘉靖戊戌贡士,授余庆卫训导。

许时中　应嘉靖己亥贡士。

庞　纶　应嘉靖庚子贡士,授山西徽州训导。

张汝砺　应嘉靖壬寅贡士。

焦　佐　应嘉靖癸卯贡士,授石楼县训导。

高　瑞　应嘉靖甲辰贡士。

---

① "州"字下疑脱一字。合刊本"康熙志"此处亦脱。

(天启)东安县志　(康熙)东安县志

郭继先　应嘉靖丙午贡士,授观城县知县。

张天爵　应嘉靖戊寅贡士,授大谷县知县。

刘　相　应嘉靖庚戌贡士,授山阴县教谕。

王廷祐　应嘉靖壬子贡士,授泾阳县主簿。

孙应昌　应嘉靖甲寅贡士,授秦州训导。

解　沔　应嘉靖丙辰贡士,授咸阳县教谕。

许汝端　应嘉靖丁巳贡士,授猗氏县教谕。

孙　釜　应嘉靖戊午贡士,授代州训导。

冯时泰　应嘉靖庚申贡士,授诸城县县丞。

张孚化　应嘉靖壬戌贡士,授平顺县教谕。学问宏深,行谊清洁。

李九渊　应嘉靖丙寅贡士,授永宁县教谕。

杨绍光　应隆庆戊辰贡士,授仪封县教谕。

陈　守　应隆庆戊辰恩贡士。

周　朴　应隆庆庚午贡士,授清苑县训导。

王三锡　应隆庆壬申贡士。

郭　楠　应万历癸酉贡士,授平原县主簿。

高维嵩　应万历甲戌贡士,授青城县主簿。

王家言　应万历丙子贡士。

施为霖　应万历戊寅贡士,授山东峄县县丞,升马邑县知县。在任有碑、祠。有传。

李希曾　应万历庚辰贡士,授井陉县训导。

杨绍英　应万历壬午贡士,官至平阴县教谕。

高维岩　应万历甲申贡士,授永平府滦州训导,升河南汝宁府教授。

郭维城　应万历丙戌贡士,授山东登州府蓬莱县主簿,升江西进贤县县丞。

史　亨　应万历戊子贡士,授河南怀庆府孟县训导。

房　伟　应万历庚寅贡士,授金州卫训导。

王应门　应万历壬辰贡士,授山西太原府兴县训导。

马承祀　应万历甲午选贡士,考中通判。

施大志　应万历乙未贡士。

郭维墉　应万历戊戌选贡士,授陕西巩昌西河县知县,升山西太原府苛岚州知州。

田舜耕　应万历庚子贡士,授陕西潼关卫训导。

陈民爱　应万历壬寅贡士,授清河县训导。

张登云　应万历壬寅恩贡士。

刘龙光　应万历甲辰贡士。

聂大猷　应万历丙午贡士,授大名府浚县训导,升山东新城县教谕。

吕尧钦　应万历戊申贡士,授河间县训导,升行唐县教①谕。

高维岑　应万历庚戌贡士。

张惟一②　应万历壬子贡士,授永平府训导,升南宫县教谕,又升山西万全都司开平卫教授。性情端介,学问渊弘。

王嘉宾　应万历甲寅贡士。

邢　孝　应万历丙辰贡士。

郭养心　应万历戊午贡士,授故城县训导。

魏邦才　应万历庚申贡士。律躬勤俭,处世和平,允协○③评,三举孝义。

张希稷　应泰昌庚申恩贡士,授昆山县主簿,县前恩贡登云子。

刘兆东　应天启辛酉副榜贡士,授徐州同知。○④理正刘○⑤之子。品格端方,才猷敏练。在任捐俸救饥,缮城破寇,种种德政,士民建碑志感。后于崇祯癸未

---

① "教"合刊本"康熙志"误作"都"。
② 自"张惟一"至"施我瑾",原本多处已漫漶不清,其间文字据合刊本"康熙志"补。
③ 合刊本"康熙志"此处以空白表示脱一字。清刻"康熙志"此字漫漶不清,清刻"乾隆志"作"乡"。
④ 合刊本"康熙志"此处以空白表示脱一字。清刻"康熙志"此字漫漶不清,清刻"乾隆志"作"审"。
⑤ 合刊本"康熙志"此处以空白表示脱一字。清刻"康熙志"此字漫漶不清,清刻"乾隆志"作"璆"。

(天启)东安县志　(康熙)东安县志

年,止以流寇沸腾,下诏求贤,据工部尚书张讳凤翔特本公荐蒙,恩征聘,补任道州监纪。济难多功,运筹有法,随升江南苏州府同知。时值革命,未任旋里。升灵山县知县。

刘　　括　　应天启丙寅贡士。尚书体乾之孙。

郝道洪　　应崇祯戊辰贡士,授合州同知,升象州知州。

李　　棪　　崇①○②戊辰选贡士。

王荩臣　　应崇祯庚午贡士,授赞皇县训导,升常武县知县。

吕周佐　　应崇祯壬申贡士。

黄行可　　应崇祯甲戌贡士,授新乐县训导。升淮县知县。系辽东海防同知业○○③之子。忠信存心,和平待物。慈爱推及宗族,恩惠遍于乡党。莅任洪邑,士民立碑颂德。归里,两袖清风。

安九有　　应崇祯乙亥④贡士,考中主簿。

黄见可　　应崇祯丙子贡士。外方内直,今人古风。

曹一贞　　应崇祯戊寅贡士,授大名府清丰县训导。值变殉难。

于时行　　应崇祯庚辰贡士,授河南府⑤训导。

黄桂芳　　应崇祯壬午贡士。雅操清标,志存高尚。

李　　柱　　应崇祯甲申贡士,授青州府通判。○○⑥西饶州府通判。

国朝

张荐馥　　应顺治乙酉科副榜贡士,授河南西平县知县。

赵聚奎　　应顺治乙酉恩贡士,授吴县县丞。

---

① 合刊本"康熙志"此处未以空白表示脱一字,误。清刻"康熙志""崇"字前有一字,已漫漶不清。

② 合刊本"康熙志"此处以空白表示脱一字。清刻"康熙志"此字漫漶不清,清刻"乾隆志"作"祯"。

③ 合刊本"康熙志"此处以空白表示脱两字。清刻"康熙志"此处漫漶不清。清刻"乾隆志"此句作"辽东海防同知黄宗周之子"。

④ 合刊本"康熙志"此处未以空白表示脱一字,误。清刻"康熙志""亥"字后有一字,已漫漶不清。

⑤ 合刊本"康熙志""南"后脱一"府"字。

⑥ 合刊本"康熙志"此处以空白表示脱两字。清刻"康熙志"此处漫漶不清,清刻"乾隆志"作"补江"。

黄芝芳　应顺治乙酉贡士,授湖广黄陂县县丞,升大同府经历。值江逆之变,殉难尽节。

孙谦亨　应顺治戊子恩贡士,授砀山县知县,补广济县知县。

田　圻　应顺治己丑贡士,选浚县训导,未仕。

施我瑾　应顺治辛卯恩贡士①,考中通判,改授常州府②宜兴③县县丞,补山西蒲州同知。系尚书施礼之后。纯孝堪嘉,居乡有德。

刘孔炫　应顺治辛卯贡士,考中知县。系丙寅贡士刘括之子。和易近人,持④身有礼。

艾初春　应顺治壬辰贡士,授滨州州判。

施行己⑤　应顺治癸巳贡士,授唐县训导。

冯之琯　应顺治甲午恩贡士,选江西余干县知县。

王之衡　应顺治乙未贡士⑥,授湖州府经历。

孙启祚⑦　应顺治丙申贡士⑧,未廷试。谊推宗族,行协乡评。

福而恒　应顺治己亥贡士,未廷试。系知州文明之孙。

杨馨芳　应康熙壬寅恩贡士⑨,考中县丞。

张兆元　应康熙壬寅恩贡士,未廷试,黄蘅补贡。

黄　蘅　应康熙壬寅贡士,考中县丞。系淇县知县行可之子。秉性慈祥,持身端洁,敦仁好义,德孚乡评。

---

① "士"合刊本"康熙志"误作"生"。
② 合刊本"康熙志""州"后脱一"府"字。
③ "兴"合刊本"康熙志"误作"昌"。
④ "持"合刊本"康熙志"误作"特"。
⑤ "己"合刊本"康熙志"误作"已"。
⑥ "士"合刊本"康熙志"误作"生"。
⑦ "祚"合刊本"康熙志"误作"祥"。
⑧ "士"合刊本"康熙志"误作"生"。
⑨ "士"合刊本"康熙志"误作"生"。

(天启)东安县志　(康熙)东安县志

解　璟　应康熙乙巳贡士。时停止贡。未廷试。

扈运闿　应康熙庚戌贡士,是年□①贡。考中训导。

张　埒　应康熙壬子贡士,考中训导。

王　璋　应康熙壬子选贡士,入监。

刘　炌　应康熙甲寅贡士,考中训导。

李　鸿　应康熙乙卯恩贡士。

穆九中　应康熙乙卯岁贡士。

例　贡

明

刘　琮　授府知事。

杨　绣　授州判。

王得道　河南太康主簿。

刘　璩　廪贡②,授宁海州判,升王府审理正。性情耿介,博通五经子史;操守端洁,居官德政宜民。

于　腾　附例。

刘　兴　增例,授咸宁县县丞。

刘匡国　附例。

刘学曾　廪例。

许文胄　廪准贡。系参政复礼之后。授福建上杭县知县,升福宁州知州。胸襟潇洒,品度高凝。气概英风慷慨,文学藻雅缤纷。

邵秉愚　廪贡,授山西临潼县县丞,升成山卫经历。系知府鸣岐之子。处己有德有行,御世无忤无竞。

---

① 原本此字墨黑。合刊本"康熙志"此处以空白表示脱一字。

② 廪贡:指府、州、县的廪生被选拔为贡生。亦用以称以廪生的资格而被选拔为贡生者。

霍复亨　廪准贡，授山西扶风县丞。

刘乃鼎　增例。尚书体乾之孙。

李遇春　附例。

邵颖发　累官鸿胪寺随堂。系知州预立之子。有品度，有诗学。

于　鹏　廪贡，累①光禄寺丞，封征仕郎。

徐景铭　附例。

郭应昌　廪例。

刘应东　附例。

王世登　附例。

国朝

邵嗣昌　廪准岁贡。

孙　树　廪准岁贡。

尚永杰　例监，考中州同。

选授儒士

明

马继文　内阁制敕房掌理事务。太仆寺卿加工部右侍郎兼司经局正字加正二品服。俸侍经筵，纂修国史玉牒。

杨开泰　序班。

马继志　制敕房供事，通政知事。

张　宾　序班。

马　键　继文之孙。制敕房掌理事务，礼部仪制司员外郎。

吴彦鸣　内阁詹事府录事。

---

① "累"后脱一"官"字，当补。合刊本"康熙志"此处不脱。

（天启）东安县志　（康熙）东安县志

杂　职

明

徐可成　由神乐观道士，累官礼部侍郎。

曹　铎　由天文生，升五官灵台郎。

潘一元　钦天监承德郎。

潘一中　钦天监丞，升南京钦天监正。

潘文举　天文生。

潘国祥　五官保章。

王弘德　太常寺典务厅正教，序班加二级。

施吉甫　由武生，功升河南原武县典史。

窦如星　由吏员，授陕西潼关驿驿丞。

张继斌[①]　□□□授山东定□县典史，补□□□安县典史，升江西永丰县层山□□□。

宋文耀　由吏员，授江西广信府上饶县巡检，升淮安府睢宁县管河主簿，又升[②]山东济南府平原县县丞。

杨廷桂　由吏员，授河南上蔡县驿丞，升山东夹马营巡检。

孟重轮　由吏员，授滋阳县昌平驿驿丞。

张存诚　由吏员，授福建侯官县白沙驿驿丞。

刘宗文　由吏员，授山西○○[③]府仓大使。

张　汉　由吏员，授湖广潜江县主簿，后补江南华亭县主簿。

[①] 此下张继斌人物简介原本漫漶不清。合刊本"康熙志"此处以空白表示脱若干字。

[②] 合刊本"康熙志""又"后脱一"升"字。

[③] 原本与合刊本"康熙志"此处皆空而未书，存疑待考。

韩　忠　由吏员,授贵州太平府○○①县驿丞。

王济民　由吏员,授江南安庆府经历。

国朝

武　举②

高　棐③

王　湛④

武进士

柴贵芳⑤

孙天章　中康熙乙卯科举人,登丙辰科进士。

封　赠

前代

扈　蒙　赠左仆射。

吕余庆　赠侍中。

杨　皙　封辽西郡王。

韩延徽　赠鲁国公。

韩德枢　封赵国公。延徽之子。

张　禧　封齐郡公。谥宣武。仁义之子。

---

① 原本与合刊本"康熙志"此处皆空而未书,存疑待考。
② 卷首目录中"武举"在"武进士"之后。
③ 原本与合刊本"康熙志"此处皆空而未书,存疑待考。
④ 原本与合刊本"康熙志"此处皆空而未书,存疑待考。
⑤ 原本与合刊本"康熙志"此处皆空而未书,存疑待考。

李士瞻　封楚国公。

张仁义　赐爵关内侯。禧之父。俱《一统志》。

明

施　礼　刑部尚书。诰命赠祖祖①为刑部尚书，配萧氏赠为夫人；父伯诚赠为刑部尚书，配张氏、李氏赠为夫人；妻冯氏封夫人。诰存。

李　侃　都御史。赠父东太仆寺少卿，配陈氏封恭人。诰存。

施　纯　鸿胪寺左少卿。诰命为奉直大夫，妻许氏赠孺人，宋氏封孺人，加封宜人。诰存。

邵　忠　授武略将军世袭副千户。父邵斌赠武略将军管军副千户，母张氏赠宜人，妻张氏封宜人。诰存。

张　纯　彭城卫经历。敕命征仕郎，父志学赠征仕郎，母李氏赠孺人，妻封孺人。敕存。

孙　瑞　礼科给事中。敕命征仕郎，父进封征仕郎，母徐氏赠孺人，妻胡氏封孺人。敕存。

谢　铭　都察院司狱。敕命登仕郎。敕存。

李　珣　户部主事。敕命承德郎，父锡封承德郎，母张氏赠安人，妻王氏封安人。敕存。

黄　瑁　永清卫经历。敕命征仕郎，父昇赠征仕郎，母石氏赠孺人，妻焦氏封孺人。敕存。

吴　栋　唐府左长史。诰命奉政大夫。诰存。

刘体乾　南京兵部尚书。诰命祖旺赠南京兵部尚书，祖母杨氏赠夫人；父景赠兵部尚书，母冯氏赠夫人，生母高氏赠夫人，谕祭；妻张氏封夫人。诰存。谕祭碑存。

邵鸣岐　南京户部四川司郎中。诰命父宽赠南京户部四川司郎中，母陈氏赠宜人，妻王氏封宜人。诰存。

---

① "祖"字下衍一"祖"字。合刊本"康熙志"此处亦衍此字。

马继文　光禄寺少卿。诰命奉政大夫,母宁氏封宜人,妻夏氏封宜人。诰存。

于应辰　金吾卫经历。敕命父锦赠征仕郎,母张氏封孺人,妻王氏封孺人。敕存。

黄宗周　河南汲县知县。诰①命父赠文林郎,母王氏赠孺人,妻刘氏封孺人。敕存。

邵豫培　钦袭武略将军副千户。妻郭氏封宜人。诰存。

邵豫立　山东冠县知县。敕命父秉厚文林郎山东冠县知县,母郭氏封孺人,妻张氏封孺人。敕存。

刘　浦　尚书体乾之子。由廪生恩荫,初授都事,累官工部营缮司员外郎。妻范氏封宜人。诰存。

刘　极　尚书体乾之孙。由恩荫,累官刑部陕西司郎中。父瀞②封刑部陕西司郎中,母郭氏封宜人,妻李氏赠宜人、周氏封宜人。诰存。

于　鹏　由廪监,累官征仕郎,光禄寺良酝署署丞。父应奎赠征仕郎、光禄寺良酝署署丞,母张氏赠孺人,妻牛氏封孺人。诰存。

荫　生

明

刘　浦　兵部尚书体乾之子。初授都事,累官工部员外郎,由廪生恩荫。长才家学,明敏清勤,爰③从枢府,副职司空。

刘　极　尚书体乾之孙。授刑部陕西司郎中,由恩荫。

---

① "诰"字误,当作"敕"。合刊本"康熙志"此处作"敕"。明、清对文武官员及其先代妻室赠予爵位名号时,皇帝命令有诰命与敕命之分,五品以上授诰命,称诰封;六品以下授敕命,称敕封。黄宗周为河南汲县知县,正七品,所以此处应该是"敕命"。

② 瀞(jìng):古同"净"。

③ "爰"合刊本"康熙志"误作"妥"。

(天启)东安县志 （康熙）东安县志

武 荫

前代

张仁义　辽东安州人。金末，徙家益都。太宗下山东，仁义走信安。时燕蓟已下，独信安犹为金守。主将知仁义勇略，用之左右。国兵围信安，仁义帅敢死士出战，以功署兵马总管，守信安。逾十年，度不能支，乃与主将举兵内附，以定河南功授元帅。没于军，赐爵关内侯。见《山东通志》。

张　禧　东安州人。父仁义，为管军元帅，攻归德战没。禧从大将南征，世祖时累官都元帅。时议征日本，禧即请行。攻城略地，屡立战功，官至镇国大将军左丞。及卒，追封齐郡公，谥武宣①。见《一统志》。

张弘纲　禧之子。仕辽为昭远将军。从父征战有功，讨八百媳妇国，力战而殁，谥忠武。

福　时　原姓张氏，名福时，白务里马房村下屯指挥。幼而善射，断事聪敏。世宗尝语臣下曰："武将中清莫如福时，勇莫如马芳。"后遵御音，止名福时。节升署督都佥事，漕运总兵。一介不妄，取革常例，法严而国务。克济风纪，振肃漕运，都宪亦为惕然，真武将中之翘楚者。

明

郝　通　白务里寺堡人。系世袭指挥，通武略。嘉靖间，巨寇杨功骚扰畿辅，通击破之，挂印偏头关。

张　仁　白务里旧州人。世袭指挥。有谋略，有才识，虽居武胄中，清约如寒士，后升陕西都司。

邵　英　东安县人。系洪武二年军籍。从驾征讨奸臣齐泰，身经血战，立功居庸关等一十七处。至永乐三年，钦与常山中护卫前所千户世袭，胞弟邵斌于十五年钦准袭职。

---

① "武宣"两字前后颠倒，当作"宣武"。合刊本"康熙志"此处亦倒。

邵　忠　系斌长男。永乐十七年，钦准袭职，授武略将军，世袭副千户。父邵斌，赠武略将军管军副千户。母张氏，赠宜人。妻张氏，封宜人。诰存。

邵豫培　系忠族孙。因忠无嗣，于天启○①年钦准袭职。善骑射，多技能，博学宏才，兼长诗赋。后于崇祯年钦准长男邵孔箴袭职。诰存。

张应魁　○②山左卫右所指挥佥事散官，授明威将军。妻阎氏封恭人，父张东礼赠明威将军指挥佥事，母孙氏赠恭人。

东安县志　卷之七终

---

① 原本此处空一字。合刊本"康熙志"此处亦空一字，存疑待考。
② 原本此处空一字。合刊本"康熙志"此处亦空一字，存疑待考。

(天启)东安县志　(康熙)东安县志

东安县志　卷之八　人物志

《人物志》所记者,制诰宠荣、名宦乡贤、节孝廉义,盖以德行不同,事业亦异,要皆建伟烈于当时,垂芳声于后世也。宁可缺失弗录哉!噫!先贤规范,后人仪泽。若乃观《制诰》者,当矢忠荩;视《名宦》者,当行仁政;睹《乡贤》者,当励躬行。至于矢节敦孝,养廉植义,端有望于后起之淑人君子。志《人物》。

制　诰

明

施礼故祖母加赠为夫人萧氏

制曰:为君,欲其臣尽忠于国,则必体其心而从其志。肆古圣王有国之通制,而知人情之莫不欲孝亲也。制推恩之典,以申奖劝之意。刑部尚书施礼故祖母赠淑人萧氏,积善垂庆,笃生贤孙,朕方畀之重任,用①加赠为夫人。贲命之荣,永慰冥漠。

正统四年八月二十八日　赠

加赠为资政大夫刑部尚书施伯诚 施礼之父

制曰:士之仕而能任国重事,则推恩必及其亲,斯固以宠贤者,亦嘉其有先德焉。尔赠嘉议大夫行在刑部右侍郎施伯诚,乃刑部尚书礼之父,积善之庆,裕于方来,致国显庸,在厥贤子。积勤诚之已久,宜褒荣于所生,用嘉赠为资政大夫刑部尚书。尚克歆承,永光幽壤。

正统四年八月二十八日　赠

---

① 用:因此。

特进阶为资政大夫刑部尚书施礼

制曰:朕惟大猷之世慎刑以重民命,有虞刑期无刑,成周列①用中罚,时则有若皋陶,有若苏公,克谐其美。我朝稽古建官,邦刑之典,尤难其人。矧②予承嗣大统,益崇钦恤,嘉与贤良,弼予于③治。咨尔刑部尚书施礼,早由科第发身,历事列圣。践更中外,所至有声,掌我邦刑,克致明允。盖其宅心处已④,惇厚廉平,绩用之成,简在朕心。今特进尔阶为资政大夫,以示褒嘉。尚其敬尔,由狱以长邦国。惟古之闻人之⑤是式,罔俾虞周,专美前代。钦哉!

正统四年八月二十八日　封

施礼之妻封为宜人冯氏

制曰:朕惟人臣之克效劳于国者,虽由其父母之德善,亦其伉俪相成之有资也。故褒荣之命必及之,所以厚人伦也。尔冯氏大理寺右寺丞施礼之妻,以俭勤相其夫,俾从夫贵,今封为宜人。益勤祗慎,服此光荣。

洪熙元年正月初五日　封

进阶奉直大夫鸿胪寺左少卿施纯

制曰:国家之设鸿胪,所以肃朝仪、典傧礼而宣制命于会同者也。为卿佐⑥者,慎选以任之,必得明敏精详之士,庶克称焉。尔鸿胪寺左少卿施纯,

---

① "列"疑为"刑"之误。合刊本"康熙志"此处亦误作"列"。
② 矧(shěn):另外,况且。
③ "于"字误,当作"干"。合刊本"康熙志"此处作"干"。干治:谓干练而有治才。
④ "已"字误,当作"己"。合刊本"康熙志"此处亦误作"已"。
⑤ "之"字疑衍。合刊本"康熙志"此处亦衍此字。
⑥ "佐"合刊本"康熙志"误作"左"。

(天启)东安县志　(康熙)东安县志

早承父训,继武贤科,进学词林,擢官给事。历年滋久,茂著声称。追陟今官,操履清慎。宜锡恩宠,以旌尔劳。是用进尔阶奉直大夫,锡之诰命,以为尔荣。尔尚益思奋励,益效劳勤。期无替于前人,庶克臻于显用。尔惟钦哉!

　　成化十三年七月十九日　　封

施纯妻加赠为宜人许氏

制曰:妇从夫贵,不以存没而异恩,盖重人伦之始,以敦风化之本也。鸿胪寺左少卿施纯妻赠孺人许氏,恪敦妇道,善相其夫,因夫受赠,亦已有年。夫今进官,宜申恤典,兹特加赠为宜人。服此宠章,永贲泉壤。

　　成化十三年七月十九日　　赠

施纯继室加封为宜人宋氏

制曰:有夫则有妇,室家之正也。故推恩之典,妇恒从夫。鸿胪寺左少卿施纯继室封孺人宋氏,恪恭妇道,允宜厥家。夫①既②进阶,尔宜并贵,兹特加封为宜人。祗服荣恩,毋忘儆戒。

　　成化十三年七月十九日　　封

特封为征仕郎礼科给事中孙进 孙瑞之父

敕曰:教子以忠,必使之效劳于国;劝臣以孝,必为之致宠于亲。国典具存,彝伦攸系。尔义官孙进,乃礼科给事中瑞之父,诗礼传家,丘园养素。居乡尚义,已沾冠服之华;教子登庸,宜锡丝纶之命。用酬教育,以励显扬。兹特封为征仕郎礼科给事中。永绥禄养,益保寿康。

　　弘治十一年四月十一日　　封

---

①　"夫"合刊本"康熙志"误作"未"。

②　"既"合刊本"康熙志"误作"能"。

孙瑞之母特赠为孺人徐氏

敕曰:子之于母,孝爱盖①极其深;君之于臣,礼意必从其厚。故养有不逮,而恩无弗加。尔徐氏,乃礼科给事中孙瑞之母,闺阃②遗③芳,杯棬④旧泽,笃成令子,茂著时名。谏垣之最绩方书,礼典之褒恩宜锡。兹特赠为孺人。庶冥漠之有知,服休光于无斁⑤。

弘治十一年四月十一日　赠

孙瑞之继母特封为孺人吴氏

敕曰:继母有教育之德,不异劬⑥劳;朝廷有褒锡之恩,实均荣贵。兹惟典礼,匪自予私。尔吴氏,乃礼科给事中孙瑞之继母,夙著闱仪,晚成子业。虽襁褓之勤未豫,而书史之训良多。兹特封为孺人。服此恩荣,益绵寿祉。

弘治十一年四月十一日　封

特进阶征仕郎礼科给事中孙瑞

敕曰:朕惟六科建署,七品分官。名应部曹,实预盈廷之议,职专纠劾,亦均治事之劳。国体是关,公论攸托。兹惟清要之地,宜居直谅之人。尔礼科给事中孙瑞,畿邦毓秀,甲第登名,列职谏垣,抗章廷陛。部署严参驳之体,边储精按核之方。阅历寖深,贤劳愈著,宜加恩典,以示褒嘉。兹特进尔阶征仕郎,锡之敕命。于戏!论事者,必先其大,尚存为国之心;持身者,贵乎保终,

---

① "盖"合刊本"康熙志"误作"益"。
② 闺阃(guī kǔn):指妇女居住的地方。
③ "遗"合刊本"康熙志"误作"之"。
④ 杯棬(bēi quān):古代一种木质的饮器,尤指酒杯。
⑤ 斁(yì):终止。
⑥ "劬"合刊本"康熙志"误作"敏"。劬(qú):过度劳苦。

(天启)东安县志　(康熙)东安县志

勿替守官之节。益臻后效,以俟登崇。钦哉!

弘治十一年四月十一日　封

孙瑞之妻特封为孺人胡氏

敕曰:人臣有劳于国,朝廷必宠其家。肆惟①伉俪之良,宜及褒封之命。典章具在,风化所关。礼科给事中孙瑞妻胡氏,德性柔嘉,仪容婉顺。相夫有道,克修馈祀之仪;治内无违,不废诗书之训。爰因夫贵,用示国恩。兹特封为孺人。祗服宠名,益隆阃范。

弘治十一年四月十一日　封

特加赠资政大夫南京户部尚书刘旺 体乾之祖

制曰:君子积善于家者厚,则厥后必昌;人臣效忠于国者深,则为报必重。故锡上卿之命,必加祖考之恩,匪徒昭彝典之攸崇②,亦以溯渊源之所自。尔赠通议大夫户部左侍郎刘旺,乃南京户部尚书体乾之祖父,安恬有守,俭朴无华。务本勤生,久著克家之誉;周贫恤匮,素敦好义之风。隐骘积于一身,显宦征于再世。为善无不报之理,而迟速以时;流泽有必及之荣,而崇卑以制。兹特加赠尔为资政大夫南京户部尚书。龙章锡宠,聿增再世之光;犀轴宣纶,永作九京之庆。

隆庆二③年六月初一日　赠

刘体乾之祖母特加赠为夫人杨氏

制曰:追配前人,切惟尔祖之念;从以孙子,良由女士之厘④。并示褒崇,

---

① "惟"合刊本"康熙志"误作"为"。
② "崇"合刊本"康熙志"误作"重"。
③ "二"合刊本"康熙志"误作"六"。
④ 厘:治理,整理。

庶彰激劝。尔赠淑人杨氏,乃南京户部尚书刘体乾之祖母,惠慈不贰,贞静有仪。致发闻孙,践登显秩。爰溯启佑之远,实惟善庆之遗。兹特加赠尔为夫人。式贻彤史之辉,永示玄扃①之耀。

隆庆二年六月初一日　赠

赠资政大夫南京兵部尚书刘旺 体乾之祖

制曰:朕嗣绩②洪基,思隆孝治,推恩锡类,固有自亲率祖有加无已者,所以溯贻谋之哲而光绳武之孝也。尔累赠资政大夫南京兵部尚书,体乾之祖父,潜德慎修,敦伦履③善。休征浚发,奕世弥昌。卓有贤孙,掌我邦政。缅惟庆泽,用涣④褒纶。兹赠尔资政大夫南京兵部尚书。祗歆明命,式耀幽扃。

万历元年三月十三日　赠

刘体乾之祖母累赠夫人杨氏

制曰:贻谋启祚,实为祖功,然必有同德之配以成之。故食报追荣,有偕及之义。厥惟称哉！尔累赠夫人杨氏,乃南京兵部尚书刘体乾之祖母,静惠柔嘉,闭家有则。弘开世祚,浚发闻孙。允垂奕叶之光,益阐重闱之庆。宜申锡命,永畀蒸尝。兹仍赠为夫人。懿灵有知,歆承无致。

万历元年三月十三日　赠

特加赠通议大夫户部左侍郎刘景 体乾之父

制曰:士有德重位轻而弗究于用,则昌融博大之业必浚发于嗣人。国家

---

① 玄扃(jiōng):墓门,墓室。
② 绩:继承,继续。
③ "履"合刊本"康熙志"误作"礼"。
④ "涣"字误,应作"焕"。合刊本"康熙志"此处亦误作"涣"。焕:使显扬,光大。

(天启)东安县志　(康熙)东安县志

敷锡之典,视其子之秩而崇追之,所以示报也。尔原任教谕,累赠奉政大夫通政使司左参议刘景,乃总督仓场督理西苑农事户部左侍郎体乾之父,究心坟典①,尚友古人,振饬规程,甄陶多士。庆乃诒于哲嗣,教益笃于义方。卒亢尔宗,为朕卿士。兹尔子嘉绩登闻,特加赠尔通议大夫户部左侍郎。丕昭燕翼之功,永袭龙章之贲。

隆庆元年三月初三日　赠

刘体乾之嫡母特加赠为淑人马氏

制曰:家有嫡母,是称严君。其成子之恩,不但与生者等而已,朝廷锡命必并及焉,所以重风化之本也。尔累赠宜人马氏,乃总督仓场督理西苑农事户部左侍郎刘体乾之嫡母,相夫绩学,茂著壸②仪。训子成名,克昌家祚。溯厥庆源之自,宜申茂渥之恩。兹特加赠尔为淑人。懿灵不昧,尚克歆承。

隆庆元年三月初三日　赠

刘体乾之生母特加赠为淑人高氏

制曰:朕惟母以子贵,《春秋》之义。朝廷推恩以达爱,广孝以劝忠,虽其生母,亦所不遗,所以宠绥之者至矣。尔累封太宜人高氏,乃总督仓场督理西苑农事户部左侍郎刘体乾之生母,穆修壸范,克嗣徽音,笃生闻人,为时硕彦。顾忠猷之茂著,本慈训之迪成。兹特加赠尔为淑人。岂徒为幽夝③之光,亦以慰风木之感。

隆庆元年三月初三日　赠

---

① 坟典:三坟、五典的并称,后转为古代典籍的通称。
② 壸(kǔn):古通"阃",内室。
③ 夝:通"夕"。

特加赠为资政大夫南京户部尚书刘景体乾之父

制曰：臣子效移忠之节，恒资父以事君。国家敦劝孝之章，每因亲而教爱，厥有经常之典，矧当庆赉之期。尔累赠通议大夫户部左侍郎刘景，乃南京户部尚书体乾之父，早著文名，素端善行。筮官学博，师模供仰。于生徒归赋闲居，庭训不忘乎《诗》《礼》，成尔令子，作我重臣。国计是经，克备大臣之节；家声茂振，聿增祢庙之光。特加赠尔为资政大夫南京户部尚书。晋显秩于大僚，重恩骈锡；慰幽灵于永世，余庆方来。

隆庆二年六月初一日　赠

刘体乾之嫡母加赠为夫人马氏

制曰：子德成于乃父，而亦资其母。国恩推及所出，而必先于尊。成宪攸存，彝伦斯重。尔累赠淑人马氏，乃南京户部尚书刘体乾之嫡母，系出华族，笄嫔德门，慈淑性生，爱子无间。于彼己俭勤素守，持家克正于始终。有子象贤，历扬休闻。惟尔慈惠，浚厥祥源。兹用加赠尔为夫人。贲荣锡于重原，表徽音于百世。

隆庆二年六月初一日　赠

刘体乾之生母特加赠为夫人高氏

制曰：君恤臣劳，恩必及其怙恃；母以子贵，义实著于《春秋》。尔累赠淑人高氏，乃南京户部尚书刘体乾之生母，性和而则，德崇①而庄。守含章之贞，励秋霜于晚节；享有子之贵，悲朝露于先零。宜锡显纶，用旌幽履，式宣母范，以彰子贤。兹特加赠尔为夫人。并宣闺阃之光，用慰终身之慕。

隆庆二年六月初一日　赠

---

① "崇"合刊本"康熙志"误作"重"。

(天启)东安县志　(康熙)东安县志

赠资政大夫南京兵部尚书刘景体乾之父

制曰:朕尊奉慈闱,覃敷庆典,自子率亲,咸与显扬。矧司马重臣奠我南国,可无异渥以慰其致孝之心哉!尔原任教谕,累赠资政大夫①京户部尚书刘体乾之父,明经造士,怀德淑身。庆洽家庭,行孚里闬。义方有训,厥嗣奋庸②,崇跻峻列,尔贻穀③征已。兹赠为资政大夫南京兵部尚书。歆此龙章,益弘燕翼。

万历元年三月十三日　赠

刘体乾之嫡母赠为夫人马氏

制曰:人子之有嫡母,不惟媲德于父,而训育之恩,无异所出。国家典制,于此每致隆焉,非以敦本,以崇报哉。尔累赠夫人马氏,乃南京兵部尚书刘体乾之嫡母,恪修馈政,允蹈闺彝,顺正宜家,爱劳勖④子。顾鼎养方隆而慈范已邈,宜申宠命以慰幽灵。兹仍赠为夫人。尚克歆承,益纾燕裕。

万历元年三月十三日　赠

刘体乾之生母赠为夫人高氏

制曰:人子之于所生,未尝一日忘报也,故仕宦益进则思慕益切。思匪申锡,何以慰罔极之心耶?尔累赠夫人高氏,乃南京兵部尚书刘体乾之生母,端庄贞静,休有令仪。笃生哲人,股肱王国。方隆钟鼎之养,早遗风木之悲,良可悼已。兹仍赠为夫人。九原克知,良用慰止。

万历元年三月十三日　赠

---

① "夫"后脱一"南"字。合刊本"康熙志"此处亦脱此字。
② 奋庸:谓努力建立功业。
③ 贻穀:指父祖遗留的福禄。
④ 勖:勉励。

授阶修职郎行人司行人刘体乾

敕曰：国家稽古，设行人之官，所以尊奉纶音，流布中外。言动之则，系国重轻，非甲第之英，岂以滥授？尔行人司行人刘体乾，比以少年，连擢高第，简居使职，克励进修。俾之将命，非特不辱而已。兹庆恩用授尔阶修职郎，锡之敕命，尔其益思自树，用懋远猷。朕有显跻，不尔吝也。钦哉！

嘉靖二十四年八月初二日　封

特赠通议大夫户部左侍郎刘旺 体乾之祖父

制曰：国家宠赉大臣，则推恩及其祖考，所以报其先世启佑之功，慰其子孙显扬之志也。尔刘旺乃总督仓场督理西苑农事户部左侍郎体乾之祖父，树德自躬，遗安于后。储祥委祉，奕世而昌。爰有绳武之孙，佐朕司徒之政。溯求世德，宜沛国恩。兹特赠尔通议大夫户部左侍郎。庶用慰于九原，尚流芳于百世。

隆庆元年三月初三日　赠

刘体乾之祖母特赠为淑人杨氏

制曰：《易》言"受介福①于王母"，人孰不有孝享之心哉？然必位跻乎列卿，而后荣迤②乎祖妣。显兹彝典，实出殊恩。尔杨氏，总督仓场督理西苑农事户部左侍郎刘体乾之祖母，行备壸仪，德称母范。祥源浚发，久而弥彰，肆尔闻孙，洊登嘉绩。兹特赠尔为淑人。歆承敷锡之荣，益衍克昌之祚。

隆庆元年三月初三日　赠

---

① 介福：大福。

② 迤（yì）：通"迆"。延展，延伸。

(天启)东安县志 (康熙)东安县志

授阶资政大夫南京户部尚书刘体乾

制曰：朕祗率典章，肇建储贰。惟兹卿士，与有分职之劳；用沛恩施，俾膺休显之命。矧留①都王业所如，而地官国计是司，可无褒章以示殊眷。尔南京户部尚书刘体乾，器识深醇，执之以严毅；才猷敏达，措之以周详。举文学于制科，效劳勤于使职。载登琐闼，名高七净之班；继擢银台，望重九官之列。佐秋卿而理邦禁，贰大农以董京庾，历著忠猷，卓有成绩。乃正司徒之位号，俾领旧京之度支。而尔莅事益勤，持身弥谨。敷陈利病，聿清奸蠹之原；剂酌盈虚，允为缓急之备。眷惟硕德，简在朕心。兹以覃恩，授尔阶资政大夫，赐②之诰命。于戏！八座崇班，具瞻攸属，两都分职，厥任惟均。尚坚尔心，懋宣乃力。理兹钱谷，期有济于今时；保我邦家，务致隆于远绩。钦哉！

隆庆二年六月初一日　封

刘体乾妻特加为夫人张氏

制曰：臣工效职，恒资内助之贤；女德作述，乃笃相成之义。故录贤劳于国，必推宠命于家。尔南京户部尚书刘体乾妻，封淑人张氏，令仪躬备，淑行性成。笃孝敬于蘋蘩③，褆言容于图史。相其夫子，著有令名。晋枢斗之崇阶，树邦家之伟绩，宜宣我用表尔功。兹特加封尔为夫人。祗承优宠之章，益谨柔贞之训。

隆庆二年六月初一日　封

---

① "留"合刊本"康熙志"误作"刘"。
② "赐"合刊本"康熙志"作"锡"。
③ 蘋蘩：《诗经·召南》有《采蘋》和《采蘩》篇，后以"蘋蘩"借指能遵祭祀之仪或妇职等。此处指尽妇职。

特进阶征仕郎吏科右给事中刘体乾

敕曰：国家设谏闼之臣以资献纳、备侍从，而文昌之政皆得以审复驳正之。厥任至重，自非达于世务而秉义不渝者，朕何赖焉？尔吏科右给事中刘体乾，精敏足以统要剧，明毅足以决是非，摅①诚陈见而有裨于时，摘伏发奸而不怵于势。历年既久，令绩滋多，考最上闻，朕心嘉悦，特进尔阶征仕郎，锡之敕命。夫朕之望治甚切也，而以尔为耳目，其所以责之者厚矣。尔其论人，审忠邪之分；论事，酌缓急之宜。殚竭忱恂，匡朕不逮，当有崇阶，以需尔成。钦哉！

嘉靖三十三年三月初十日　封

刘体乾妻特封为孺人张氏

敕曰：鸡鸣戒夕，妇之所以相夫也。尔人臣有夙夜在公，而罔恤于私者，非得内助，何以能此？故朝廷之恩命必均焉。吏科右给事中刘体乾妻张氏，毓秀德门，嫔于良士。克修妇道，允宜厥家。兹特封为孺人。式承冠帔之荣，益励苹蘩之职。

嘉靖三十三年三月初十日　封

特赠为太子少保原任南京兵部尚书刘②

制曰：国家优礼大臣，始终罔间。故既嘉茂绩，必追锡以崇阶，匪示私恩，用昭旌劝也。尔原任南京兵部尚书刘体乾，禀狷介之操，抱经纶之略。奉使克持，廉节给谏，时有建明。久任银台，恭勤无斁。历司国计，裨益良多。暂

---

① 摅(shū)：抒发，发表。
② 合刊本"康熙志"此处补"体乾"二字。

(天启)东安县志　(康熙)东安县志

尔悬车①,旋留留钥②。三朝祗事,允称耆硕之贤;八座载登,弗替清修之誉。慨老成之沦逝,宜恤典之并颁。兹特赠尔为太子少保,锡之诰命。于戏! 秩晋宫僚,已亚孤卿之列;恩宣纶绰,永垂奕世之光。冥漠有灵,褒章是服。

万历五年四月十三日　赠

特授阶文林郎工部营缮清吏司署员外郎事都事刘潇

敕曰:雉正之官,鸠工是职。饬材程艺,最号处曹。绩效既彰,褒嘉可后。尔工部营缮清吏司署员外郎事都事刘潇,乃故资政大夫、南京兵部尚书赠太子少保体乾之子,才优世用,学本家传。既屡踬于名场,遂选劳于世叙。爰从枢府,副职司空。而尔明敏,当官清勤,莅事节缩,宁裁乎故额,经营周悉于役书,可谓若予工矣。兹以三载考绩,特授尔阶文林郎,锡之敕命。尔父三朝旧臣,名照吏③册。若考作室,惟乃肯堂④,勉绍德言,光我誉命。

万历二十四年三月二十日　封

刘潇妻封为孺人范氏

敕曰:纲纪缮修之政,端藉才臣;拮据馈祀之劳,亦资淑媛。既茂相成之德,宜申并贵之恩。尔工部营缮清吏司署员外郎事都事刘潇妻范氏,乔族钟祥,哲人俪德。奉⑤箴图而无斁,肃蘋藻⑥以有齐。惟兹粉署之劳,端藉兰闱之助。是用封尔为孺人。芳华益茂,宠渥方来。

万历二十四年三月二十日　封

---

① 悬车:致仕。古人一般至七十岁辞官家居,废车不用,故云。
② 留钥:留守、镇守。
③ "照吏"合刊本"康熙志"误作"昭史"。
④ 肯堂:语出《尚书·大诰》,比喻子能继承父业。
⑤ "奉"合刊本"康熙志"误作"群"。
⑥ 蘋藻:蘋与藻,皆水草名,古人常采作祭祀之用。

218

赠为文林郎刑部广西清吏司署员外郎事都事刘静 刘极之父

敕曰：人不必躬为见也。虽拜席之珍，抱璞不剖，然仰有虹斗之华，俯有骥房之彩。于以耀潜德而宠命被之，亦未始不为过焉。尔廪生刘潋，乃刑部广西清吏司署员外郎事都事极之父，荣阀敛纷，缣囊①咀饫。潜②圣贤之学，罔借径以干旌③，屏身利达之交，若沾涂而割袂。廪稰④岁入，半为枌⑤榆斧桁之谋；甄植时撕，遍有薪槱⑥弦诵之化⑦。奏□⑧琴而趋庭有子，齐鸿枕而肯构在躬。矧奏祥刑，尤征懿训。兹赠尔为文林郎刑部广西清吏司署员外郎事都事⑨。简砌凝辉于萧露，楸原拱鉴于薇⑩天。

崇祯九年二月初八日　赠

刘极之前母赠为孺人高氏

敕曰：凡簪帨之熠而承也，不于其夫，则于其子。而有如菱蕙戢躬，式穀⑪裕胤⑫，虽曰异里，所沾恩⑬而荐祐⑭，未有异焉。尔高氏，乃刑部广西清吏

---

① 缣囊：细绢制成的袋子。
② "潜"后脱一"心"字，当补。合刊本"康熙志"此处亦脱此字。
③ 干旌：旌旗的一种。以五色鸟羽饰旗杆，树于车后，以为仪仗。
④ 稰(xǔ)：通"糈"，精米。
⑤ "枌"合刊本"康熙志"误作"粉"。枌榆：泛指故乡。
⑥ 薪槱(yǒu)：比喻贤人众多。
⑦ "化"合刊本"康熙志"误作"仪"。
⑧ 原本此处有一字已漫漶不清。合刊本"康熙志"以空白表示脱一字。
⑨ 合刊本"康熙志""都"后脱一"事"字。
⑩ "薇"字误，当作"徽"。徽：美好的。合刊本"康熙志"此处作"徽"。
⑪ 式穀：谓以善道教子。
⑫ 胤：后代。
⑬ 沾恩：指受到皇帝的恩惠。
⑭ 祐(shí)：古代宗庙里藏神主的石匣。

（天启）东安县志　（康熙）东安县志

司署员外郎事都事刘极之前母，秀挟蛾眉，胧承麟趾，言笑未尝逾梱①，修妇职而不欲见才，图史怳若陈箴②，得亲心而毫无忤色。顾静琴在抚，弦断啼鹃，乃遗珮所瞻，堂翻乳燕。兹赠尔为孺人。云表驭鹤，骖于同穴，月华衔蜍，耀于九京。

崇祯九年二月初八日　赠

刘极之母赠为孺人郭氏

敕曰：阴教之隆，备于坤索，则蔑不以异仪概妇道焉。而要之黄中体离③，白藏处艮，以丽④平正⑤，而成终成始者，尤有取耳。尔郭氏，乃刑部广西清吏司署员外郎事都事刘极之母，抗宗戚畹，卜⑥俪儒珍。健户克持，佐⑦恬修而罔撄世爵；高堂善奉，普惠济而曲洽物宜。已而代训义方，筠节悉忱于画荻；卒也疏恩明允，薇⑧音洒痛于摧萱。兹赠尔为孺人。翟袆⑨虽隔于遐征，鸾绋⑩尚申于屡锡。

崇祯九年二月初八日　赠

---

① 梱(kǔn)：门限。
② 图史怳若陈箴：西晋惠帝司马衷不务正业，国家大权为其皇后贾氏独揽。其人善妒忌，多权诈，荒淫放恣。朝中大臣张华便收集了历史上各代先贤圣女的事迹写成了九段《女史箴》，以为劝诫和警示，被当时奉为"苦口陈箴、庄言警世"的名篇。东晋著名画家顾恺之根据文章分段配画，创作了《女史箴图》，形象地表达了箴文的含义。
③ "离"合刊本"康熙志"误作"体"。
④ 丽：附着。
⑤ 平正：端正。
⑥ "卜"合刊本"康熙志"误作"人"。
⑦ 合刊本"康熙志""持"后脱一"佐"字。
⑧ "薇"字误，当作"徽"。合刊本"康熙志"此处作"徽"。
⑨ "袆"合刊本"康熙志"误作"律"。
⑩ 鸾绋(fú)：帝王诏书。

授阶文林郎刑部广西清吏司署员外郎事都事刘极

制曰:乔木之下,必有浓阴①,盖求象贤于世臣之门,而觉丹管之耀增华牒而加贲也。尔刑部广西清吏司署员外郎事都事刘极,缵绪祖功,敷猷儒术。振缨有师,富武库②以胸罗;画象爱章,干法曹之肺石。乃合威明而用慎简,例共仰刘虙;每剂③轻重以得中允,讯不殊王镒。兹以阅考授尔阶文林郎,锡之敕命。夫司寇之属,三尺之所凭也。且汉魏以来,皦然高华而宗公贵士,储才练业,亦往往出其途焉。且唐杜牧之所屡求而仅得者也。今尔膺任而升,期于皋对,尚其凛已饬师恩。名卿之后,列棘④在瞻⑤;执法之司,悬楚不用。尔悉⑥有令图哉,朕将⑦汝竟⑧。初任左军都督府经历司督事,二任本府署经历事都事,三任今职。

崇祯九年二月初八日　封

刘极之妻赠为孺人李氏

敕曰:伉俪之重,于义为⑨齐。顾菅蒯⑩之嗟⑪,每动齐年之感。而若夫冠珮之贲,追及簪裾,则犹然齐之义也。尔刑部广西清吏司署员外郎事都事刘

---

① "阴",通"荫"。荫:树荫,常借指祖先的庇荫。

② "库"合刊本"康熙志"误作"唐"。

③ "剂"合刊本"康熙志"误作"刘"。

④ 列棘:相传周代朝廷内树棘,以定卿大夫公侯等之位置,后因称位列公卿者为"登列棘"或"列棘"。棘,棘树。

⑤ "瞻"合刊本"康熙志"误作"赡"。

⑥ 悉:谨慎。

⑦ 将:扶助,支持。

⑧ 竟:完毕,完成。

⑨ "为"合刊本"康熙志"误作"多"。

⑩ "菅"合刊本"康熙志"误作"尝"。菅蒯:都是多年生的草本植物。意为纵有丝麻也不要丢弃蒯草,纵有美女也不要抛弃糟糠之妻。

⑪ "嗟"合刊本"康熙志"误作"叹"。

（天启）东安县志　（康熙）东安县志

极妻李氏，燕山华胄，凤穴奇姿。沉默寡言，拂①戾每融冰雾；尊章顺志，肃雍凛笃晨昏。至于动瘴饮和，备四②德以襄六行③。夫何凋荣抱痛，掩二瘅而谢百年。兹赠尔为孺人。苍旻回照于夜台，紫霱凝香于秋省。

崇祯九年二月初八日　赠

刘极继妻封为孺人周氏

敕曰：世禄之家，尤敦闺范。顾踵华者难为美，而享④逸者易为安。虽侍栉之有序，而沾纶固无两也。尔刑部广西清吏司署员外郎⑤事都事刘极继妻周氏，履温而俭，韫淑以恬，承先多长者之称；静携鸾瑟，处约鲜清郎之憾。洁励羔丝，屏京辇之奔尘；冈逾尺蠖，喜田园之接壤。长慰饔飧。兹封尔为孺人。承筐⑥无致其素心，举案尚齐于皓首。

崇祯九年二月初八日　封

赠为文林郎河南卫辉府汲县知县黄世禄宗周之父

敕曰：语云："人不可以无年悼赍志也。"乃有子立身扬名以显亲，则善继其志，结为大年⑦，夫恶可以彭殇⑧论修短⑨也？尔黄世禄，乃河南卫辉府汲县知县宗周之父，芳年脱颖，韶岁萎兰。谓天无心，何付才之已骏？谓天有意，何与龄之

---

① "拂"疑为"弗"之误。弗戾：不违逆。合刊本"康熙志"此处亦误作"拂"。
② "四"合刊本"康熙志"误作"曰"。
③ 六行：六种善行即孝、友、睦、姻、任、恤。
④ "享"合刊本"康熙志"误作"亨"。
⑤ "外郎"合刊本"康熙志"误作"郎外"，字序颠倒。
⑥ "筐"合刊本"康熙志"误作"承"。承：奉。筐：用来盛币帛的器物。"承筐"借指欢迎宾客，也指馈赠礼品。
⑦ 大年：谓年寿长。
⑧ 彭殇：寿夭。彭，彭祖，指高寿；殇，未成年而死。
⑨ 修短：这里指寿命的长短。

已希？综长吉之华①而阨其遇,逢子渊之惨而亢其宗。眷此循良,宁志启佑。兹用赠尔为文林郎河南卫辉府汲县知县。慰永怀于风木,流景耀于松丘。

万历四十四年九月二十四日　赠

黄宗周之前母赠为太孺人房氏

敕曰:人子于前母,虽未觌面②,乃③齐体于父,不容忘尊荣者,故国有褒录,得推恩以及之。尔房氏,乃河南卫辉府汲县知县黄宗周之前母,德度端贞,性资淑婉,承尊克孝,居阃能勤。耦彦硕以发祥,共显庥④而留荫。兹用赠尔为太孺人。鸾章表懿,马鬣⑤生辉。

万历四十四年九月二十四⑥日　赠

黄宗周之母赠为太孺人王氏

敕曰:朕诵《柏舟》之诗,慨然嘉其节焉。况风木含悲,杯棬饮痛,惟资国宠,庶表慈晖,此朕所为重申以锡命也。尔王氏,乃河南卫辉府汲县知县黄宗周之母,端淑为仪,幽贞成性。髧髦⑦中弃,荼⑧糵⑨自将。丙夜篝灯,刀尺课青⑩箱之业;甲观毓瑞,布荆开素纑⑪之风。芳问永昭,恩波浹及。兹用赠尔

---

① "华"合刊本"康熙志"误作"莘"。
② 觌(dí)面:见面。
③ "乃"合刊本"康熙志"误作"及"。
④ 庥(xiū):福禄。
⑤ 马鬣(liè):坟墓封土的一种形状。亦指坟墓。鬣:马、狮子等颈上的长毛。
⑥ 合刊本"康熙志""十"后脱一"四"字。
⑦ 髧髦(dàn máo):小儿或幼时的代称。
⑧ 荼:苦菜。
⑨ 糵(niè):草木砍伐后长出的新芽。
⑩ "青"合刊本"康熙志"误作"菁"。青箱:收藏书籍字画的箱笼。
⑪ 纑(yù):计算丝缕的单位,此处指丝。

（天启）东安县志　（康熙）东安县志

为太孺人。服此芝纶，光其蒿里。

万历四十四年九月二十四日　　赠

特授阶文林郎河南卫辉府汲县知县黄宗周

敕曰：朝歌阃域，中夏潞藩，雄峙磐石，维城福王之国。道卫入洛，拥护供亿，骚然烦费，调停弹压，克襄盛典，贤令长与有劳焉。尔河南卫辉府汲县知县黄宗周，长才耸壑，峻节昂霄。奋迹贤科，绾符孔道。而尔在剧能调，遇灾力拯。劝课勤而桑麻遍野，教化振而弦诵成风。民余新谷新丝，吏呼不怒；市无佩牛佩犊①，犴狴常虚。节比羔羊，政成鸾凤。兹用岁阅②特授尔阶文林郎，锡之敕命③。夫福藩役起，津壖独苦，因以饥馑，飞蝗蔽天，人情汹汹。蠲赈不时，司牧束手。虽褒德在事，恐亦未易为理。尔既鞅掌贤劳，著有成绩，益殚新猷，绥兹中土，朕则显陟汝。

万历四十四年九月二十四日　　封

黄宗周之妻封为孺人刘氏

敕曰：吏当繁剧之邑，出入亦靡遑矣。意必有视星规雾者为之助焉，疏荣并逮礼也。尔河南卫辉府汲县知县黄宗周妻刘氏，毓贞令族，俪德儒英，匡学殖于三余；时廑夙夜，励清操于五纮。靡厌缟綦，弼成化瑟之音，实本求衣之儆。兹用封尔为孺人。膺翟茀以升华，谨燕私而乾惕④。

万历四十四年九月二十四日　　封

---

① 佩牛佩犊：即带牛佩犊。借为农民被迫弃农暴乱之典。
② "阅"合刊本"康熙志"误作"月"。
③ "命"合刊本"康熙志"误作"令"。
④ 乾惕：比喻人初得重用，不仅要整天自强不息，发奋有为，而且一天到晚都要心存警惕，好像有危险发生一样，才能免除灾祸，顺利发展。

封为文林郎山东东昌府冠县知县邵秉厚豫立之父

敕曰：昔汉世传经，必本厥始。经术授受，譬川有原。印浦而大士，皓首一经，器不贾时，诒穀后人，用显乃世，朕以观原焉。尔生员邵秉厚乃山东东昌府冠县知县豫立之父，有斐斯文，不器其德。出班入马，时悦意于千秋；启秀谢华，日抽精于三篋。尔其抱璞不沽，读书自喜。仁能急病，勤施酷类乎孟尝；量足容卿，顺受有同于师德。风徽著范，月旦诵休。以尔未竟之弘施，遂启嗣人之崛起。兹封尔为文林郎山东东昌府冠县知县。腰忘带而自适，眉增秀以维祺。

天启四年三月二十九日　封

邵豫立之母赠为孺人郭氏

敕曰：朕读书称丝枲蚕织及世传和丸画荻①，皆闺门恒务，而大乃垂之传记，夫有所阐之也。苟得今人中有如陶孟崔韦，其人庸无阐焉。尔郭氏乃山东东昌府冠县知县邵豫立之母，以戚畹淑姿俪芳布素②，而捋荼③不厌，其旨蓄④综棐⑤旁及于米盐。甘脆非欢，务怡高堂之色；晨昏可代，期成梁案之名。至于翱翔之愿未伸，爱劳之思转切。庭余谢⑥树，室有孟机，伤杯泽于和丸，佩慈谟于却鲜。兹赠尔为孺人。松楸杨紫，绰以流晖；珈茀媚玄，扃而生色。

天启四年三月二十九日　赠

---

① "荻"合刊本"康熙志"误作"狄"。
② 布素：布衣素服。布指质地，素指颜色，形容衣着俭朴。
③ 捋荼：语出《诗经》，比喻辛苦劳碌。
④ 旨蓄：储藏美好的食品。旨：美味。
⑤ 综棐：综合掌管。
⑥ "谢"合刊本"康熙志"误作"榭"。

(天启)东安县志 (康熙)东安县志

授阶文林郎山东东昌府冠县知县邵豫立

敕曰:朕僩①焉东顾,轸念②人瘼③,维冠邑僻在一隅,重以岁时不易,闾井未康。所司体朕意而清静宁一,以噢咻④兹民,则卓鲁亚匹⑤也。朕且为民尊显之。尔山东东昌府冠县知县邵豫立,器博才周,志恬识远。一翘英⑥于省辟,因展采于岩封。啬已字氓⑦,庭有挂鱼之洁⑧;平徭均赋,泽多集雁之安。庞薤⑨无不力除,赵日⑩真为似爱。入其境,三善⑪翕然,可歌图厥政,二东⑫蔚⑬尔卓异。兹以岁阅特授尔阶文林郎,锡之敕命。语云:"世学有源,世吏有谱。"尔祖昔守滇粤,至今尚尸祝不去口,而以尔庭闻试之,宜其最也。大令⑭犹发轫⑮耳,检辔持策⑯而后可以行远,尚既乃心,以永终誉。钦哉!

天启四年三月二十九日　封

---

① 僩(xiàn):胸襟开阔的样子。

② 轸(zhěn)念:悲痛地思念。

③ 人瘼(mò):人民的疾苦。

④ 噢咻(ō xiū):亦作"噢休",谓抚慰病痛。

⑤ 亚匹:同一流人物。

⑥ 翘英:美丽的尾羽。此处比喻显露才能。

⑦ 氓(méng):泛指百姓。

⑧ 庭有挂鱼之洁:古代一些清廉的官员,把咸鱼挂于衙门门外,以示室内不能有腥臭之味,借以告知自身不与小人为伍。

⑨ 薤(xiè):一种多年生的草本植物。

⑩ 赵日:比喻冬天的太阳,形容人和蔼亲切,容易让人接近。

⑪ 三善:指臣事君,子事父,幼事长的三种道德规范。

⑫ 二东:指山东东昌。

⑬ 蔚:盛大。

⑭ 大令:指皇帝的诏令。

⑮ 发轫:拿掉支住车轮的木头,使车前进,借指出发、起程。也比喻事物的开端。

⑯ "策"合刊本"康熙志"误作"夹"。

邵豫立之妻封为孺人张氏

敕曰:士绾绶一同星出星入,遑问梱言,乃贤媛则俨然视星而傲矣。凫雁之箴①,羔羊②之赞,受益实弘,朕是为人臣报内德也。尔山东东昌府冠县知县邵豫立之妻张氏,性生慈俭,规格端庄。尔其穆事尊章,继以夙夜。藜檠对案,佐藻业于三余;官舍生冰,赞棠阴于五绒。至若在桑,均其鸠爱,有樛引彼,葛萦荆布。自将铅华不御粉,有此之懿美,用克赞夫循良。兹封尔为孺人。佩珠副以为华,愍箴言于无斁。

天启四年三月二十九日　封

谕　祭

明

维

万历四年岁次丙子九月庚寅朔越初八日丁酉

上遣顺天府通判及万祺谕祭于原任南京兵部尚书刘体乾

曰:惟尔持身耿介,任职清勤。初入谏垣,多闻说论。继升通政,允协群情。迨晋陟乎亚卿,益摅经济之略;比总乎留钥,弘宣镇静之筹。生平之行谊克敦,立朝之风犹未泯。兹闻捐谢,良切轸怀,爰按彝章,式颁谕祭,尔灵不昧,尚克歆承。

维

万历五年岁次丁丑四月乙巳朔越十三日

上遣顺天府通判及万祺谕祭于原任南京兵部尚书刘体乾

曰:尔以三朝耆德,两都旧劳,望久重于乡邦。讣忽闻乎京国,日月于迈,

---

① 凫雁之箴:指爱惜百姓的箴言。
② 羔羊:借指士大夫操行洁白、进退有节。

(天启)东安县志　(康熙)东安县志

奄岁倏临,载需恤恩,尚兹祗服。

名 宦

明

侯文秀　四川人。洪武七年任本县知县。廉以守己,勤以莅事。兴学校,劝农桑。豪猾畏威,人民乐业。考满而去,民怀其惠,至今称之不忘。

李　骥　山东郯城人。洪武三年初任户科给事中,永乐三年调本县知县。廉以律己,宽以抚民。九载任满,除刑部郎中,民至今称之。

王　睿　河南临颍县人。宣德五年任本县知县。政治宽平,人心悦服。九载任满,民不忍舍,咸伏阙乞留。于是升知州俸,仍管本县。正统四年卒于官舍,至今民悼念不忘。俱旧志。

于　璧　山东人。天顺八年任本县知县。节清政严。

何　瑛　河南杞县人。成化初年任本县主簿。律己严而公于处事,待下仁而咸于惩奸。课农桑,察树畜①,而民生有赖;立社仓,均丁银,而奸弊不行。挑新河而水利以通,修城池而封疆巩固。入祠。

景　佐　山西蒲州人。弘治初任本县知县。政令精敏。

马　安　陕西武功人。弘治十二年任本县管马主簿。机权神变,剖决风生,人皆追念不已。

彭　伟　山东掖县人。正德四年任本县知县。清俭居家,慈祥惠下。持守端而不阿乎权幸,费用省而不苟②于征求。入祠。

张文明　河南祥符人。嘉靖四年任本县教谕。天性孝友,赋质温纯。动尊礼法而不阿乎有司,教本忠诚而善启乎士类。有学有守,剖是非于几微;有德有言,发和粹于冲淡。入祠。

---

① "畜"合刊本"康熙志"误作"处"。
② "苟"合刊本"康熙志"误作"昔"。

胡汝辅　三西石州人。嘉靖十二年任本县知县。卓立大体,奏革弊端,未竟施行,旋即改任,人皆惜之。后擢御史,历陕西按察司副使。

夏九皋　山西辽州人。嘉靖十三年任本县典史。性浑浑而不失其初,心兢兢而不怠于事。甘清苦不差人扰民,守法纪不揽讼网①利。此吏员中之杰俊也。

洪一谟　山东历城人。万历二年任。律己廉平,治民慈厚。值洪水之滥溢,竭心瘁以捍防。堤堰筑成,邑永资其利赖;棠花栽②遍,政早最夫循良。久系去思,举入《名宦》。

阮宗道　山西大同人。万历十年任。襟度光风霁月,操持白璧清冰。实意爱民,不啻己饥己溺;真心作士,使知希圣希贤。且邑乘之肇修,更口碑之难泯。宜登《名宦》,以祀神君。

戴之二　河南固始县人。万历三十九年任。精明出以和平,振作行之简易。条鞭立而民无觭苦之差,堤岸修而田有可耕之利。至于高蹈言归,尤见清风迈世。去思有祠,《名宦》宜先。

陆　燧　南直上海人。万历四十五年任。巍科擢第,剧邑分符。到处雅著才名,此地更多惠爱。弊无不剔,崔苻狐鼠潜形;教无不兴,黉舍学田增创。叔子之碑具在,文翁之范依然。特祀惟新,斯文永赖。俱《本县知县》。

冠光裕　山西榆次县人。万历三十六年来掌教事。文章有典有则,制行不激不随。振起斯文,创建奎楼高秀气;更新黉舍,陶镕士子奋鸿名。功在胶庠,礼宜俎豆。

赵　海③　贵州人。由举人,○○④三年任。勇于别奸,○⑤无猾吏,仁于抚字,狱少冤民。劝稼课农,桑麻悉迎化日;礼贤下士,桃李争笑春风。故当制锦之余,但

---

① "网"合刊本"康熙志"误作"纲"。
② "栽"合刊本"康熙志"误作"裁"。
③ 自"赵海"至"乡贤",原本多处已漫漶不清,其间文字据合刊本"康熙志"补。
④ 合刊本"康熙志"此处以空白表示脱两字。清刻"康熙志"此处漫漶不清。
⑤ 合刊本"康熙志"此处以空白表示脱一字。清刻"康熙志"此处漫漶不清。

(天启)东安县志　(康熙)东安县志

听琴瑟鸣单父,及至扳①辕之际,只知龟鹤放长沙。不愧循良,宜登《名宦》。

黄奇遇　揭阳人。由进士,任固安县知县,署东安事。署篆未及一年,厘奸立清六案。私征混派悉力搜除,干没②侵渔尽行摘发。革从前未清之弊,定后日画一之规。逐段细开,勒石垂后,宜志《名宦》,永荐蒸尝。计革出私派侵克银三千余两。见《碑记》。

赵世亮　山东掖县人③。由岁贡,○○④十六年任。学富才优,性慈政肃。廉隅守己,每铭座于四知;宽厚宜人,良惕心于三畏。劝农桑而讲乡约,富教兼资厚学校,以练卒徒,文武并济。群歌杜父昭母,胥钦来柏潘花。迨流寇滋芬⑤,帝星告陨,挂冠而拜北阙,远⑥植柳之高风;解绶以隐东山,并续采薇之芳迹。宜登血食,以勒○⑦碑。

宗良弼　河南荣泽人。由进士,○○⑧九年任。才优制锦,化洽弹琴,六案无尘,○○○○⑨不决之讼,两造有镜,判一时难判之○○○○⑩畏,民怀尚尔,途歌户诵,宜崇○○○○⑪棠。

---

① "扳"合刊本"康熙志"误作"板"。扳辕:拉住车辕,躺在车道上挡车。指挽留眷恋好官。扳:通"攀";辕:古代车子的部件,驾车用的直木或曲木。

② 干没:投机图利。

③ 合刊本"康熙志""县"后脱一"人"字。

④ 原本与合刊本"康熙志"此处皆空而未书,存疑待考。清刻"乾隆志"此处作"崇祯"。

⑤ "芬"清刻"康熙志"误作"氛"。芬,通"纷",众多。

⑥ "远"下疑脱一字。合刊本"康熙志"此处亦脱。

⑦ 合刊本"康熙志"此处以空白表示脱一字。清刻"康熙志"此处漫漶不清。

⑧ 合刊本"康熙志"此处以空白表示脱两字。清刻"康熙志"此处漫漶不清。清刻"乾隆志"此处作"顺治"。

⑨ 合刊本"康熙志"此处以空白表示脱四字。清刻"康熙志"此处漫漶不清。

⑩ 合刊本"康熙志"此处以空白表示脱四字。清刻"康熙志"此处漫漶不清。

⑪ 合刊本"康熙志"此处以空白表示脱四字。清刻"康熙志"此处漫漶不清。

乡 贤

前代

吕 琦　初事唐庄宗，为代州军事推官，废帝用知诰命给事中。后仕晋，累官兵部侍郎。赵玉以琦父之客而救琦之死，琦感玉之恩而抚文广之成立。以德报德，此亦一节之可取也。

扈 蒙　幽州安次人。自少以文学名。五代时仕周为右拾遗、直史馆、知制诰。时从弟载为翰林学士，兄弟二人并掌内外制诰，时号"二扈"。宋初，蒙为学士承旨，卒赠右仆射。所著有《鳌山集》。

扈 载　蒙之弟。好学善属文。举进士。仕周，为校书郎、直史馆。常游相国寺，见亭竹可爱，作《碧鲜赋》，题于壁。周世宗遣小黄门录之，览而称善。次又编历代兴废治乱之迹为《运①源赋》，世宗善之，拜为知制诰翰林院学士。

吕余庆　安次人。琦之子。重厚简易，能识大体。宋太祖时为观察判官，召拜给事中，充端明殿学士。建隆三年，拜参知政事。蜀平，命②知成都府。时盗贼四起，军士恃功骄恣，大将王全斌不能戢下。一日药市始集，街吏驰报，有军校被酒持刀夺买人物。余庆立捕，斩之以徇。军中畏服，民用安堵。加吏部侍郎。开宝六年，拜尚书左丞。卒赠侍中。

吕 端　余庆弟。事太祖，累官太常寺卿。太宗时为相，历官四十年，至是始大显。持重识大体，卒谥正惠。子藩、蔚、蔼皆仕于朝。太宗尝曰："端为人，小事糊涂，大事不糊涂。"

杨 晳　□□③人。幼颖悟，通五经大义。太平中，擢进士，为著作郎，累迁南院枢密使，总朝政，请谒不行。后封辽西郡王。

---

① "运"字误，当作"浑"。合刊本"康熙志"此处亦误作"运"。
② "命"合刊本"康熙志"误作"佥"。
③ 原本此处漫漶不清。合刊本"康熙志"此处以空白表示脱两字。

(天启)东安县志　(康熙)东安县志

韩延徽　安次人。少英迈,涉猎经史。累官崇文馆太①学士。政事机务,悉令裁决,为佐命功臣,封鲁国公。

刘徽柔　安次人。第进士,为洪洞令。明敏善听断,秩满归县,人遮恋不得去者弥月。为立祠、刻石颂功德。后迁同知河东路转运使,以廉明第一,入为大理少卿。

李士瞻　东安人。为翰林学士承旨,封楚国公。尝使闽,适海②酋据福州城,王师攻之不下,士瞻喻以祸福,酋遂出降。闽人立祠事之。所著有《经济集》。子继本官至翰林检讨,有德望,河朔学者多从之。语曰:"杨李毛焦胡,北方五丈夫。"有《一山集》。

明

施　礼　字仲节。由洪武进士。历仕五朝,累官刑部尚书。廉以③持己,恕以恤刑。丞廷尉而辩冤直枉,掌刑部而摧奸抑幸。竭力二母之养,内外无间言④;致身五帝之朝,始终无疵议。入祠。

纪　谆　字克诚。累官左布政使。资干魁伟,才识超越。巡按荆湖,风纪振励,监察齐鲁,刑政肃清。抚南交而远人畏附,转山西而庶事修明。归远地之骸骨义感天变,诛不孝之逆子德日风行。入祠。

李　侃　字希正。由进士,累官都御史。存心正直,赋性方刚。沮易储之章,涕泣以折权宜;议迎复之举,忠义以感当朝。巡偏关而躬履雪夜,抚山西而政布阳春。奔二亲于寇盗充斥之日,讲杂传于母氏丧明之年。声□⑤丕显于生前,词翰永传于身后。入祠。

施　纯　登进士,累官礼部尚书。进学词林,擢官给事。历年滋久,茂著芳声,

---

① "太"字误,当作"大"。合刊本"康熙志"此处亦误作"太"。
② 合刊本"康熙志""适"后脱一"海"字。
③ "以"合刊本"康熙志"误作"已"。
④ 间言:亦作"闲言",指非议、异议。
⑤ 原本此字漫漶不清。合刊本"康熙志"此处未留空白以示脱字,误。

升鸿胪少卿。操履清慎,复升正卿。忠勤益励,特升礼部尚书兼太子少保。

周尚文　由举人。孝行纯笃,亲殁庐墓。入祠。见《孝行》类。

孟　旭　由岁贡。性质纯厚,与人无竞。居乡教授,始终不倦,一时人材多所成就,人皆称为孟公有德行云。子孟绂中嘉靖戊子经魁,才高学富,著《启蒙对偶》行世。

吴　栋　由正德进士。性资朴实,居官清慎。抗权宦而志不可夺,抑奔竞而节不可变。诚岁寒之松柏,后学之轨范。累官长史。入祠。

张文举　辛卯举人。禀性刚正,问学宏深,授郑州知州。有守有为,实心实政,有古循良风焉。见《郑州志》。

刘体乾　登嘉靖①进士,累官南京兵部尚书。禀狷介之操,抱经纶之略。奉使克持,廉节给谏,时有建明。久任银台,恭勤无斁,历司国计,裨益良多,暂且悬车,旋司留钥。三朝祇②事,允称耆硕之贤;八座载登,弗替清修之誉。辛赠太子太保。入祠。

李　锡　公以亚元登壬戌进士。天性淳笃,学业渊邃。居乡恂恂雅饬,立朝凛凛风裁。舆论允孚,士绅共仰。宜采入《乡贤》,以崇俎豆。

邵鸣岐　由庚子举人,累官云南知府。赋性孝友,誉望素孚于一乡;莅政仁慈,德化深涵于列郡。公评翕然,推重祀典,允矣宜先。入祠。

施为霖　由选贡,累官知县。丰仪俊整,气宇轩昂。有德有言,洵是人伦之冠冕;曰忠曰爱,允称先达之箕裘。花封业识,去思梓里,宜加崇祀,详见"本传"。

黄宗周　由庚子举人,累官至金州海防同知。孝友于家,克敦一本之爱;勤劳于政,爰登五马之荣。鞠躬以裕边筹,尽瘁以忠王事。孤贞伫录,乡祀攸宜。详具《志铭》。

福文明　由壬午举人,累官南通州知州。饮冰守己,风标同玉树以孤高;观火临民,心地与梨花而并洁高尚。三载一卧膏泉,南国人犹聚金三百两,作浮屠教三昼

---

① 合刊本"康熙志""登"后空两字未书。
② "祇"合刊本"康熙志"误作"砥"。祇事:敬业尽职。

(天启)东安县志　(康熙)东安县志

夜。古谓盖棺论定,殆庶几乎！入祠。

贞　节

孔氏　系安庄里孔三女,年十八岁适邑庠生陈琏。逾月,夫以岁贡赴南监,遗孔氏在家事姑,孙氏①克尽妇道。越三年,夫以疾卒于客邸,躬迎榇还葬。姑怜其无子,欲嫁之。孔氏曰:"夫既早逝,姑老且疾,妇若嫁之,姑将何依？"哭而不从。时遇兵荒,人民奔窜,孔氏侍姑甚谨。姑卒,尽卖衣服葬之。孀居②五十八年,正统中御史周铨以事旌其门。见《一统志》。

王氏　系东庄里王五女,年十六岁适邑人纪缵住。孝养翁姑,昼夜不息。其夫因行戍,遗王氏在家。时年歉家贫,二子俱幼,无人助薪水之劳,日挑野菜以供养。至洪武三十三年,夫随征东昌不还。王氏年方二十岁,哭哀几绝。姑李氏怜其少寡,欲再嫁之。王氏谓:"姑年③老,无人侍养。"毅然不从,奉姑益笃,终养不衰。正统四年,本县知县王睿嘉其贞,以事闻,诏旌表其门。

孟氏　康恭妻,在左奕卫。成化初以贞节旌表其门。

辛氏　高明妻,澄清坊人。年二十二岁夫亡,家甚贫,其子尚在襁褓。抚棺哀痛,六日不食,翁姑劝,始食。奉养翁姑始终不衰,内外无间言。其子高滋娶闫氏,滋④亦蚤⑤亡,孝姑辛氏始终亦不衰。辛氏七十五岁卒,闫氏六十一卒。邑人嘉其双节,未经旌表,至今惜之。

张氏　千⑥户杨林妻,在更生村住。夫亡张氏年二十五岁,苦执纺绩,誓不再嫁。深处闺门,足不外履四十五年,清谨无玷,年七十一岁卒。弘治十八年,本所正

---

① 此处当作"孔氏"。
② "居"合刊本"康熙志"误作"姑"。
③ "年"合刊本"康熙志"误作"死"。
④ 合刊本"康熙志"此处脱"滋"字。
⑤ 蚤:通"早"。
⑥ "千"合刊本"康熙志"误作"十"。

千户韦玺等移关,本所奏闻,奉圣旨立碑①,旌表其门。

张氏　刘景学妻,在县东街。正德初以贞节旌表其门。

周氏　王文苑妻,在西街。夫亡,无翁姑可恃,无子女可依,家又贫窘,年数凶荒,坚意守节,始终无玷,年七十五岁卒。嘉靖四十一年,县尹江一定旌表其门。

张氏　扈文妻,在县西街。甫三载,文死。后十八日,生遗腹子扈印。时值家贫,氏坚意守节,誓志终身。后印亦死,印妻亦死,张氏孤立。后育孙守忠三人成立,至八十三岁终。县尹江一定旌表其门。

冀氏　李大经妻,在东街。夫亡,翁姑垂老,三子尚幼。屡经荒年,节孝不改。嘉靖间知县陶栋旌表其门。

窦氏　孟约妻,在南街。年二十二岁夫亡,上无父母,子在襁褓。屡遭凶荒,始终不变。至八十五岁病卒。未遇旌表。

房氏　孟瑁妻,在西街。年二十一岁夫亡,上无父母,下无子息,伶仃孤寡,纺绩度日。寿至八十五岁卒。邑人服其苦节。

岳氏　艾庄里魏宣妻。年二十三岁夫亡,子承绪方三岁,子母相依,始终无玷。寿至八十三岁。万历十年,乡人荐之,知县阮宗道赐粟帛。

张氏　淳化里生员郭佃妻也。年十六嫁佃,嫁四年而佃死,子女俱无,家贫姑老。氏痛夫②结发,矢死以殉,姑守之严。夜深,姑怠寝,氏即自缢于灵所。恍有神人断其系。姑觉,慰之曰:"汝死得矣,如吾③无依何?"④氏勉从之。勤纺绩以供养,不给则挑野菜以自食。姑见之一恸,几绝,劝氏移天⑤,且嘱邻妇从央⑥之。氏怒曰:"此非我所为也。若迫之,宁舍姑而死。"志愈坚。迨姑亡,哀号数日,贫不能具棺。乡人助棺敛,并助资以葬。从此谢绝亲邻,闭门自守,五十余年如一日。未尝见有亲

---

① "碑"合刊本"康熙志"误作"牌"。

② "夫"字误,应作"失"。合刊本"康熙志"亦误作"夫"。

③ 合刊本"康熙志""如"后脱一"吾"字。

④ 合刊本"康熙志""氏"前衍一"依"字。

⑤ 移天:出嫁。古代封建礼法以为女子在家尊父为天,出嫁则尊夫为天。这里特指改嫁。

⑥ "央"合刊本"康熙志"误作"虫"。

(天启)东安县志 　(康熙)东安县志

咸一人出入其门者。万历三十年,奉旨旌表。

郭氏 通津里民贾时雍妻。年二十二岁夫故,家贫甚。幼男文郁甫二龄,力勤茹苦,抚孤成立。娶媳游庠,未几而夭。抚孙翼龙、翼蛟,蚤亡。茕茕孤子,霜节终身,年八旬卒。万历二十一年,奉旨旌表。

任氏 武生王大传妻。适夫甫三年,夫故。氏年二十三岁,止一继姑,并待哺儿王孝歌。氏欲绝食殉夫,邻人以耄姑幼子故,劝氏勉食,数七①力襄大事。一夕大雨,寐中神呼,遂抱儿起,倏而屋倾矣。教子三重游泮,冰心苦节,昭人耳目。知县陆燧申详云:"厌糟事中郎之母,生有始,死有终;含薪②抚赵氏之孤,始胎教,终言教。茹蘖历五十载,贞松届③七十秋。游庠占天道有知,锡典合人心公举。"奉旨旌表建坊。

李氏 系生员刘之翰妻。翰卒,氏年方二十二岁。时祖姑已老,止一女在襁褓中。氏忍死励④节,养老慈幼。及女适人,而子身无倚。有弟锦衣公世茂、侄庶吉士若琳时供日用,以全苦节。天启三年,奉旨旌表。

王氏 系生员张震阳妻。夫死,男克恭方六龄,氏年二十有三。家徒四壁,藜藿⑤不充。对寒灯以辫绩,画短荻以训孤,艰苦备尝,始终如一。抚男补邑庠⑥。殁后,蒙按台旌其门曰"贞节"。

于氏 儒门之女。嫁胡栋⑦,不数年而寡。时年二十三岁,生男俊方五龄。女贞玉内,力敝存孤。蒲盖勤身,卓冠于陵之配;怀禠祝血,潜消回禄之威。婴嬬半赖于凫茈,德福宜征于鹤算⑧。子俊补邑庠。奉按、学二院旌表。知县郑之城奖语:两

---

① 七:指人死后以七天为期的各种丧礼仪式。
② "薪"字误,当作"辛"。合刊本"康熙志"此处亦误作"薪"。
③ "届"合刊本"康熙志"误作"屈"。
④ "励"合刊本"康熙志"误作"守"。
⑤ "藿"合刊本"康熙志"误作"庠"。
⑥ "庠"合刊本"康熙志"误作"藿"。显见是将"藿"和"庠"两字错置了位置。
⑦ "栋"合刊本"康熙志"误作"氏"。
⑧ 鹤算:鹤寿,长寿。

间正气相，应采入流芳。

王氏 系生员史简妻。二十三岁夫亡，抚男应德。应德死①，抚孙冬全。俯仰无依，拾薪度日，年八十余卒。知县田子耕奖其门。

田氏 武学生杨逢盛妻。二十六岁夫亡，抚育二子杨蔚、杨蕃。家居穷苦，垂四十八年而冰霜之操皦然。蔚为庠生。奉旨表其门。

刘氏 生员葛润妻，有贤行。夫死，氏年十九岁，遗孤叶成生仅三月余。氏抱子痛泣，因而成疾，未逾年，亦死。闻者莫不悼其节，尚未表扬。

王氏 淳化里张鹏翔妻。年十五适翔，翔习儒未售，早死。氏年方十七，誓死守节。祖父怜其年幼无子，隐喻改适。氏为长号，谊不欲生。泪血潆潆，灯窗寂寂，红颜素守。玉韵冰香，心悲夜半之啼乌；独存弱女，恩被阴中之鸣鹤。兼赖衰翁，矢星日以为操宁，计三十余载。表存亡而并宠，行将亿万斯年。

王氏 张泰阳妻。年十九而孀，家贫如洗，一子克勤方在襁褓。氏绩麻抵爨，茹苦课读。及克勤游庠，未几夭死，遗孙尔通、尔达，伯年十一、仲年九岁，家益贫窘。氏以教子者教孙，艰苦倍切。二孙俱列泮宫，盖天道有以报苦节也已。经按台汤公题请，给扁以旌其庐。

葛氏 殷惟公妻。二十五岁夫亡，誓节不嫁。

王氏 张尧之妻。二十六岁夫亡，终身不嫁。

李氏 北尹里刘可儒妻。年十九岁夫亡，子女无依，掇薪②自给，蓬鬙③自瘁，谁适为容？柴骨难支，缘姑不死。终宵鬼噪，心将毂朽同灰④；廿载灶洴⑤，色与饴甘并至。称苦于乡间之口；赞举惟公，表幽于废阁之余。天道斯在？于天启四年，奉旨旌表建坊。

---

① "死"合刊本"康熙志"误作"妻"。
② "薪"合刊本"康熙志"误作"耕"。
③ 蓬鬙(pēi)：形容头发散乱。
④ 同灰：谓一起化成灰，形容坚贞不渝的爱情。
⑤ 洴(píng)：洗，漂洗。

（天启）东安县志　　（康熙）东安县志

　　刘氏　系葛南里张希皋妻。事详《烈妇小传》。奉旨建坊。

　　刘氏　东沽里邓世银妻。夫亡，氏年二十八岁。奉姑至孝，期承啜菽之欢；教子惟勤，克笃和丸之志。苦节历五十载，遐龄享八十秋。叔子汝弟，髫岁游庠，敦符孝友。蒙学台、按台均给扁额，颜其门为"节孝"云。用①候题旌"锡光殁在"。

　　董氏　系丰登里贡士魏邦才仲子魏泽珠妻。蕙兰成性，冰玉为心。甫十五而镜合双鸾，阅二八而帏歌寡鹄②。哭天有血，声咽湘水之涛；矢志靡他，节比柏舟之誓。嗣此晨昏定省，一意奉侍孀姑。从前井臼苹蘩，百折不违凤志。既而翁姑尽没，又且子女全无，恰值芳年，偏宜耐岁。自朱颜以迄白首，匪石难移；谢华星③以守穷檐，茹荼未苦。以致励五十年之冰操，甘同傲雪寒梅；纵令听千万户之砧声，不哭深秋冷月。洵所谓生而闻道，慰夫心以慰亲心；性自知书，全节义以全孝义者也。阖邑公举，知县苏兆元看④语有云⑤芳年失偶、清操弥坚、尽孝全贞、抱棺誓志等语。详申抚道，给扁旌表贞节之门。

　　马氏　米氏　俱系徐村里贡生王嘉宾侧室。自嘉宾既殁，二氏年甫二十，坚志守节，誓不再嫁。因无后嗣，家业凋零，寻线利于针工，谋一生于万死。艰辛倍历，义命自安。窃以嫡室守节，百无一二，而二氏以小星之分，甘矢靡他，虽古媛亦不多闻，即末流尤为罕见。知县苏兆元申请抚道，给扁旌奖，题曰"贞节之门"。

　　张氏　系北尹里儒士刘慎妻。因避难郊外，为众兵所逼，氏誓死不屈，致令乱刀脔之。嗟乎！仗节全身，固属⑥罕有，慷慨赴死，尤人所难。一子刘日启，弱冠入泮，食饩上庠，金以为节烈之报。知县王佩弦给扁，旌表其门。

　　荣氏　系益留里生员施我经妻。因避难王家庄，适遇兵众，不为所屈，抱子投河，慷慨就义。合邑悯其烈节，作歌吊之。知县王佩弦给扁，旌表其门，未经题请。

①　"用"字疑有误，据明刻"天启志"，此处作"恭"。
②　"鹄"字误，当作"鹄"。寡鹄：丧偶的天鹅，用以比喻寡妇。合刊本"康熙志"此处亦误作"鹘"。
③　"星"字误，当作"屋"。合刊本"康熙志"此处亦误作"星"。
④　"看"字疑有误。合刊本"康熙志"此处亦误作"看"。
⑤　合刊本"康熙志""有"后脱一"云"字。
⑥　"属"合刊本"康熙志"误作"有"。

邵氏　系北昌里生员于若瀛妻。年二十四岁夫亡,不嫁,苦矢贞节。奉侍翁姑,菽水惟谨。时姑严厉过甚,氏乃恭顺无违。虽至教诫相加,亦且怡颜拱听。辞甘就苦,玉洁冰清。无何而芳韵难留,婺星告殒。慊心同穴,永遂长眠。厥后二子游庠,一子食饩,上苍之报,夫岂诬哉? 风化所关,不敢掩抑,谨登县志,以俟表扬。

魏氏　系北昌里儒士邵豫昭妻。值夫少亡,时方二十三岁。恪守空闱,誓不再醮。怀中幼女甫及三龄,侍奉孀姑,并无子嗣。自少至老,艰苦倍尝。阅至数十年告卒,与夫合葬。邑人无不同声贤之。未遇旌表。

张氏　系澄清里民孟养善妻。年方二十一岁夫亡,日泣枢前,七日绝粒,竟至殒身。烈哉! 张氏不惜青春,愿殉黄壤,同衾同穴,生死齐观。是以效比翼于泉台,不作未亡之妇; 种连枝于岁里,甘随既逝之魂。节烈不比寻常,登志以彰风化。

鲁氏　系尖塔村民刘邦治妻。年方二十三岁夫死,不嫁,子女俱无。过房侄男刘宗耀以继后嗣,视若亲生,内外无间言。屡遇饥荒之岁,贫苦异常;日以野菜度生,拾薪代爨。乡里无不贤之。未遇旌表。

王氏　李氏　王氏,系益留里施金妻。李氏,系金之子施光祚妻。王氏勤俭宜家,克娴内则。一子光祚,尚在襁褓。因夫见背,矢志苦守。及育子成人,娶妻李氏,颇嗣前徽,晨昏奉养之际,深慰姑心。后姑病故,光祚夫妇痛哭,择置安葬。葬毕,而光祚亦亡,止遗二女,孤苦异常。时值荒年,全无养赡。每剐野菜聊生,历记茕茕孤守。自幼至老,姑媳双贞。苦节出于一门,流芳宜垂百世。未遇旌表,敢后谕扬。

于氏　系团城里儒士刘孔燿妻。自适刘门,克尽妇道。巾栉之奉方未及于三年,琴瑟之音辄告休于一旦。年仅十九,志无二三,节比柏舟,艰辛倍历。孤儿襁褓,教训鞠劳,及其弱冠列庠,岂非节义之报乎? 嗟乎! 于氏朱颜失偶,谢膏沐而谁适为容? 白首弥坚,甘茹荼而不知为苦。名门不愧,泉壤攸光。阖邑公举,知县王士美已经申请,尚未旌表。

福氏　系孙家沱廪膳生员王旭妻。恭谨相夫,端严律己。无奈时悭①命蹇,堪

---

① "悭"合刊本"康熙志"误作"坚"。

（天启）东安县志　（康熙）东安县志

悲镜破钗分。举案无缘,难比齐眉之孟;矢死有志,甘同誓柏之姜。侍皓首之姑,视膳问安无二念;抚遗腹之子,劬劳襁褓总一心。井臼不惮其勤,启闭亦专其任。是节义兼孝义之行,乃妇道备子道之全。芳年既著其徽音,邑乘宜彰其苦节。

　　王氏　淳化里儒士张郊庚妻。年方二十二岁,生而勤敏,性自洁清,偶失所天,愿矢同穴。一女才三岁,一子甫六龄。姑以其芳年正艾,守节维艰,谕以坟土干时可许他适。氏乃哭伏于地,曰:"不孝寒遭不幸,命该孤苦。我子女三人,誓死一处,断不作伤伦败理之事。"从此谢沐辞膏,茹茶不苦,调羹视膳,聚顺承欢。虽天只不谅人只,而匪席①实坚匪②石。用书邑志,以候旌奖。有诗题。

　　王氏　系葛南里民薛民乐妻。敬事舅姑,善奉夫主。不幸二亲继亡,丈夫又丧。氏年二十四岁,遗下幼子,茕茕无依。抚养成人,娶妇生孙,仅二岁长子先死,次子又死。孤苦难堪,竟无养赡之费;穷独无告,谁施解推之仁。洵为苦节,允宜旌表。

　　孟氏　邑内西街民王良臣妻。孝养翁姑,克相夫主。及夫早丧,年方二十六岁,矢志守节,孝思益笃。后二亲既逝,竭力殡敛。孤子王道成抚育既长,娶妇○③氏,亦知孝母。节义之报,信有因矣。嗟彼孟氏,备历艰辛,秉怀不易,遇荒年而糟糠自啖,经田厄而万死一生。元④协乡评,攸光月旦。乡者公举详申,未蒙旌表。

　　王氏　次平村民王守惠妻。夫早⑤亡,誓不改适。二亲年老,子女俱无。定省晨昏,不违左右,后至衰翁雁难,鬻女葬埋。孀姑在堂,更加孝谨。屡逢饥馑,止采野菜延生。后姑亦亡,孤苦万状。见今年近八旬,未遇旌表。

　　刘氏　澄清坊儒士王汉卿妻。年二十四岁,偶值夫亡,誓不改节。奉双亲而情切定省,抚二子而教宗义方。甘苦尽尝,艰辛倍历。行年已至七十,矢志曾无二三。嗟嗟刘氏,朱颜失偶,白首甘孀,自苦难堪,一身无靠。孤帏天迥,不教云影侵窗;介节冰清,任使霜花入鬓。求之诗书门第,固所罕闻,况乎草野家风,尤不多见。允符

---

① 合刊本"康熙志""匪"后脱一"席"字。匪席:不像席子可以卷曲。比喻心志坚不可屈。
② 合刊本"康熙志""匪"后衍一"匪"字。
③ 原本与合刊本"康熙志"此处皆空而未书,存疑待考。
④ "元"字误,当作"允"。合刊本"康熙志"此处作"允"。
⑤ "早"合刊本"康熙志"误作"旱"。

公举,以勒编摹。

娄氏　石桥里民刘承基妻,生员娄如崇之女。有子方八月,夫死,苦志守节,孝顺公姑,抚子成人。及公姑捐馆殡葬,两大事皆妇周旋,养生送死,尽诚尽礼,毫无疏漏。嗟乎！自青年以至白发,砥志冰操,以妇道而兼子职,□①心纯孝。乡评咸齿,国典宜褒。

孝　行

程　式　元人。亲丧,筑庐墓侧,朝夕奠哀。翰林院承旨康里公扁曰"慕亲孝纯。"有慈乌百余,巢于冢树,浑河为之回澜。人咸异之,谓孝感所致。见《庙学记》。

李　侃　太常寺丞、翰林李继本之孙。丁父忧,哀毁骨立。偶值兵变,二亲在容城县,公冒刃访亲得面。兵势虽威,鉴其孝诚,亦不加害。太恭人晚年丧明,公退朝讲史传,又命子弟讲古今事迹,以悦其意。见《墓志》。

周尚文　孝行纯笃,亲殁庐墓。值淫雨连绵,虾蟆产绕墓侧,尚文昼夜痛哭,虾蟆尽死。时遇严凝,勉耐寒岁,偶有玉兔一双,昼往夜来,为之温足。佥谓孝感所致。景泰间有司奏请建坊旌表。

刘学光　邑人。父殁,庐于墓侧,幽林迴旷,人不堪其戚戚②之穷,彼独偃仰自如,犹若依其膝下之素。感蛇狐之不亲,致乡童③之汲饮。知县洪一谟旌表其门。

魏邦才　系丰登里贡士。律己精严,事亲纯孝。百从百顺,问安惟尽子心;一匕④一盂,视膳不违亲嗜。养体兼为养志,克顺又且克恭。月旦独著于一乡,公举已经乎三次。用登编摹之列,以表孺慕之诚。

邵豫新　系北昌里生员。新祖邵公,廉行已列《乡贤》,血食宜登祀典。但皇考有志未逮,赖继起者以补之。新乃体先人欲行之心,终先年未完之事,延至国朝康

---

① 此字漫漶不清。合刊本"康熙志"此处作"云",疑有误。
② 戚戚:悲伤貌。
③ "童"合刊本"康熙志"误作"董"。
④ 匕:古代指勺、匙之类的取食用具。

（天启）东安县志　（康熙）东安县志

熙五年，阖邑公举，始入乡祠。因见旧祠久废，先贤无以式临，复出资重建。见今楝桷一新，几筵如故，庶几见继志，述事孝思不匮云。

刘缙　北尹里民。久背椿庭，独奉萱室。贫苦之岁，务勤朝夕。羹汤仰①息之余，不误晨昏定省。若刘功同胞之弟，不强扳②援。即张氏同室之妻，亦皆恭顺。堂上严词厉色，膝前和气婉容。宜志孝思，永锡尔类。

张仲金并妻李氏　邑内西街民。性协天常③，道合人纪。事继母等于嫡母，无非遵父之伦；待从弟不啻同胞，只以慰母之志。亲安室而凯风不怨，但念母氏劬劳；妻既亡而鼓盆不悲，惟痛昊天罔极。是仲金之孝允矣可旌，而李氏之贤，洵宜登志。

梁问孟并妻○④氏　东储村民。父母俱有，夫妇皆孝。根心之色出于性情，劬劳之怀⑤自合典礼。子道固称笃挚，妇道尤属真诚。尽人子必尽之心，承欢犹为末节；救父亲⑥难救之病，割股视为寻⑦常。诗书之中，亦不多见，草野之际，尤所罕闻。公举已荷，特恩登志，用旌双孝。

廉　行

刘徽柔　金安次人。迁河东南路转运使。清廉第一。见《一统志》。

李继本　元人。为翰林检讨。一钱一帛，不苟取与。见《墓志》。

李侃　佥都御史。镇抚山西。尝雪夜提兵巡偏头关，寒甚，边将以貂裘值百金密馈，公叱与之，而薄其人。见旧志。

黄简　字子敬，判山东滨州。民为之歌曰："黄子敬，只吃俸。"见旧志。

邵鸣岐　先任东昌府别驾，职司马政。革去陋规俵戒银三百两，又节省赔补，

---

① "仰"合刊本"康熙志"误作"休"。
② "扳"合刊本"康熙志"误作"取"。扳援：攀附，依附。
③ "常"合刊本"康熙志"误作"尝"。
④ 原本与合刊本"康熙志"此处皆空而未书，存疑待考。
⑤ "怀"合刊本"康熙志"误作"懹"。
⑥ 合刊本"康熙志""父"后脱一"亲"字。
⑦ "寻"合刊本"康熙志"误作"诗"。

价值锱每处数百金。署篆六处,留为树碑。厥后,朝城与临清争署,相讼于道。本道极加奖美,升任兖州二府。除本任莅政外,所属二十七处树碑建祠者凡五峰。邑时因运道阻塞,大司空朱公讳衡者,奉命①开漕河八百里,其供应钱粮动辄数十百万。三省监司公举清廉官员,以司出纳,公居第一。银如山积,三月一会计,羡余不下数万,公锱铢不染,悉为解部。讫②事竣归来,一身如洗。朱公首荐,内转户部正郎。猗欤邵公!养廉止需五斗,节高耐岁之松;铭心惟有四知,品驾凌云之鹤。载之掌故,不愧先贤,特著前徽,用风后哲。

  黄宗周 筮仕汲县。民为之歌曰:"黄大爷,到底清耶!"见《汲志》。再仕金州监军,宽奠不受将馈,官军凛然,迄今犹有生气。

义　行

  程　式 至正乙酉间,割己资即州③治东朝正坊,创义学明堂三间、住宅一区,赡学地一顷一十亩。延时儒士教其乡,洎④四方之来者,师生廪膳,岁给弗替,学者云集。顾宣圣庙缺焉未立。越七年,壬辰终,始庙成,塑先圣曾氏像,春秋二祭⑤谨严。至正癸卯秋,州二侯念庙学俱缺,请假义学,权以设教,式愿将义学居舍地上⑥罄与州,永为儒学。二侯大⑦辴⑧然曰:"真义士也!"又分田以给姻族婚丧,贤士大夫编诗美之。见《学碑》。

东安县志　卷之八终

---

① "命"合刊本"康熙志"误作"令"。
② "讫"合刊本"康熙志"误作"屹"。
③ 按:明刻"天启志"此处写作"郎州"。
④ "洎"合刊本"康熙志"误作"泊"。洎(jì):及。
⑤ "祭"合刊本"康熙志"误作"季"。
⑥ "上"字误,当为"土"。合刊本"康熙志"此处作"土"。
⑦ "大"疑为衍字。合刊本"康熙志"此处不衍。
⑧ 辴(chǎn):喜悦。

（天启）东安县志　（康熙）东安县志

东安县志　卷之九　诗赞志①

夫诗自〇②有〇③、有赞、有序。所谓志者，概④生前之素履〇⑤者，寄身后之遐思。赞者，赞行事之故实。序者，序刱建之原委。鸿于词章诗籍，撷英拾华，题石赏花，吟风弄月〇〇⑥，罔不敢滥纪以饰铅椠。至于言关世教〇〇⑦常〇⑧，义见于⑨品题，节烈著于歌咏者，集之成编，用垂不朽。然而词采未广，不无挂一漏万，允望后之志斯文者加意焉。志《诗赞》。

书　籍

《五伦大全》　　《孝顺事实⑩》　　《为善阴骘》
《劝善书》　　　《四书大全》　　　《性理大全》
《易经大全》　　《书经大全》　　　《诗经大全》
《礼记大全》　　《春秋大全》　　　《学院指南》

---

① 自"诗赞志"至"东安县八景古诗赋"，原本多处已漫漶不清，其间文字据合刊本"康熙志"补。
② 合刊本"康熙志"此处以空白表示脱一字。清刻"康熙志"此处漫漶不清。
③ 合刊本"康熙志"此处以空白表示脱一字。清刻"康熙志"此处漫漶不清。
④ 合刊本"康熙志"此处以空白表示脱三字，误。原本不脱。
⑤ 合刊本"康熙志"此处以空白表示脱一字。清刻"康熙志"此处漫漶不清。
⑥ 合刊本"康熙志"此处以空白表示脱两字。清刻"康熙志"此处漫漶不清。
⑦ 合刊本"康熙志"此处以空白表示脱两字。清刻"康熙志"此处漫漶不清。
⑧ 合刊本"康熙志"此处以空白表示脱一字。清刻"康熙志"此处漫漶不清。
⑨ 合刊本"康熙志"此处以空白表示脱一字，误。原本不脱。
⑩ "实"合刊本"康熙志"误作"顺"。

（康熙）东安县志

□人①遗书

《太平御览》

《鳌山集》（以上扈蒙）

《浑源赋》（扈载）

《经济文集》（李士瞻②）

《一山文集》（李③继本）

《李都宪奏议》

《李都宪文集》

《小学摘易诗》

《续崇正辨晦庵言行录》（以上李侃）

《节庵集》（李得恢）

《东安县奏议》（胡汝辅）

《启蒙对偶》（孟绂）

东安县八景古诗赋

安次晓钟

客梦惊回晚睡中,蒲牢吼出半江风。鸡鸣茅店人初动,马过板桥霜正浓。寒雁叫残声漠漠,曙鸦飞散树重重。题诗追忆寒山寺,月落枫④林半夜钟。

---

① 原本此处有一字漫漶不清,据文意疑为"前"。合刊本"康熙志"此处只曰"遗书",未做有两字缺而未录的提示。

② "瞻"合刊本"康熙志"误作"赡"。

③ 合刊本"康熙志""继"前脱一"李"字。

④ "枫"合刊本"康熙志"误作"风"。

（天启）东安县志　（康熙）东安县志

土楼管弦

层楼突兀倚青霄,绣户玲珑翠黛娇。银甲弹筝金凤语,锦衣行酒玉蝉敲。春残满圃花零落,云冷东山夜寂寥。遥忆当年行乐客,五陵年少①马蹄骄。

奕台夕照

百尺高台碧薛封,几回登眺觅仙踪。杏桃艳冶东风里,杨柳参差晚照中。万里云山天咫尺,几家茅屋树西东。古台旧事称佳迹,漫赋新诗意莫穷。

通津晚渡

待渡河边日②欲晡,斜阳山色景模糊。近村牧笛萧萧起,隔浦渔灯点点孤。拍岸水声如石裂,照人月色似银铺。乘间借得丹青笔,写入霜绡作画图。

葛城渔唱

城上乌啼正夕阳,忽闻渔唱起沧浪。音随流水烟波□③,韵入高风夜月凉。几度咿哑④来远浦,一声款曲过垂杨。堪嗟碌碌红尘客,谁识其中兴趣长。

狼城秋月

烟波潋滟月婵娟,清逼令⑤人倚杖看。水底潜蛟鳞角动,林间宿鹤羽毛寒。光凝碧落三千界,彩映瑶台十二栏。今日题诗追旧迹,阴晴圆缺古犹难。

---

① "少"合刊本"康熙志"误作"年"。

② "日"合刊本"康熙志"误作"目"。

③ 原本此字漫漶不清。合刊本"康熙志"此处以空白表示脱一字。清刻"乾隆志"此字作"阔"。

④ "哑"合刊本"康熙志"误作"呀"。

⑤ "逼令"疑有误。

凤河春水

一泓新水湛漪漪,淡荡春光日正迟。草色千寻青翡翠,水光万顷碧琉璃。雨晴渡口归舟稳,风暖沙头宿雁稀。幸遇升平无个事,挥毫聊写凤河诗。

留犊西村

贤宰由来映列星,一毫不染似冰清。千年盗息多恩德,百里民歌仰政声。夜月花村无犬吠,雨晴草野有牛耕。至今遗泽人知感,千古高风播令名。

和八景诗 补序

天中涤元子王照河间府①驻扎杨村通判戊戌进士

丁巳秋八月朔之四日,河上村居,多暇适,阅《东安②志》。读③八景诗,甚不协韵,篇末有《时苗留犊》一首,题殊不雅,因更《留犊贤踪》,漫成一律,得过字韵,后一一依前韵为之。先二日成三首,至三日忽得五首,足其数。非敢掩映前人,聊识于此,以④纪岁月云尔。

太和元韵几消磨,异地钟声从地吪⑤。琴院高悬鸣鹤唳,鸡筹晓唱报鸾坡。音回客梦归全觉,响⑥振群迷入大罗。怅望青天浑欲曙,何时早上九成歌。

---

① "府"合刊本"康熙志"误作"村"。
② "安"合刊本"康熙志"误作"志"。
③ "读"合刊本"康熙志"误作"续"。
④ "以"合刊本"康熙志"误作"小"。
⑤ "吪"合刊本"康熙志"误作"吼"。吪(é):有节奏地吟哦或歌唱。
⑥ "响"合刊本"康熙志"误作"向"。

(天启)东安县志　　(康熙)东安县志

东庄台古枕山河,恍忽①楼亭闻笑歌。寂寞荒村人迹②少,丘墟野圃鸟声多。五陵裘马今安在,四序笙簧③竟若何。桑海变迁无足异。徒令悲感废吟哦。

奕村台畔势崔峨,浪说当年曾耀戈④。烟柳参差落照迥,层楼次第晓风和。人家鸡犬鸣桑树,牧竖牛羊下夕坡。咫尺浮光绚五色,俄惊磷火转蹉跎。

齐家渡口古村坨,向晚农夫几度过。衔日西山回牧笛,舣舟北岸挂渔蓑。耕耘胼胝三时苦,风雨漂⑤摇两鬓皤⑥。谁是知津饶出处,逍遥物外任娑婆。

来往渔舟浑似梭,归从远浦唱渔歌。夕阳柳暗笼村墅,落雁风高忌网罗。酒以鱼⑦沽愁应少,声随⑧棹放乐还多。纷纭城市都忘却,一榻羲皇任逝波。

两派狼城一派河,水光月⑨色漾秋波。源流潋滟潜蛟泣,境界空明旅雁过。寒漱⑩冰壶侵桂子,魄澄⑪金镜浴嫦娥。瑶台直望三千里,良夜迢遥可奈何。

西北河源入凤窝,隆冬不冻仍还波。生从一脉通无极,浪起三春毓太和。珠液汤汤如沸鼎,温流泼泼想挥戈。沙汀风暖失寒岁,皞皞皇民挟纩多。

---

① "忽"合刊本"康熙志"作"惚"。恍忽:亦作"恍惚"。
② "迹"合刊本"康熙志"误作"疏"。
③ "四序笙簧"合刊本"康熙志"误作"四座声歌"。
④ "戈"合刊本"康熙志"误作"歌"。
⑤ "漂"合刊本"康熙志"作"飘"。漂:通"飘"。
⑥ "皤"合刊本"康熙志"误作"播"。皤(pó):形容白色。
⑦ "鱼"合刊本"康熙志"误作"渔"。
⑧ 合刊本"康熙志"此处"随"字脱,以空白表示脱一字。
⑨ "月"合刊本"康熙志"误作"漾"。
⑩ 合刊本"康熙志"此处"漱"字脱。
⑪ 合刊本"康熙志"此处"澄"字后以空白表示脱一字,误。

寿春贤宰曾经过,留犊贤踪更不磨。伴鹤清风差足拟,大钱雅致不为多。
名悬□①马垂青史,节失羔②羊③见④素纶⑤。道路口碑今尚在,令人千载仰巍峨。

和王通府原韵八首⑥

云间蔚生陆燧本县知县

鸡人初唱曙星多,吼地坚通落晓河。五夜遥忆莲漏⑦彻,数声响答白云和。
无端尘吏⑧回清梦,忽省天街振玉珂。一自鲸鸣知和寡,缶音欲效奈难何。

荒台一片尚峨峨⑨,胜有黄沙带碧莎。箫鸣凤声饥雀语,筝随○○⑩饭牛⑪歌。
故宫只自⑫传⑬禾黍,旧月⑭曾经照绮罗。谁知沧桑无定局,不知今去更如何。

---

① 原本此处漫漶不清。合刊本"康熙志"此处作"羸"。"羸"疑为"赢"之误。赢:瘦弱。
② "羔"合刊本"康熙志"误作"盖"。
③ "羊"合刊本"康熙志"误作"年"。
④ "见"合刊本"康熙志"误作"儿"。
⑤ 素纶(tuó):素,白也。纶,数也,计算丝缕的单位,此处指丝。以"羔羊素丝"称誉士大夫正直节俭、内德与外仪并美。
⑥ 自"和王通府原韵八首"至"沧浪有曲未堪歌",原本多处已漫漶不清,其间文字据合刊本"康熙志"补。
⑦ "漏"合刊本"康熙志"误作"沟"。莲漏:即莲花漏,古代的一种计时器。李肇《唐国史补》:"初,惠远以山中不知更漏,乃取铜叶制器,状如莲花,置盆水之上,底孔漏水,半之则沉。每昼夜十二沉,为行道之节,虽冬夏短长,云阴月黑,亦无差也。"
⑧ "吏"合刊本"康熙志"误作"史"。
⑨ "峨"合刊本"康熙志"误作"八"。
⑩ 合刊本"康熙志"此处以空白表示脱两字。清刻"康熙志"此两字漫漶不清。
⑪ "牛"合刊本"康熙志"误作"古"。
⑫ 只自:徒自。
⑬ "传"合刊本"康熙志"误作"薄"。
⑭ "月"合刊本"康熙志"误作"日"。

（天启）东安县志　（康熙）东安县志

谁能返照驻挥戈，画楸当年奈弈何。鸡犬于今无毳幕，桑麻依旧但浑河。村烟不待通○①霭，牧笛初回信短坡。咫尺长安何处是，凭高西望五云多。

千家村落阻浑河，日暮争宜涌日②多。返犊几鞭催牧唱，归渔一棹荷农蓑。侯门○○○○③近，登岸欣看景未蹉。跎讶龙江风色似④，荻花涨处橹声过。

涓涓百折○○⑤追，出○⑥东南十里过。欸乃数声何处○⑦，空蒙一片夕阳多。云○⑧野艇归还遇，雁呖秋空度欲和。漠漠只今皆税地，沧浪有曲未堪歌。

两城狼寨兀嵯峨，一水中分清浊河。万里烟消天似洗，片轮桂⑨满镜初磨。击空直欲翻银汉，纵棹真同泛素娥。耐可乘流赊月色，冯将问取洞庭波。

凤凰城接凤凰河，一脉东风鼓碧波。絮入翻成银浪滚⑩，桃漂⑪漾作锦纹多。草桥夜雨添新涨，带郭春堤绕练拖。极目可怜耕耨地，只今蓼蓼长蒿莪。

好官无过得钱多，贻⑫臭流芳竟若何。不见寿春苗犊宰，至今安次有余歌。饮泉粤峤曾经拜，表里燕南肯浪过。敢谓千秋攀逸驾，高山可仰自峨峨。

---

① 合刊本"康熙志"此处以空白表示脱一字。清刻"康熙志"此处漫漶不清。
② "涌日"二字疑有误。
③ 合刊本"康熙志"此处以空白表示脱四字。清刻"康熙志"此处漫漶不清。
④ "跎讶龙江风色似"疑有误。
⑤ 合刊本"康熙志"此处以空白表示脱两字。据合刊本"康熙志"校勘记，"折"字下本脱三字。清刻"康熙志"此字漫漶不清。
⑥ 合刊本"康熙志"此处以空白表示脱一字。据合刊本"康熙志"校勘记，"出"字下本不脱。清刻"康熙志"此字漫漶不清。
⑦ 合刊本"康熙志"此处以空白表示脱一字。清刻"康熙志"此处漫漶不清。
⑧ 合刊本"康熙志"此处以空白表示脱一字。清刻"康熙志"此处漫漶不清。
⑨ "桂"合刊本"康熙志"误作"挂"。
⑩ "滚"合刊本"康熙志"误作"流"。
⑪ "漂"合刊本"康熙志"作"飘"。
⑫ "贻"合刊本"康熙志"作"遗"。

(康熙)东安县志

次古原韵八景诗

楚辰绎乾郑之城本县知县

严城曙色动云中,逸①响春容吼晓风。声度遥岑衔月小,韵传野寺锁烟浓。
催耕隐跃连三辅,恋阙依稀出九重。乡梦迷离频欲起,独醒何必待闻钟。

高台矗矗倚云霄,想像歌弦曲管娇。野望牛羊烟际下,遥闻砧杵月中敲。
天涯缥缈增离索,古树参差慰寂寥。喜遘箫韶还盛事,舞干指日靖兵骄。

（时流寇扰我西鄙,屡征未靖,故及之。）

仙翁弈址旧苔封,仙去犹存驻鹤踪。世变鸣筑残垒外,时清牧笛夕阳中。
岚光紫翠烟霏北,霁色青葱树偃东。把酒临风天欲暮,怀人吊古思无穷。

农罢归来日欲晡,津头芳草色模糊。一舟待渡暝烟小,半笠②投村半月孤。
积翠岧峣山列障,澄空潋滟水平铺。几回试问田家事,拟绘流民郑侠图。

烟水苍茫澹夕阳,扁舟渔父咏沧浪。闲鸥互答音偏逸,汀雁征歌句自凉。
新涨棹回依岸芷,晚风网晒挂堤杨。持鱼③沽酒逢樵话,圣世恩波岁月长。

荒城溪净月娟娟,秋半光华分外看。二水自流清与浊,一泓常湛暖犹寒。
烟消上下波涵镜,藻集虚明树倚栏。回首帝城应不远,南枝乌鹊借非难。

长城春暖水沦漪,柳蘸晴波度日迟。点缀汀兰摇凤尾,往来沙鸟俗玻璃。
前村灯火归帆急,隔岸桑麻入望稀。幸际升④平兴乐利,临流且赋劝农诗。

---

① "逸"合刊本"康熙志"误作"遗"。
② "笠"合刊本"康熙志"误作"立"。
③ "鱼"合刊本"康熙志"误作"渔"。
④ "升"合刊本"康熙志"误作"并"。

（天启）东安县志　（康熙）东安县志

郭西村舍似晨星,勤仰高贤辙迹清。制锦自应多惠政,栽花宁止但闻声。莺啼处处催驱犊,日暖家家事耦耕。却爱陶潜能玩世,颓然嗜饮亦留名。

和八景古诗原韵

梁溪①冯泰运□□□□□暂署东安补□②

丽谯孤迥锁烟中,悬扣蒲牢送晓风。声接帝城醒梦早,响传南陌得春浓。惊鸦乱起云千片③,逗鹄群飞雪几重。爱杀老农无俗事,黑甜高枕不闻钟。

高台独上气凌霄,楼废空余草树娇。管咽露条莺自语,弦④繁⑤风叶雨频敲。无端成毁增凄怆⑥,不尽流亡倍寂寥。茂宰⑦只今⑧多惠泽,行春飞盖马蹄骄。

崇台突兀⑨白云封,留得仙翁对奕⑩踪。村树蔽亏新徼外,岚烟明灭夕阳中。凭栏极目山回北,问局环趋水向东。追忆昔年多战垒,牛羊衰草恨无穷。

树色微茫日渐晡,津头烟景水模糊。归人竞渡舟横□⑪,野迹迷漫鸟宿孤。乱舞白蘋⑫霜欲下,静涵秋霁练齐铺。丹青会⑬得平川意,好画城南水月图。

---

① "溪"合刊本"康熙志"误作"谿"。

② 原本"冯泰运"之下有六字漫漶不清。合刊本"康熙志"此处未以空白表示有脱字,误。

③ "片"合刊本"康熙志"误作"里"。

④ "弦"合刊本"康熙志"误作"轮"。

⑤ "繁"合刊本"康熙志"误作"蘩"。

⑥ "怆"合刊本"康熙志"误作"凄"。

⑦ "宰"合刊本"康熙志"误作"翠"。茂宰:旧时对县官的敬称。

⑧ 只今:如今,现在。

⑨ "突兀"合刊本"康熙志"作"兀突"。

⑩ 奕:通"弈",围棋。

⑪ 原本此字漫漶不清。合刊本"康熙志"以空白表示脱一字。

⑫ "频"疑为"蘋"之误。蘋:多年生水生蕨类植物。合刊本"康熙志"此处亦误作"频"。

⑬ "会"合刊本"康熙志"作"绘"。会,通"绘"。

蓑笠纶竿卷夕阳,悠然一曲棹沧浪。无心得句云流响,适意推篷月送凉。歌罢系舟搴宿莽,醉来鼓枻傍垂杨。不须桃洞寻秦叟,鸥梦机忘化日长。

秋清何处问婵娟,南郭澄潭映水看。光莹金波人濯□①,露凝鲛室夜生寒。庾公楼上频传斝②,汉骑关门正③倚栏。翘首三④山知在望,借飞双翰不云难。

平波如掌绿漪漪,春暖游人放棹迟。酒□⑤凤毛斟琥珀,茶烹雀舌泛琉璃。风轻蘋末归鸿满,月淡沙湾浴鹭稀。花县省耕多乐事,追随把笔和题诗。

千载高贤仰景星,移官留犊饮冰清。荒村聚族标芳韵,孔道随车纪颂声。俎豆烟中思汉绶⑥,犁锄雨后让春耕。于今继起偏多隽,卖剑飞凫有令名。

续咏八景诗

安次晓钟 冬字韵

邑人张墀

更催银箭暖芙蓉,梦破鲸音晓夜摏⑦。唤醒征人车簇簇,惊回宿鸟月溶溶。星辉未落霞光灿,曙色将开树影重。独羡东山高卧客,云封石室不闻钟。

---

① 原本此字漫漶不清。合刊本"康熙志"以空白表示脱一字。清刻"乾隆志"此处作"魄"。
② 斝(jiǎ):古代青铜制的酒器,圆口,三足。
③ "正"合刊本"康熙志"误作"止"。
④ "三"合刊本"康熙志"误作"云"。
⑤ 原本此字漫漶不清。合刊本"康熙志"此处作"洒",疑有误。
⑥ "绶"合刊本"康熙志"误作"绞"。绶(shòu):一种丝质带子,古代常用来拴在印纽上。
⑦ "摏"合刊本"康熙志"误作"椿"。摏(chōng):撞击。

(天启)东安县志　(康熙)东安县志

土楼管弦 萧字韵

遥望崔嵬拱碧霄,迎眸花柳斗夭乔。霞明似织天孙锦,风度如闻玉女箫。弦管余音仍袅袅,楼台烟景已寥寥。当年逸兴归何去,空使挟①春老雉②骄③。

奕台夕照 东字韵

当年对奕志仙翁,此处徒遗荆棘丛。云树参差高垒外,烟霞缥缈夕阳中。烂柯如傍燕山北,折履浑疑别墅东。一望平芜增浩叹,台荒鹿走古今同。

通津晚渡 虞字韵

招我邛须日已晡,浪翻霞乱锦模糊。岚江渔火临潮晚,梵榻禅灯傍月孤。两岸烟波澄素练,一轮月色映银铺。题诗吸取桑干水,为写通津渡舫图。

葛城渔唱 阳字韵

罢钓归来唱夕阳,悠悠清籁振沧浪。声随④雁唳翔云汉,音逐鹃鸣彻水塘。茅屋参差藏晚棹,渔舟次第系垂杨。风光但得常如旧,永戴葛天岁月长。

狼城秋月 先字韵

清流一派浴婵娟,弱海仙桥小洞天。挂彩平分秋色静,兔华⑤迫近水光联。辉升碧汉悬金镜,影落沉潭漾玉弦。此后狼烟应永息,江村渔酒乐长年。

---

① "挟"合刊本"康熙志"误作"扶"。
② "老雉"二字合刊本"康熙志"空而未书,存疑待考。
③ "骄"合刊本"康熙志"误作"娇"。
④ "随"字合刊本"康熙志"空而未书,存疑待考。
⑤ "华"合刊本"康熙志"误作"笔"。

凤河春水 歌字韵

沉潭自古卧龙多,此地如何记凤河?阿阁已更新气象,丹山不羡旧巢窝。九苞涵育春为水,五彩昭回锦作波。果使来仪长献瑞,萧韶愿上九成歌。

留犊西村 真字韵

寿春蚕已庆长春,诏晋循良第一人。惠政随时铭①大②泽,芳踪到处仰清尘。飞凫有意临东土,携鹤无心上北宸。遥忆高贤留舄③后,年年黄犊劝耕频。

伏魔遗刃

原刃现供○④帝侧。旧闻正统初年,有长髯老人,肩荷藤制帝像一座,未经捏塑丹雘⑤也。偶过此,歇饮井旁,再负,竟不能起。因祷于神前,建庙于此。及塑画事竣,但见头若昂,像若怒,美髯赤面,凤目蚕眉,俨然关帝再生。且任人趋避左右,一似瞥视者。然诚宇内未经见之像。后重浚旧井,掘出偃月宝刀一口,重八十二斤,铜吞铁造,上下三停,锋锷如新,手痕现在。疑即当年扶汉古刃⑥,非同后人之冶造者,佥以为神之所⑦感而致之。邑人诧以为异,恐久而失记⑧,因标之曰"伏魔遗刃",题诗于左,欲更留犊西村为八景之一,然留犊⑨虽不可当景,又不遽去,仍存之,以俟高明。斟酌因革云。

---

① "铭"合刊本"康熙志"误作"鸣"。
② "大"合刊本"康熙志"误作"犬"。
③ 舄(xì):鞋。
④ 原本与合刊本"康熙志"此处俱空而未书,存疑待考。
⑤ 丹雘(huò):好的彩色。
⑥ "刃"合刊本"康熙志"作"刀"。
⑦ "所"合刊本"康熙志"误作"感"。
⑧ "记"合刊本"康熙志"作"纪"。记,通"纪"。
⑨ "犊"合刊本"康熙志"误作"犷"。

（天启）东安县志　（康熙）东安县志

从来塑像非真像，此处金身即帝身。赤兔岂曾临碧汉，青龙何遽出红尘。三分鼎足横秋水，千载雄锋焕①野磷。诛贼丹心知未尽，不教霜刃化延津。

赠烈妇诗

张门刘烈妇挽诗

楚人王从先

刘氏，其夫死②，誓欲相从地下，称未亡人可一月许，泪血且枯矣。一但雉经以绝，烈哉妇乎！王生闻而伤且壮之，遂作挽言以写其风焉。

夫君一逝汝摧残，绿鬓朱颜铁石肝。不向空帏歌寡鹄，竟收明镜罢双鸾。香魂化石依泉尽，劲气飞霜绕月③寒。若是须眉同此节，千秋碧血照长安。

吊刘氏烈妇歌

邑人张培④谨题

石梁城南拆城北，婺⑤女流辉振人极。中期正礼饬⑥壶绳，奉帚颐颜明女则。斩斩嗃嗃闲有家，芬苾气拂荆荣花。玉树无枝金萱老，天和德胜宜男草。妾心急祀属宫鱼，夫⑦心不效燕枝拘。香⑧缄簏簌⑨同心缚⑩，王母琼箱折锦约。

---

① "焕"合刊本"康熙志"误作"烽"。焕：光明。
② "死"合刊本"康熙志"误作"张"。
③ "月"合刊本"康熙志"误作"目"。
④ "张培"合刊本"康熙志"误作"张倍增"。
⑤ "婺"合刊本"康熙志"误作"蝥"。婺(wù)女：古星宿名，即"女宿"。
⑥ "饬"合刊本"康熙志"误作"份"。
⑦ "夫"合刊本"康熙志"误作"天"。
⑧ 合刊本"康熙志""拘"后脱一"香"字。
⑨ 簏簌(lù sù)：下沉貌。
⑩ "缚"合刊本"康熙志"误作"传"。

锦约①一折琼箱空,阿谁金粉熏帘幕②。夫向青虬玉洞飞,妾祈白兔银台药。药③不可得夫不来,天为凄绝④风为哀。英魂珍重斑狸首,浩泪盈盈揾杏⑤腮。不学甄家凤缥缈,不学吴娘乌夜晓。文箫喜得彩鸾升,玉清甘被陵华恼。伤心不惜双翠翘,委骨谁收两错刀。周计逶迟⑥丝一缕,芳灵耿耿空云霄。我吊其人人如玉,宗山门外浑河绿。千古气息怀贞风,应为斯世男儿哭。

挽刘氏烈妇古风系邑民张希皋妻也。

渤海刘兆东谨题

悲哉意何⑦如,哀彼刘姝子。百身请夫生,一意从夫死。初不为己谋,更不为情使。不己与不情,亦复何为此!宁令子无衣⑧,讵愁衣无里。妾之天已崩,妾之身胡倚?所天上有兄,所天下无子。中堂色且康,外侮衔骨齿。有兄妾不忧,无子妾何否!妾思急走丸,妾命激穷矢。凄风卷寒芜,重露堕残芷。肝肠金玉同,志魄日星比。金玉非精纯,日⑨星尚倾屺⑩。清环巨马流,名屹飞虹趾。浩劫人心存,钦风恶能已。

---

① 合刊本"康熙志""约"后脱一"锦约"二字。
② 合刊本"康熙志"此处以空白表示脱一字,误。
③ "药"合刊本"康熙志"未书,以空白表示脱一字。
④ "绝"合刊本"康熙志"误作"旋"。
⑤ "杏"合刊本"康熙志"误作"香"。
⑥ "迟"合刊本"康熙志"误作"迤"。
⑦ 合刊本"康熙志""意"后脱一"何"字。
⑧ "衣"合刊本"康熙志"误作"依"。
⑨ "日"合刊本"康熙志"误作"月"。
⑩ "屺"字误,应作"圮"。合刊本"康熙志"此处亦误作"屺"。

（天启）东安县志　（康熙）东安县志

赠张烈妇诗

渠阳芮①浩

比翼不分飞,莲枝岂重植。素质倘受缁,终为世所惜。
卓哉烈妇心,千秋垂②女则。十五字君子,婉静佟懿德。
旦则事苹蘩,暮还工纺织。侍舅复③侍姑,甘脆亲作食。
拮据十二年,终始无异色。抱疾痛藁砧,终夜不遑④息。
药饵惜无功,祷苍竭悃幅。溘焉不能起,天运抑何塞。
哀号振林木,行道亦为恻。逾月既襄事,膏沐耻自饰⑤。
慷慨有一死,直以谢君侧。珠沉水当润,王⑥瘗⑦土应拭。
并余节烈名,垂芳永无极。

挽张烈妇诗

蒲州韩烓

未老能全偕老身,继亡不作未亡人。望夫自分形为石,殉死悬⑧知骨似银。
天上彩鸾应并驭,人间彤史足千春。辀轩已奏更生传,伫见褒纶下紫宸。

---

① "芮"合刊本"康熙志"误作"芮"。
② "垂"合刊本"康熙志"误作"重"。
③ "复"合刊本"康熙志"误作"后"。
④ "遑"合刊本"康熙志"误作"逞"。
⑤ "饰"合刊本"康熙志"误作"稀"。
⑥ "王"疑为"玉"之误。合刊本"康熙志"此处亦误作"王"。
⑦ 瘗(yì):掩埋,埋葬。
⑧ "悬"合刊本"康熙志"误作"怨"。

次王公原韵

楚辰郑之城

双飞一羽忽摧残,义重悲鸣痛肺肝。志决元台从匹雁,生捐白练殉孤鸾。芳魂未许随云散,姱节偏留耐岁寒。彤管已收新姓字,褒章指日出长安。

又

梁溪①冯泰运

贞哀宁为惜春残,风雨催伤激烈肝。已矢有心悲紫燕,自嗟无路问青鸾。缳投绣阁名偏重,玉碎香②奁骨未寒。欲问高标何处是,苍松郁郁傲东安。

吊刘氏烈妇诗

系邑民张希皋妻,前恩贡士张登云次男妇,又恩贡士张希稷之胞弟妇也。

后学刘宗奭

叹息如归视死时,不因曾③读柏舟诗。首丘已遂同衾穴,墓木应为连理枝。巾帼尚然知殉义,须眉何事昧临危。直堪彤管书青史,岂只行人拜墓碑。

北尹村刘烈妇挽歌

邑人张墀

赴水投缳著女贞,何如膏刃一身轻。生而闻道觑忠孝,性自知书冠布荆。万叠愁山催玉碎,三更冷月鉴冰清。可怜原上凄风雨,长作阴房④哽咽声。

---

① "溪"合刊本"康熙志"误作"豁"。
② "香"合刊本"康熙志"误作"重"。
③ "因曾"合刊本"康熙志"误作"曾因",字序颠倒。
④ "房"合刊本"康熙志"误作"风"。

（天启）东安县志　（康熙）东安县志

又回文一律

啼乌听彻怨寒更,惨惨①阴风动魄惊。题姓有彤徽女烈,反魂②无赋奏闺贞。堤残砌粉催花落,冢暗埋香度月明。迷树万云愁望眼,齐天载恨楚江横。

施烈妇抱儿溺河挽歌

邑人张墀

临难应教捐此躯,抱儿溺死胡为乎？当秋水月增凄楚,入夜风涛亦号呼。世系芳声知未艾③,天④常大义赖须扶。从今女史存生气,羞杀须眉不丈夫。

又

穆山沈之征⑤

堪嗟不縠名家妇,才及芳春耐乱离。羞扫蛾眉频蹙蹙,愁堆鸦鬓转靡靡。贞操直媲簪缨绪,烈性殊辜襁褓儿。拼入水晶宫里去,流传千载有荣施。

荣氏其夫施⑥姓,故并及之。

又

新安黄道吉

殉难一时明节义,维风千古⑦重纲常。悠悠魂逐流波逝,烈烈名垂汗简香。

---

① "惨"合刊本"康熙志"未书,以空白表示脱一字。
② "魂"合刊本"康熙志"误作"魄"。
③ "未艾"合刊本"康熙志"误作"来文"。
④ "天"合刊本"康熙志"误作"尺"。
⑤ "征"合刊本"康熙志"误作"徵"。
⑥ 合刊本"康熙志""夫"后脱一"施"字。
⑦ "古"合刊本"康熙志"误作"里"。

怀抱婴儿宁不恤,泉台冠冕益①生光。葬身鱼腹仍余恨,化作飞鸟骂夕阳。

志王氏张节妇诗 尖塔生员王胤嘉女也。

云间陆衍禧

妇以节称,家门之不幸也,妇德之幸也。王氏偶值夫亡,芳年正艾,而能毁容誓守,抚孤事亲,妇德何其幸哉!因赋小诗二章,以俟皇华之采。

柏舟诗咏古贤名,先后同徽若订盟。切望子成心早碎,恐惊亲痛泣无声。
终天长恨灰难烬,匪石贞坚玉逊莹。何日采风②传太史,凤凰衔出字如琼。
荆钗慵御布为裳,池③雪为肝冰作肠。木榻漫拖孤定省,银针不绣两鸳鸯。
酬夫何惜同身老,教子还须继体香。无限艰辛甘誓守,千秋汗简著芬芳。

赠贞节王氏

系尖塔村生员王胤嘉女,张郊庚妻,贡士张墀长男妇也。

邑人刘宗奭

丝萝乔木两相依④,契润⑤迢迢百岁期。一夜狂飙摧乔木,丝萝遥落将安归?
九原何处迷泉路,膝下孤儿方学步。鸳鸯飞散墓堂云,芙蓉泣老秋江露⑥。
儿读诗书母纺绵,促织声悲机杼边。何事青天负薄命,不教白发齐乔年。
月色胧胧风袅袅,断机望子成名早。子若成名着儒衣,我应枯草回春姿。

---

① "益"合刊本"康熙志"误作"盖"。
② "采风"合刊本"康熙志"误作"载父"。
③ "池"字疑有误。合刊本"康熙志"此处亦误作"池"。
④ "依"合刊本"康熙志"误作"宜"。
⑤ "润"合刊本"康熙志"误作"润"。
⑥ "露"合刊本"康熙志"误作"路"。

（天启）东安县志　（康熙）东安县志

孟烈妇张氏挽歌

邑人张墀

花飞春尽未经删,石甃髯莎倩玉颜。凤去秦楼浑寂寂,鸠鸣窉①里亦关关。
香魂不共寒云散,仙珮应从夜月还。七日哭天饶减粒,愿甘同穴葬双鬟。

挽刘门张烈妇诗

系北尹里儒士刘慎之妻,庠廪生刘日②启之母,恩贡士张希稷之女也。

邑人刘宗奭题

仗义全身铁石肠,人人击节羡贞良。能抛玉质魂虽冷,不玷冰操死亦香。
血化青磷寒逆魄,光飞紫电绕斜阳。从今汗简书遗烈,百世芳名莅③石梁。

古杂诗 照旧志集去④,不分朝代前后,亦不分近体古选。

过白沟河长篇

宋丞相文天祥

昔时张叔夜,统兵赴勤王。东都一不守,羸⑤马迁就荒。
适过白沟河,裂眦须欲张。绝粒不遑死,仰天扼其吭。
群臣总奄奄,一士垂天光。读史识其地,抚卷为凄凉。
我生何不辰,异世忽相望。皇图遘阳九,天垫漏飞艎。
引军诣阙下,捧土障澜狂⑥。出使义不屈,持节还中郎。

---

① 窉(xī):窨窉,墓穴。
② "日"合刊本"康熙志"误作"曰"。
③ "莅"合刊本"康熙志"误作"在"。
④ "去"字误,疑为"云"。合刊本"康熙志"亦误作"去"。
⑤ "羸"合刊本"康熙志"误作"嬴"。
⑥ "澜狂"合刊本"康熙志"误作"狂澜",字序颠倒。

□①飞狩南海,金钺将煌煌。武侯空感心,出师惊四方。
吾属竟为羁,世事吁彼苍。思公有奇节,一死何慨慷。
江淮我分地,我欲投沧浪。沧浪却不受,中原行路长。
初登项羽馆,次览刘李②邦。涉足河与济,回首蒿与邛。
下车抚梁门,上马指楼桑。戴星渡易水,惨淡天微茫。
行人为我言,宋辽此分疆。悬知公死处,为公出涕滂。
恨不持束刍③,徘徊官道傍。我死还在燕,烈烈痛肝肠。
今我为公痛,我死谁为伤。天地垂日月,斯人未云亡。
文武道不坠,我辈终堂堂。

由易水过东沽

骆宾王

此地别燕丹,壮士发冲冠。昔时人已殁,今日水犹寒。

经刘琨墓一首

文天祥

中原荡□□④,壮哉刘越石。孤迹起幽州,双手扶晋室。
福厄天意乘,匹蝉⑤生鬼域。公死百世芳,天下分南北。

---

① 原本此字漫漶不清。合刊本"康熙志"此处以空白表示脱一字。清刻"乾隆志"此字作"六"。

② "李"字误,当作"季"。合刊本"康熙志"此处亦误作"李"。刘季邦:指汉高祖刘邦。《史记·高祖本纪》:"高祖,沛丰邑中阳里人,姓刘氏,字季。"

③ 束刍:捆草成束。

④ 原本此两字漫漶不清。合刊本"康熙志"此处以空白表示脱两字。清刻"乾隆志"此处作"分崩"。

⑤ "蝉"字误,当作"碑"。

(天启)东安县志　　(康熙)东安县志

夜饮飞虹桥一律

刘琨

百尺飞虹挂界河,天光云影初相磨。落山罗绮连云散,航海楼船傍斗过。击楫正逢时莫可,流□①那问夜如何。更怜逸少多情况,不数风流晋永和。

望葛渔城寨留题

刘琨②

西南九水连天堑,东北三川列地罗。万里江山今不改,汉家何必屡求和。

过安次一绝

元丞相脱脱③

耿就桥南安次县,烟火楼台二万家。自从硖石东西败,只遗衰草伴黄沙。

六月又过遇大水口占

安次城南水没路,波涛滚滚人难渡。沧波番去又复来,田家何日得耕布。

长庆宫留题

元进士巉巉

岩峣宫宇插天表,一脉洪涛入槛流。势压晓山千涧冷,阔连野水半枫秋。

---

① 原本此处漫漶不清。合刊本"康熙志"此处作"鹤"。"鹤"疑为"觞"之误。流觞:即流觞曲水。古代习俗,每逢夏历三月上旬的巳日(三国魏以后定为夏历三月初三日),人们于水边相聚宴饮,认为可被除不祥。后人仿行,于环曲的水流旁宴集,在水的上流放置酒杯,任其顺流而下,杯停在谁的面前,谁就取饮,称为"流觞曲水"。

② 合刊本"康熙志"此处无"刘琨"二字。

③ 合刊本"康熙志"此处无"元丞相脱脱"五字。

才微空抱长卿志,烟净还同王粲游。北望燕台何处是,五云惟满帝京楼。

浑河待渡

李继本字一山

待渡浑河晚,怀人水国遥。鱼龙吹雪浪,风雨送春潮。
百炼丹心在,千茎白发凋。茫茫今古意,回首愧鱼①樵。

浑河水涨甄家庄

陈恕

当年窃笑青苗法,此地重蠲白地钱。若欲诸公恤民隐,宁教潏没奠桑田。

过垂杨渡留题

张惟忠

柳色凝青曙,莺声散晓霞。微茫连水国,迢递见村家。
绿满平田草,红开断岸花。流亡宜早复,此地有鱼虾。

过通津渡留题

张勋

乱草织斜阳,荒风结晓霜。客船更无数,不见祖生舠②。

砥柱台诗

韩贯

九河自南来,大海自南撞。中有砥柱台,屹然不敢傍。

---

① "鱼"字误,应作"渔"。合刊本"康熙志"亦误作"鱼"。
② "舠"合刊本"康熙志"误作"帆"。舠:船;船舲。

（天启）东安县志　（康熙）东安县志

渔阳客邸

李继本

城外云山浓似绮,屋中琴书静如水。石炉添火试松香,袅篆鼎云飞不起。
天涯倦客此仰①骖,茶灶烟消犹隐几。奚奴忽觉日平西,一片秋声响窗纸。

雪中退朝

雪舞回廊乱打人,朝回驰马路无尘。天粘白海横飞练,风转丹墀②细叠银。
诗赋涵虚清到骨,梅魂袭月冷凝神。直须借与调羹手,遍洒名藩作好春。

客舍有感

寻幽偶上摩经③阁,揖罢高僧听讲禅。化雨未消头上雪,昙云时度水中天。
百年宇宙谁作客,半日烟霞即是仙。今古兴亡一惆怅,蝇头蜗角漫相牵。

访东安贤令留正堂

青霜下庭柯,野日一云蔼。官舍故人逢,樽罍话今载。
感时惜凋落,对酒兴慷慨。俯仰足踟蹰,悠然玉俱在。

又

古刹荒城抱,山堂野客过。机狂闲秘密,月上共清孤。
草树霜光肃,星躔剑气磨。夜深僧话永,无意问荣枯。

---

① "仰"字误,据文意当作"停"。停骖:停马不前。合刊本"康熙志"此处亦误作"仰"。
② "墀"合刊本"康熙志"误作"心"。
③ "经"合刊本"康熙志"误作"天"。

(康熙)东安县志

赠骢马李锡长篇

卢龙陈经

壮士击玉壶,长歌骢马篇。昔闻桓典名,今见李公贤。
凤凰衔下紫泥诏,辞却开封登九天。搴帷仗钺下三川,鸣金伐鼓惊四筵。
北去燕山二千里,桂棠之棹木兰船。南风直送金台去,象简乌衣拂瑞烟。
冰清许契家,长剑报知己。相知明月楼,夜夜怀君子。
正是风云庆会时,侧听萧韶鸣帝里。

尚书刘体乾抗疏罢归

职方郎吴哲

都门十里攀辕日,阙下诸艰去国时。四海征输心力并,半生清苦骨毛知①。
忧民有疏频焚草,见客无官蚤②罢丝。从此御河桥外水,流光常照左安西③。

题文昌阁

稽山沈之征

雄飞翼翼石梁颠,阁道凭虚揽大千。呼吸此间通帝座,逍遥何处按钧天。
祥开龙虎风云会,瑞启山河带砺悬。颙若神明临驭意,福绥名宦与乡贤。

挽黄宣公福诗

大司寇施礼

五朝开际老儒宗,磊落襟怀孰与同。生有奇谋膺大用,死蒙恩眷得褒封。

---

① "知"合刊本"康熙志"误作"忧"。
② 蚤:通"早"。
③ "安西"合刊本"康熙志"误作"西安",字序颠倒。

(天启)东安县志　(康熙)东安县志

论功北阙声华重,遗惠南交事业隆。昨日秋香亭下过,思君不觉泪沾襟。

赵公德政诗有引

邑士张墀

东莱①赵公(讳)世亮者,以缙绅世第来尹石梁。厘剔嘉②意,抚字勤心。凡忧国忧民之计,靡不毕殚,厥心坐此半载,鸣琴不下堂阶,而丸封胥有起色矣。而③两岐④麦秀,五袴歌兴,奚逊张渔阳龚勃海哉!无何逆闯构难,明历告终,辄痛哭流涕,援笔题壁,有"千载难消亡国恨,声声杜宇月明中"之句。遂挂冠长往,无系恋志。尔时只有一乘羸马,两袖清风,点缀行色而已。历记平昔德政,未易更仆。仅撮其大端数事,笔之于咏,用志清高,庶口碑东土,聊足当泪堕岘山云尔!

爱民
百里花封属郡官,无言赤子起颓残。慈良欲效彭州牧,每向哀鸿问急难。

礼士
从来贵裾厌清贫,堪颂神君折节频。灯案鸡窗沾化雨,一时桃李尽知春。

息讼
谩道棘庭有二天,镜迷两造判为难。饶将明允称平反,争似回奸雀鼠先。

---

① "莱"合刊本"康熙志"误作"来"。
② "嘉"疑为"加"之误。加意:注重,特别注意。合刊本"康熙志"此处亦误作"嘉"。
③ 合刊本"康熙志""矣"后衍一"而"字。
④ "两岐"合刊本"康熙志"作"双歧"。两岐:又作"两歧",指一棵麦苗上长两个穗,常被用来称颂地方官吏改善农业有方,民乐年丰。

讲乡约

公余常自降华裾,为念愚顽孝义疏。一自琴堂开讲席,市廛井牧尽知书。

养廉

清夜恒惭暮夜金,犹嫌五斗厉薰心。不将赤子膏和血,换取天殃与子孙。

禳灾

堪怜大地罹天灾,衰草霜风万户哀。躬叩法坛祈忏悔,一方仁寿跻春台。

放赈

逆孽长驱闯汉关,辄将大赍济民艰。当年遗泽浑如昨,清泪依然堕岘山。

挂冠

未酬定国匡王略,肯作开门揖盗人?一自投簪飞舄后,千秋墨绶拜香①尘。

一山自赞

呜乎!女乎②,气馁而弱,貌朴而愚,行方而滞,志大而疏。虽读书而不求解,虽体道而仅得其粗,虽同乎今之人而以圣贤为矩墨,虽食太仓之禄而视轩冕犹泥涂。我固以为至拙人亦笑其至迂③。呜乎!女乎!胡不挹学海之浩瀚,溥时雨之沾濡,使万理融④而寸善不遗,中扃灵明而一尘不污,炯如一段清冰出万壑,置在迎风寒露之玉壶。

---

① "香"合刊本"康熙志"误作"尘"。
② "乎"合刊本"康熙志"误作"子"。
③ "迂"合刊本"康熙志"误作"愚"。
④ "理融"合刊本"康熙志"误作"里荣"。

（天启）东安县志　（康熙）东安县志

礼部侍郎阳城陈琏赞施公仲节画像

毅然之容,浩然之气。蚤擢高科,荐登膴仕①。由大理之元僚膺秋官之重,寄平恕之心愈坚②,冰蘖之操益励。来九重之宠眷,弼圣朝之盛治。是以宜建华勋于明时,垂休光于后世也。

明鲁藩赠邵安次

公为人爽恺高明,端严简重。即其论谈,如和风庆云,由之不见其端;叩其底蕴,如大渊深谷,探之莫窥其际。尝两署郡篆,大获邦人之心。而持守中有操纵,谨恪中有抑扬,闲雅中有精密,张弛中有调停。此皆全才之所能为,而碌碌寻常中所不可及也。

吏部郎中凌登瀛赠邵安次

公素蕴渊源之学,夙抱经济之才。昔初试政,尝两莅县治,兼摄府事,所至皆以循良称首,民至今思慕之如父母。及入为大司徒属,则施为不疾不徐,议论有伦有脊。诸凡仓储事务搜剔殆尽,军民两利之。自大司徒而下,罔不钦心向慕焉。其与人交,披示情愫,屏去城府,靡几微违忤意,乃私心益愿亲就之,公诚博洽敏达士也。

井陉兵备副使曹子登赞邵安次像

今人之身,古人之心,清类逸由而弗隘其量,爱同召杜而不尸其功。负八座之才而五柳赋归,享九十之年而三槐自植。

---

① 膴(wǔ)仕:高官厚禄。
② 合刊本"康熙志"此处"坚"字未书,以空白表示脱一字。

霸州兵备高时赞邵安次

享寿九十春,邦家无怨。居官三十载,忠爱兼全。

旧志序

东安县重修邑志序

梁溪华琪芳

余计偕北上,历邹滕、度瀛鄚、经涿易,见山水绵亘,人物繁衍,因叹定鼎幽燕,控扼形胜,三百年来,鸿仁沴泽①浃洽②于民人者深也。第书生而涉长途,方苦鞍马劳顿,即欲考郡邑、稽建置,有所未遑。二三月来,两③试既毕,滥竽首选,蒙特受史职。夫史氏职纪载,凡舆图、谱籍咸得流览。受事伊始,搜辑未广。适余友涿鹿卫幕冯翊卿氏函书至,且缄一帙示余曰:"此东安令郑公所辑邑乘也,敢徼④一言为此帙冠。"余受而卒业。见其叙事详而不秽,纪载质而有体。其文词美富,又驾轶近代、直逼汉唐,公盖有文才兼史才者。又读翊卿氏后序所述,公之为政,廉明仁爱,刚果有为。一切兴举厘剔,莫不畅人心而垂媺懿,公盖有史才兼吏才者。余闻公曩令卢山,运筹决胜,平蘭援蜀之勋甚伟。当事者以闻,而报功之典有待。公方叔⑤壮猷⑥,亦未究厥施,异日当秉钺登坛以罄生平,公盖有吏才兼边才者。夫苟况、范晔长于编摹而未闻有治行,延年、广汉饶有吏治而未闻有词章。尚威严者绌仁恕,崇长厚者

---

① 沴泽(huì zé):深厚的恩泽。沴:盛多。泽:恩惠。
② 浃洽:普遍沾润。
③ "两"合刊本"康熙志"误作"尔"。
④ 徼(jiǎo):求,求取。
⑤ 方叔:周宣王时贤臣。
⑥ 壮猷:宏大的谋略。

(天启)东安县志 　(康熙)东安县志

乏精明。公治行、文章两擅其美,又元凯①文而兼资武库②,柳浑③儒④而深识军⑤情,宜声名高出于畿甸。邑乘之修,其龙脔豹斑乎?今当天子方励英明之治、课核郡邑之功,令尤谆谆加意。诚见东西有事,率由贪黩委靡者蛊坏之,亟欲得英敏沉毅之士以亨屯⑥振废,为济宽之药石。公既有异能,又有异政,匪⑦久当下其玺书以奖贤劳,入为殿中执法,出为塞上干城。余且濡毫吮墨,俟公政成而纪颂之。若今之日序志乘,聊为诩⑧卿氏笃缁衣之好耳。是为序。

又序

楚辰郑之城 本县知县

先王经国体野,棋置都邑,凡以辅王居而奠黎庶,事綦⑨重矣。然昭垂典则,表纪劝惩,邑不可无志,犹列国之不能无史也。夫志视国史,均欲信今传后,倘厥制弗伦、厥式弗究,将何以为一邑重而备台使观风采摭乎?何谓制详略适得其分是也?何谓式稽核不失其真是也⑩?故必立义以审制,修词以审式,斯可⑪以言志。东安密迩京师,披拂于其⑫皇风甚久,宜其声华物采、载籍

---

① 元凯:又作"元恺",是"八元八恺"的省称。传说高辛氏有才子八人,称为八元;高阳氏有才子八人,称为八恺。后多用来泛指贤臣、才士。
② 武库:古代掌管兵器的官署。
③ "浑"合刊本"康熙志"误作"深"。
④ "儒"合刊本"康熙志"误作"如"。
⑤ "军"合刊本"康熙志"误作"宜"。
⑥ 亨屯:谓解救困厄。
⑦ 匪:不。
⑧ "诩"合刊本"康熙志"误作"翊"。
⑨ 綦(qí):极,很。
⑩ "是也"合刊本"康熙志"误作"也是",字序颠倒。
⑪ "可"合刊本"康熙志"误作"言"。
⑫ "其"字疑衍。合刊本"康熙志"此处亦衍此字。

典章彬彬然,与京邑并称极盛。迨甲子秋,余承乏是邦。凋瘵满前,士风朴茂,至导民以德让文艺①,直如影响之随形声。则知上有躬范,而民自速肖②若神也。因索邑志读之,冀得前人之贤与旧事之懿者,藉为率作化海之司南。乃③邑故无志,至万历癸未,云中阮公取邑仕绅张公手辑者而遽刻之。其中不无详所不必详,略所不可略,于厥志有弗伦也;掇拾多猥琐④,编摹鲜藻润,于厥式有未究也。不觉掩卷窃叹曰:"志而如是,何以信今? 何以传后? 又何足备观风者之采摭乎?"亟欲更加删益,勒成一书。会初政碌碌,未遑搦管。顾见民俗趋戆,余以不扰驯⑤之,民情趋华,余以不烦静之,相恬以愉。不三四月,邑渐无事,放衙之暇,时取旧志而卒业焉。考之宪章,质诸故老,两皆无征,无征不信。虽宣尼之圣,亦终□⑥焉已耳,余其如邑乘何哉? 虽然余实有长民之责,风俗民情非昭之典则、式之端轨,何以鼓默化之劝惩,以为皇畿首善地? 遂与涿鹿左卫赞幕冯君、儒学署教谕事边君、训导陈君、进邑博士弟子俾各加意搜辑。新旧毕陈,缀于各款目之下⑦,从而诠次,微寓以史氏之笔削。其大端断以万历癸未年为始,续前令阮公之后,迄于今天启乙丑之夏而止。极知⑧详略无当,鄙僿无稽,无改于前志之旧,然使四十余年文教、政事不致散佚失坠,庶尽余为令之苦心。若夫立义修词、审制审式,则待邑之硕彦与后来之具大手笔者。志成,因志岁月于简首。

---

① 文艺:在这里指礼乐制度。
② 速肖:迅速模仿。
③ 乃:竟,竟然。
④ "琐"合刊本"康熙志"误作"琑"。
⑤ "驯"合刊本"康熙志"误作"训"。
⑥ 原本此字已漫漶不清,合刊本"康熙志"此处以空白表示脱一字。
⑦ 合刊本"康熙志"此处以空白表示脱一字,误,原不脱。
⑧ "知"合刊本"康熙志"误作"加"。

(天启)东安县志　　(康熙)东安县志

又序

邑人邵鸣岐

上御极之十年,阮侯竹江公绾章为东安牧,于爰①暇时与予辈谭曰:"东安故称名邑,第未遘成志,无以考核曩昔。"予辈唯唯。公又曰:"志者,识不忘也。载一方事迹以备参考,即古列国史也。夫家不可无谱,人不可无传,矧百里封治,顾湮②泯无稽耶?"予乃振衣而对曰:"敝邑峙在畿南,为国家腹心内地。今虽民残才谢,在昔盛时亦称沃野名区。而邑志久废不成,尚古者类无观法,大为阙典。间有先辈公③略存诗文、传记,非不能模写景象、踪迹、故实,率成一家言往往不能。概嘉靖中邑人张公文举极力搜剔,列纲分目,竟未就梓。后念及者辄举辄已,全集放失。"公曰:"果若无成帙,则文献何征?沿革奚④究乎?"因⑤悒怏⑥不置。今年春,公乃⑦托魏君楠、李君应期洎⑧鸣岐,付以纂辑之责⑨,命庠弟子员刘子伯光等,分任其劳而经纪焉。公月自⑩捐俸金备什用、给廪庖⑪,予辈感激德意,馨心尽志,不敢以老惫辞。据张公遗稿及各家言,品订而评骘⑫之,繁者删,略者补。不藻思以饰丽,不逸气以眩

---

① "爰"字疑有误。合刊本"康熙志"此处亦误作"爰"。
② "湮"合刊本"康熙志"误作"烟"。
③ "公"字疑衍。合刊本"康熙志"此处亦衍此字。
④ "奚"合刊本"康熙志"误作"矣"。
⑤ "因"合刊本"康熙志"误作"固"。
⑥ "怏"合刊本"康熙志"误作"悒"。
⑦ "乃"合刊本"康熙志"误作"方"。
⑧ 洎(jì):到,及。
⑨ "责"合刊本"康熙志"误作"费"。
⑩ "自"合刊本"康熙志"误作"月"。
⑪ "庖"合刊本"康熙志"误作"庠"。
⑫ 评骘(zhì):评定。

华①,不虚美以求奇②,不妄削以没善,庶几哉一邑实录矣。噫!古称燕士慷慨,俗尚淳厚,固非虚也。邑自汉唐而上远不③可考,五代宋元略存其故,至明奠鼎,吾邑尤为□④毂首善。其间风景、人物、忠孝、节义,炳炳瑚瑚⑤,烜赫简策,生其后者不可不知其故也。噫!昔生齿衍⑥盛,今凋敝流离;昔土壤肥腴,今冲决沙⑦薄;昔名贤继踵、甲第连云,今冠盖寂寥、士风萧索;昔文物繁华、楼台烟火,今穷陬陋室、柴扉星落。吁嗟乎!古今之不相及乎!论世变者当为一怃然也。幸此书成,则千百年澌灭无闻得昭如日星,不与草木同腐者,公之力也。后世得于观感,为丈夫植义,为女子立节,为臣作忠,为子起孝,居官者修政事,为士者树德业,公⑧之力也。至于先后之盛衰不相埒,今昔之隆⑨替不相沿,此天时耳、气运耳。若曰夙弊倒置,前人蛊损,是在司牧之更化善治、救敝补偏者所宜次第举也。书既成,镂刻之费悉自出公廪。不惟一时,兆庶出水火⑩而厝生全我,公之德将上及百祀⑪,下垂万年矣。公大同世族,天性仁爱,襟怀磊落,以王道治民,不为苛察,其善政嘉绩具在,诸⑫当道与观风使荐状,兹无庸赘。所言者为奕世之后,觌⑬斯书而颂公德于不朽也。

---

① "眩华"合刊本"康熙志"误作"肱草"。
② "奇"合刊本"康熙志"误作"寄"。
③ 合刊本"康熙志""不"后衍一"不"字。
④ 原本此字已漫漶不清,合刊本"康熙志"此处以空白表示脱一字。
⑤ "瑚瑚"误,当作"烺烺"。合刊本"康熙志"此处作"烺烺"。
⑥ "衍"合刊本"康熙志"误作"繁"。
⑦ "沙"合刊本"康熙志"误作"莎"。
⑧ 合刊本"康熙志""业"后脱一"公"字。
⑨ 合刊本"康熙志""之"后脱一"隆"字。
⑩ 合刊本"康熙志"此处"火"字未书,以空白表示脱一字。
⑪ 百祀:百年。
⑫ "诸"合刊本"康熙志"误作"绪"。
⑬ 觌(dí):相见。

（天启）东安县志　（康熙）东安县志

刻东安县志引

云中阮宗道本县知县

夫志，识也，所以识时事也。邑而靡志，事奚①核焉？矧②东安为三辅名邑，相去辇毂仅百余里，而可阙略于斯。壬午夏，余奉典是邑，六③事少暇，爰求邑志以核。得张公手辑旧本，三复之，见其搜纂详、序论确，亦既有成业矣，第未一校雠而刊焉。乃商之学博杨君，共请乡缙绅邵④公辈群诸庠彦，编摹补辑，再逾月而告成。诸公持以恳余曰："是编也，固不敢以成志言，亦庶几可以志吾乡之事矣。果寿诸梓，可永厥传。"余唯唯受之。且再⑤阅，益见直而不俚、详而有据，卓然纪事之书也，锓而传之复奚疑？嗟嗟！天下之事，亦在乎为之而已矣。斯志也，后先垂百十载未成，兹因藉乡大夫之贤者与诸士共成之，阙典其有兴矣乎？凡留神斯邑者，一披是编，可考核无余矣。若夫因革随时，损益靡定，又赖后之君子起敝维风，以更化于无穷焉耳。

东安县志约

邑人张文举

《东安县志》无成书，非无能成，亦非可无成也。自昔之英贤词翰光焰炳焕，至今尤盛，至于天地融结之气，无时无处无之，而万事万物出焉。但人情每以首事为嫌，孰肯以自用自专自处也哉？夫天下之事固有为之不可，推之不可。君子知义不容已，深以宣朗人文、昭明训典为念。崛⑥起冒小匙之名

---

① "奚"合刊本"康熙志"误作"矣"。
② 矧(shěn)：况且。
③ "六"合刊本"康熙志"误作"云"。六事：考察地方官吏政绩的六项内容。
④ "邵"合刊本"康熙志"误作"即"。
⑤ "再"合刊本"康熙志"误作"在"。
⑥ 合刊本"康熙志""起"前脱一"崛"字。

而肆力其间,则夫哄气高声欣然称快,自天理人心所当发者。况吾侪生而相遇于一时,遇而相聚于一方,此百年不偶之欺①。能以士②儒自③名,必当以文献自任,尚欲谁之诿耶!凡有考证于书史,闻见于父老,自得于④精神⑤心术之运者,送稿到日,少缀进修,争先济美,各勒于分门析类之下。如纸短事多,重粘飞帖于上,嗔⑥注发回,以速诸家传致,遹观厥成,庶不虚延时日。或不拘迟蚤⑦,任意添送,亦无不可。前后⑧传序跋,尤拳拳以俟高明君子。然采之不可不传,约之不可不精,取正大⑨方家,直笔之下必有至当归一之说也。夫志以稿名,他日作者幸摘取一二,勿深弃焉,是望云尔。

东安县志　卷之九终

---

① "欺"字误,当作"期"。合刊本"康熙志"此处亦误作"欺"。
② "士"合刊本"康熙志"误作"古"。
③ "自"合刊本"康熙志"误作"目"。
④ 合刊本"康熙志""得"后脱一"于"字。
⑤ "神"合刊本"康熙志"误作"辉"。
⑥ "嗔"字误,当作"填"。合刊本"康熙志"此处作"填"。
⑦ 蚤:通"早"。
⑧ "前后"合刊本"康熙志"误作"不传"。
⑨ "大"合刊本"康熙志"误作"十"。

(天启)东安县志　(康熙)东安县志

东安县志　卷之十

(原本缺一二三页)

郡密迩京畿,仅三舍地,孝义迹于史馆者昭昭矣。遂以二侯请余记之,系以辞曰:"峨峨黉宫义士创兮,美哉轮奂为民望兮。鼎峙岱嵩屹相向兮,延聘鸿儒俨函丈兮。佩衿来游岁且久兮,奄宫桑榆畴克守兮。我侯戻止德施溥兮,学校之正重修举兮。来假来询慨然与兮,千载会遇詎非偶兮。镌此颂祠①传不朽兮。"

宣圣五十五代孙通奉大夫国子监祭酒孔克坚撰
至正二十四年岁次甲辰夏六月吉日立

东安县邵家庄乡学记

乡学,古也。四代之制,术有序以教其子弟,材成则宾兴,其贤能而官之,于是内之辅相、外之岳牧与凡小大臣工胥②此焉出③。则乡之有学,所系盖亦不细矣。《记》④曰:"良治⑤之子,必学为裘;良弓之子,必学为箕。"况齐民之子,其可以不学乎?学之,则德萃于躬、道著于时,故三纲叙、九法彰,而陶斯世于熙皞⑥。苟以学为末务,而驰心任意以妄施之,是之谓不学无术,多见颠

---

① "祠"字误,当作"词"。合刊本"康熙志"此处亦误作"祠"。
② 胥:全,都。
③ 正常语序为"胥出此焉",意为都出自这里。
④ 《记》:指《礼记》。
⑤ "治"字误,当作"冶"。合刊本"康熙志"此处亦误作"治"。
⑥ 熙皞:和乐;怡然自得。

倒舛讹,睢盱①惺②惑而莫之适从。譬之群御乎莽苍之野而疾驰以逐禽,一或御非其道,禽不可获,借③曰获之,则亦出诡遇耳。东安,古名邑,风气浑厚而民俗质直,治得其道则妥顺以安,非其道亦强忍慑服而不敢肆。非如他邑之民,宽则驯、急则扰,若羊豕之暴悍,未易绥柔也。邑之北,其乡曰邵家庄。邑长王侯即是以建学,乃延致李宗昭氏为之师。宗昭,前代衣冠家,而能遵教条、严训诲,蔼然邹鲁文教之风。余草堂去学馆不数里,举武尝于躬耕之隙,闻吾伊于风雨之夕。以谓吾乡由兵兴,后久亡弦诵声,孰意振绝响于大雅寂落之余乎?以吾宗昭之才,夫岂久于乡学者?毋谓其为佝④子师而琐琐焉,苟岁月以为事。故师之于弟子,贵乎迪之以善,而于童蒙,尤贵乎启之以正,盖所以谨夫始入之途而不为他歧所惑,此小学之教也。由是而进于大学,则脱⑤驾乎高明光大之域,而可以大行于时。宗昭,有志于古学者,其亦以义语诸高弟子。

大元翰林检讨一山李继本撰

东安庙学置地记

学之南有泮池,池之南有高垒,俗谓高垒为"笔架山"。学之乾有塔,俗谓此塔为"笔峰"。乾巽相应,允为此学之望。但此高垒乃民之地也,成化年上下民皆殷富,居室产业各保其有,无杂差扰,无包逃累。此地不得分裂,风气得完,形势亦固。见之科第名臣俊彦后先纷进,京畿左右称名邦者,让吾邑。此垒也,其在他人,犹其在吾学也。说者谓"笔架山"与"笔峰"有裨于吾学之文运道脉,不知果可信焉否?及上稽,有周因贤才众多而有高岗鸣凤之

---

① 睢盱(suī xū):质朴貌。
② "惺"疑为"惶"之误。惶惑:疑惑。合刊本"康熙志"此处亦误作"惺"。
③ 借:假托,假设。
④ 佝:幼稚,无知。
⑤ 脱:通"税"。税驾,即解下驾车的马,停车。言休息或归宿之意。

（天启）东安县志　（康熙）东安县志

咏,有唐因萃人文于此而有雁塔之建,似又形势有关于学也。迄今三十年余,自伪增后而遇以北兵深入,吾民之居业殆非前日矣！庐舍废为町疃,果木毁为薪炭,廓田厚土鬻为陶穴,邑之内外寥落不堪。斯垒也,渐四裁而决损之,其不圮而为污下也几希。豪右取之而难禁,地主欲弃而难留。广文吕北川、陈漳鹿与庠隽刘子伯光、史子亨、杨子绍英、王子应门议则曰："此垒乃吾学之望也,近者土①虽勤励,可进而科第大让于前,或者形势之废兴有兆于吾学之风气乎！自此不置为学有,不知将来此垒又不知荡废之何如。固不可尽信风水之说,既为吾学之望,岂可为他人有耶？岂可为他人以废之耶？"于是尽陈于邑侯韩公。公景闵曰："善。"是可与图者。各捐俸金若干,乡大夫如邵公鸣岐、魏君楠辈,闻此为有益学校以培养文化,在此亦忻跃而出助之,阖学诸士皆勉强出资成济此事。其地内长短、广狭、亩数、四至,另有《小石开记》。而泮南之岗始得为学有焉。又惧其世远人湮,诸士领吕公、陈公命,属龙江为文以记,遂镌诸石,庶豪右不得侵占,奸恶不得私取,则百年可据,永为吾学之地矣。夫地既为吾学之所有,我贤侯则得以奠丽,贤师得以培植,诸士子得以修礼陈义于其中而不可使茅塞。庶颓者可渐兴,卑者可渐高,可以上追有周之栖凤翼以鸣高岗、唐之萃人文以鸣雁塔,汇征鸿渐端有光于前也。溯其自,孰非韩公、吕公、陈公,有②以成复兴之功也？继有尹兹土者,领兹教者,得不动增之益高,筑之益完,以作士类于无穷也哉！非敢曰文也,姑书此以识岁月云。

万历六年七月吉旦邑举人知掖县事李应期撰

---

① "土"字误,当作"士"。合刊本"康熙志"此处亦误作"土"。

② 有:通"又"。

重修东安县文庙碑记

安次泽宫①其何昉乎？间尝披阅县志，自邑儒程式捐义馆为儒学实肇其始。迨明初成弘记②元，改迁③县治，而当事者始延堪舆家龟兹福地，爰乃创建学宫。当日民丰俗厚，烟火万家，一时筹度经营不劳而竣厥事焉。虽非龟蒙凫绎之胜地，亦不啻尼山泗水之宫墙也。坐此吉壤效灵，人文蔚起，故嘉隆以上，甲第蝉联，独甲诸郡。既而兵燹④频仍，兼之阳侯⑤为患，未免摧残攸伤地脉，迄今数十年来寥寥无建鼓者。噫嘻！芹宫为风气所关，顾不信哉。余以遂城儒素⑥，分训安庠。侧见两庑沦弃，四壁不完。若圣殿、若明伦堂，前已为孟寅丈(讳)、陈王者重修矣。若戟门、若棂星门，复皆颓圮，每朔望拈香，甚非所以肃拜献也。(梦明)随捐金壹百叁拾两，仍倡率环桥士子随力乐输。而贾生庆云等抡匠鸠工，亲督土木。不半载，而告成焉。然事属同群协助，未尝扰民间之一钱一夫，因申文本道张，蒙赐勘语云"修葺文庙，不扰民间，允属义举"等语。复转文学台萧，蒙赐勘语云"学宫各处残废，今安庠倡率重修，诚可嘉纳"等语。自此，人文以渐蔚起，吉壤取次效灵，将成弘以前之风气可以再造，而嘉隆以上之科第可以复初矣。(梦明)见今奉旨改选，诚恐褰裳⑦而后又鞠⑧茂草矣，因纠合庠士子郝来宾、扈运开等，订社出资以为历年修葺之费。今日此举，余固僭执牛耳，即继此秉铎者亦或不辞主盟。倘使春秋血食、攸光俎豆，(不佞)虽帐去扶风，亦若骏奔左右。宣圣有灵，实式凭之。儒

---

① 泽宫：古代习射取士之所。
② "记"字误，当作"纪"。合刊本"康熙志"此处亦误作"记"。
③ "迁"合刊本"康熙志"误作"选"。
④ 燹(xiǎn)：野火，多指兵乱中纵火焚烧。兵燹：因战乱而遭受焚烧破坏的灾祸。
⑤ 阳侯：古代传说中的波涛之神。这里指浑河水患。
⑥ 儒素：宿儒，名儒。
⑦ 褰裳：形容为事奔波，不辞劳苦。
⑧ 鞠：尽，皆。

(天启)东安县志　(康熙)东安县志

林丕振,实嘉赖之。即千秋之礼乐,宫墙实巍焕而永奠之也。是为记。

时康熙六年岁次强圉①协洽菊月②穀旦东安县儒学教谕遂城王梦明撰

东安县学创建奎楼记

赐进士第翰林院检讨萧山来宗道撰

梁公以山东参政莅霸州,属邑以数十,行历③咨询,政举化洽,尤以首善之地宜辅天子薪槱之化,文物为天下倡,益属意焉。己酉秋,历东安。东安故无城,正德间始城,而西城实逼学舍,青衿④进取渐绌,说者谓右昂左陷,形势固不利云。公既至谒庙,低回久之,进知县郑暨学博,问故,乃曰:"形势家未足尽信,然南涂北岳、陟巘降原之事具载《诗》《书》,法当于学之左建高楼以厌⑤之。顾岁事不登,赋逋帑竭,奈何议工作?"郑曰:"明公不鄙夷下邑,有意经始,以惠多士,敢不奉扬?先是学庙地,邑立簿义助,可二百余两,职辞以此有司事业,斥赎金茸焉。今其簿具在,工可不费而集。"公曰:"善。"遂捐俸二十,令择地卜日举事,郑以下各以次捐。委教谕光裕、训导启明暨诸生,殚心饬役,五旬落成。高拾寻,广五筵,题曰"奎楼",从所志也。学外衢树二坊,东扁曰"德侔天地",西扁曰"道冠古今"。望之飞甍鸟革,巍碣虹亘,五彩相错,百雉争雄。往来游息于斯者忭舞色笑,咸曰:"休哉!公之大⑥造于东土也!"于是学博遣诸生邦才秉朴具书,请予记之,以予为公所举,而郑尝振铎⑦吾萧⑧,所执经也。按《志》:东安去京师百四十里,被化甚迩。异时贤书相望,累官御史大夫、尚书者不下数人。原国家建学育才之意,似非

---

① 强圉:天干中"丁"的别称。
② 菊月:农历九月是菊花开放的时期,因称九月为"菊月"。
③ 行历:犹经历。
④ 青衿:学子之服。后因称读书人为"青衿"。
⑤ 厌:以迷信的方法,镇服或驱避可能出现的灾祸。
⑥ 合刊本"康熙志"此处"大"字未书,以空白表示脱一字。
⑦ 振铎:谓从事教职。
⑧ 萧:指萧山,即作者的家乡。

沾沾较科名多寡,而卒亦不能外。此间尝究论其故,不可知者三:开之天为数,域之地为势,成之人为才,惟三者举不可知,故往往相值。何也？数之偶也！屯人则易沮,或已又复然,沮者益以愤懑。旁求其解,阴阳曲说,遂多借口,而人始疑。疑则愈沮,沮则屯者遂不复亨。当是时,上欲振其沮,而不有兴创营缮之事以易其耳目,先破其所疑,毕世不可得。夫既以然矣,又往往若券。何也？土欲振之,即屯之欲亨,而其兴创者复藉形势以为耶！往来游息之林,去其畏忌,劝业自振。夫自振则鲜不利也。所谓地效灵、人效力,因其不可知,而遂为我用也。公建楼之意倘谓是乎？顾监司地崇,足不履黉序①,或且迂视之,难一；有司吝钱谷,或搜括已罄,欲办无所,难二；令具材庀,不协于同,欲计日受成不得也,难三。兼此三难,快睹成绩,不亦休哉？公昔著声中秘,以给谏典浙试事,所得皆誉髦②。郑在萧课弟子员有法,入彀者数科不绝,相合以济,所谓成之者人,抑在斯乎？诗曰:"岂弟君子,遐不作人"③,梁公有焉；"百堵皆兴④,蘉鼓弗胜"⑤,郑公是已；"蔼蔼王多吉士,惟天子使"⑥,诸士勉乎哉！

公讳有年,号惺田,广东顺德人。郑讳崇岳,号霁华,浙江浦江人。

明万历岁次上章阉茂蕤宾旃蒙大荒落吉旦,赐进士第前翰林院庶吉士形⑦科都给事中钦差整饬霸州等处地方兵备兼理马政河道山东布政使司右参政广东顺德梁有年创建

原任文林郎顺天府东安县知县升南京刑部主事浙江浦江义门郑崇岳仝建

---

① 黉序(hóng xù):古代的学校。
② 誉髦(yù máo):誉髦斯士,谓选拔英杰之士。
③ 岂弟君子,遐不作人:语出《诗经·大雅·旱麓》,意指和乐平易的好君子,怎会不去培养青年。
④ "兴"合刊本"康熙志"误作"与"。
⑤ 百堵皆兴,蘉鼓弗胜:语出《诗经·大雅·绵》,意为成百道墙一时建起,人声赛过了打鼓声。歌颂古公亶父的开创之功。
⑥ 蔼蔼王多吉士,惟天子使:语出《诗经·大雅·卷阿》,以凤凰展翅高飞,百鸟紧紧相随,比喻贤臣对周王的拥戴。
⑦ "形"字误,当作"刑"。合刊本"康熙志"此处作"刑"。

（天启）东安县志　（康熙）东安县志

东安县创建名卿、科第两坊记

余丁巳夏捧符安次，出春明门，经天子上林迤南。甫抵境上，见黄沙赤地中忽有蓊然①茂翳者，问之，此留犊②里也。夫留犊为汉寿春时侯③故事，一过而千载系思，则邑人之厚也，心窃景之已。阅邑乘，见名公巨卿、簪缨科第之蝉联□□④，又心窃伟之已。入邑治，见人文凋谢、景色萧□□⑤，无前贤棹楔⑥、昭垂⑦不磨⑧，以兴□后者⑨，则余又□□⑩心伤之矣。夫汉距今不啻三千年⑪，其间为州为县凡经三徙，何代无贤？何日无令？何令之名不可□⑫？必借才异代、异地，仅托于寿春令以传。而吏是□⑬者，既弗克自为可传，踵寿春之芳躅，又弗能传□⑭方盛美，令湮没无闻，将间表墓封之，谓何不亦□⑮朝廷，羞当世士乎？

---

① 蓊（wěng）然：草木旺盛的样子。
② "留犊"故事出自《三国志·魏志·常林传》，后形容为官清廉。
③ "侯"字误，当作"候"。合刊本"康熙志"此处亦误作"侯"。
④ 原本此两字漫漶不清。合刊本"康熙志"此处以空白表示脱两字。清刻"乾隆志"此处两字不缺，作"也""则"。
⑤ 原本此两字漫漶不清。合刊本"康熙志"此处以空白表示脱两字。清刻"乾隆志"此处只有一字，作"条"。
⑥ 棹楔（zhào xiē）：门旁表宅树坊的木桩。
⑦ 昭垂：昭示，垂示。
⑧ 不磨：不可磨灭。
⑨ 原本作"以兴□后者"。合刊本"康熙志"此处作"以兴后起者"，误。
⑩ 原本此两字漫漶不清。合刊本"康熙志"此处以空白表示脱两字。清刻"乾隆志"此处两字不缺，作"嗛""然"。
⑪ "三千年"之说有误。
⑫ 原本此字漫漶不清。合刊本"康熙志"此处以空白表示脱一字。清刻"乾隆志"此处不缺，作"传"。
⑬ 原本此字漫漶不清。合刊本"康熙志"此处以空白表示脱一字。清刻"乾隆志"此处不缺，作"土"。
⑭ 原本此字漫漶不清。合刊本"康熙志"此处以空白表示脱一字。清刻"乾隆志"此处不缺，作"一"。
⑮ 原本此字漫漶不清。合刊本"康熙志"此处以空白表示脱一字。清刻"乾隆志"此处不缺，作"轻"。

爰视事稍暇,进荐绅先生博□①弟子员讯之。佥曰:"此缺典也,某辈之几幸而未敢请者也。"议于邑左右建坊二座,左曰"昭代明卿";左之外曰"前代明卿"。右曰"明时②科甲";右之外曰"明时俊彦"。各以次定。维时率先之黄掾两学博倡助□③。一时缙绅④贤珰义士共协成之。

　　是举也,不醵⑤金□⑥,不委吏胥,以滋巧谬。惟是石者、木者、埴⑦者、锻者、□⑧者、斫且垩⑨者,惟力是视,子来乐输。不三月,而两坊巍然夹峙矣。使它年乘传⑩拥幰⑪,过而式之曰:"此某⑫名卿某贤士大夫故里也!"生景仰心。其喆胤⑬秀士则而象之曰:"此某先达名卿贤士大夫之所□□⑭!"生兴起心。兹坊所造良多,孰与借才异代、异地以为重乎!若曰:"子不能自为重,徒托都人士以为重。"寿春令将无揶揄我乎?余则何以解嘲?

　　役既竣,□⑮浃岁矣。会余有遵阳之移⑯,诸绅士请识之,余为之次其年月,登好义之名如左。

---

① 原本此字漫漶不清。合刊本"康熙志"此处以空白表示脱一字。清刻"乾隆志"此处不缺,作"士"。
② "时"合刊本"康熙志"误作"之"。
③ 原本此字漫漶不清。合刊本"康熙志"此处以空白表示脱一字。清刻"乾隆志"此处不缺,作"之"。
④ "绅"合刊本"康熙志"误作"神"。
⑤ 醵(jù):凑,集。
⑥ 原本此字漫漶不清。合刊本"康熙志"此处以空白表示脱一字。清刻"乾隆志"此处不缺,作"钱"。
⑦ "埴"合刊本"康熙志"误作"植"。埴(zhí):黏土。
⑧ 原本此字漫漶不清。合刊本"康熙志"此处以空白表示脱一字。清刻"乾隆志"此处不缺,作"畚"。
⑨ 垩(è):用白土涂饰。
⑩ 乘传:乘坐驿车。传,驿站的马车。
⑪ 幰(xiǎn):车上的帷幔。
⑫ "某"合刊本"康熙志"误作"其"。
⑬ 胤:后代。
⑭ 原本此两字漫漶不清。合刊本"康熙志"此处作"无也",误,当作"留也"。查清刻"乾隆志",此处作"留也"。
⑮ 原本此字漫漶不清。合刊本"康熙志"此处以空白表示脱一字。清刻"乾隆志"此处不缺,作"已"。
⑯ "移"合刊本"康熙志"误作"遗"。

（天启）东安县志　（康熙）东安县志

时万历四十七年岁次屠维①协洽②八月昭阳③作噩④吉旦
赐进士第文林郎知东安县调繁⑤见任遵化县事云间陆燧记

东安贤令云间渭源陆公生祠去思碑记

惟兹弹壤，实号天邑，滨河襟海，北拱神京，固甸服之第一咽喉，而左辅之股肱郡也。□□⑥子诞敷文德则被化最先，而长吏临之，其梗治亦易。自武健⑦严酷，既难胜任，而一切阘茸⑧软媚者亦转溺其职矣。云间陆侯以词苑蜚声魁海内，其绾绶而来也，戴星冲泥，筚路蓝缕⑨，不遑启处，若调剂于水火燥湿之宜者。甫二稔，吏惮民怀，上计奏最治且成矣。乃廉能异状，藉甚雀起，至岳荐帝简，同舌而贤之。属斥堠⑩之不宁，忧劳我捍⑪御。计遵阳处纪纲⑫之司，为九地最要害，以牧伯而兼干撅，日讨军实而纠筹之，岂斤斤智效一官者卒办此哉？于是急推侯以往，侯亦跃然奋曰："疆场败衄⑬，主忧国辱，匪惟武夫力而拘诸原，繄⑭樽俎之折冲⑮是赖，所不底定，此而后即快者，有如日！"

① 屠维：天干中"己"的别称，用以纪年。一作"徒维"。
② 协洽：天干中"未"的别称，用以纪年。
③ 昭阳：岁时名。十干中"癸"的别称。
④ 作噩：十二支中"酉"的别称，用以纪年。
⑤ 调繁：谓调任政务繁剧的州县。
⑥ 原本"子"前有两字，已漫漶不清。合刊本"康熙志"此处亦脱。清刻"乾隆志"此处作"圣天子"。
⑦ 武健：勇武刚健。
⑧ 阘茸(tà róng)：喻地位卑微或品格低下的人。阘：小户，引申为卑下。茸：小草。
⑨ 筚路蓝缕：坐着柴车，穿着破衣服去开辟山林。形容创业的艰辛。筚路：用荆笆做车帮的车。蓝缕：敝衣。
⑩ 斥堠：又作"斥候"，侦查，候望。
⑪ "捍"合刊本"康熙志"误作"悍"。捍御：防卫，抵御。
⑫ "纲"合刊本"康熙志"误作"绸"。
⑬ 衄(nǜ)：挫折。
⑭ 繄(yī)：文言助词，惟。
⑮ 樽俎折冲：指不以武力而在宴席交谈中制胜敌人。后泛指外交谈判活动。

安父老子弟一闻檄下,亟奔走号呼,以请于当路,不获借寇①。侯不忍弃去,迁延浃月。比脂辀②,则黄口鲐背③壶浆塞衢,车轫不得发。侯数四温慰之,相对泫然而已。归,聚族谋之,叹曰:"天乎!其无意于横目之民④乎?彼民何幸我何辜!乃夺此以与彼耶!虽然,若之何?矢勿谖也!邑自苗寿春以留犊显,厥后即明兴二百余祀,循吏概不乏人,然畏垒⑤之社稷与岘首之堕泪⑥蔑有闻也,创之欲自今日为侯始。"因即城南数百武⑦,稽故实建祠而碑之。夫城南者何?是侯祀河⑧祷雩所沾足剪爪处也。典曰:"以劳定国则祀之,能捍大患则祀之。"安人藉侯光灵以脱死亡、登衽席⑨,一旦别,似免婴儿于怀而夺之乳哺,有不号嗄⑩终日者乎?侯下车之时何时也?城不津者数版耳,撮土殚为河矣。鱼蛙⑪之民,弁髦⑫生趣矣。侯被⑬而与河盟,有斩蛟沉马之壮,河亦杀其怒涛以宛就侯之威令。

河既平,进四十二里。约法焉,戒勿哗,逋负无问矣。即国课所必不可蠲

---

① 借寇:典故名,寇,指汉朝寇恂,典出《后汉书》。后以"借寇"表示地方上挽留官吏,含有对政绩的称美之意。

② 脂辀(yóu):油涂车轴,以利运转。借指准备驾车出行。

③ 黄口鲐背:孩子和老人。黄口:儿童。鲐背:老人。

④ 横目之民:语出《庄子·天地》,指人人,百姓。

⑤ 畏垒:喻指乡野。

⑥ 岘首堕泪:典出《晋书·羊祜传》:晋羊祜镇守襄阳时,勤于政事,为民办很多好事。他死后,百姓在他常游憩的岘山立庙建碑,见碑者无不落泪。岘首,山名。即湖北襄阳县南的岘山。

⑦ 武:半步,泛指脚步。

⑧ "河"合刊本"康熙志"误作"何"。

⑨ 衽席:借指太平安居的生活。

⑩ 嗄(shà):嗓音嘶哑。

⑪ "蛙"合刊本"康熙志"误作"哇"。

⑫ 弁髦:弁,黑色布帽;髦,童子眉际垂发。古代男子行冠礼,先加缁布冠,次加皮弁,后加爵弁,三加后,即弃缁布冠不用,并剃去垂发,理发为髻。因以"弁髦"喻弃置无用之物。

⑬ "被"字误,当作"祓"。祓(fú):古代一种除灾求福的祭祀。合刊本"康熙志"亦误作"被"。

(天启)东安县志　（康熙)东安县志

者，侯①筑场之时别其谷土、庶土之缓急，污邪、瓯窦②之丰啬，分六限，限量笞数人，趣③之以佐官输，惟正之外不横索一钱、加遗④一刑也。已而祷霁、祷雪、祷旱，莫不断血斩饮⑤，憔悴毕虑；莫不肸蚃⑥辄应，如责券⑦而取之。安人啧啧呼"神君""慈母"矣。

其听决务在平恕，尝念荒民憨骇⑧，诬扞文法，苟罗钳吉网⑨，自新之路谓何⑩？积岁以来，雨卧桁杨⑪，春满犴狴⑫，其酿化不既多乎？且清影射之弊则豪猾不敢侵侔，立平准之法则驵侩⑬不敢低昂。马政举，骐牡⑭三千矣；醝政⑮举，农末兼资矣。诸如学田、义田之设，皆以捐俸置之，赎锾不以瞰润，义仓储谷至七百石，几番仰屋之嗟无米之炊。侯为安人计，何其苦而远耶！至出其尘后⑯粃糠以陶铸诸文学，则陈说经史，辨古今人当否，订斯文佳恶，风雨集而江波流也。或引才而就法，或引法以绳才，自闱中所抡士与宇下所执经而

---

① 合刊本"康熙志""筑"前脱一"侯"字。
② 污邪：地势低下的田。瓯窦：狭小的高地。
③ 趣：通"促"，催促。
④ "遗"字误，当作"遭"。合刊本"康熙志"此处作"遭"。
⑤ "断血斩饮"疑有误，疑为"断斩饮血"。
⑥ 肸蚃(xī xiǎng)：散发，传播。多指声音气体的传播。合刊本"康熙志"此处误作"盻嚮(向)"。
⑦ 责券：求取凭据。
⑧ 骇(ái)：痴呆，愚蠢。一说"呆"的异体字。
⑨ 罗钳吉网：指酷虐诬陷。唐天宝初，李林甫为相，任酷吏吉温、罗希奭为御史。吉罗承李旨意，诬陷异己，制造冤狱，时称"罗钳吉网"。事见《旧唐书·酷吏传下·罗希奭》。后因以"罗钳吉网"比喻酷吏朋比为奸，陷害无辜。
⑩ "何"合刊本"康熙志"误作"可"。
⑪ 桁杨：加在脚上或颈上的刑具，亦泛指刑具。
⑫ 犴狴(àn bì)：监狱。
⑬ 驵侩(zǎng kuài)：原指马匹交易的经纪人，后泛指经纪人、市侩。
⑭ 骐牡：语出《诗·鄘风·定之方中》，后泛指马。
⑮ 醝(cuó)政：盐务。
⑯ "后"字误，当作"垢"。尘垢粃糠：意为灰尘和污垢，谷粃和米糠，比喻卑微无用之物。合刊本"康熙志"此处亦误作"后"。

问字者,无不人自标奇,云蒸霞变,有足龙骧天路,当异①日县官之用者。盖和宝砥于良工,干将锻自欧右②,又所从来不偶耳。人亦有言:"县者,民命所悬也。"倘其如蝮蛇之蓁蓁③、豺狼之侁侁④,悬人以嬉,投之深渊,则亦乌用此令为矣!

侯大都胸中不立城府、不设柴栅,而才略宏伟、意态魁岸,亦不呢为⑤訾栗斯⑥,絜楹泛凫⑦之习。以故其操冰壶也,其心慈航也,其摘发照胆镜而辟邪珠也。安人虽积遭厉茂⑧,材⑨突不黔,而犹不至颠踣载道、量人有壑,兴哀于苌楚⑩,鸣怨于硕鼠⑪者,伊人赐哉!使侯与古悬鱼驯雉⑫之治、神爵五凤之长颉颃于飞,未知合置谁左者。昔文翁之祠于蜀也,栾布之社于燕也,朱公之祠于桐乡也,何武之思于兖也,慕其义,怀其泽,数十世不替。所谓思人爱树棠,犹且勿伐,而矧侯得民之深、安民得侯之至若此乎!周命毕公保厘⑬东郊,亦曰泽润生民。海隅日出,罔不咸赖侯。今东矣,亦取其润泽安者以泽遵⑭,而小侮何足致我绸缪?是廷论推侯以往之意也。

烽火一静,甘泉无警。侯且树麟阁之业,而安之庇荫尤不浅矣,安何恚

---

① "异"合刊本"康熙志"误作"冀"。
② "右"字误,当作"冶"。欧冶:即欧冶子,春秋时著名的铸剑工。合刊本"康熙志"此处亦误作"右"。
③ 蓁蓁:众多的样子。
④ 侁侁(shēn shēn):众多。
⑤ "呢为"误,当作"为呢",字序颠倒。合刊本"康熙志"此处亦倒。
⑥ 呢訾栗斯(zú zī lì sī):出自《楚辞·卜居》,指奴颜婢膝,向人献媚。呢:阿谀奉承。
⑦ 絜楹泛凫(xié yíng fàn fú):絜,度量。楹,柱子。度量柱子顺着圆面。絜楹,喻善能揣度权贵者之所好。泛凫,"泛泛若水波之凫,与波上下"。亦为圆滑阿谀。
⑧ "茂"字误,当作"岁"。厉岁:灾年。合刊本"康熙志"此处亦误作"茂"。
⑨ "材"字误,当作"村"。村突不黔:村里的烟囱不能熏黑。比喻不安定。突:烟囱。黔:指烟囱熏黑。
⑩ 苌楚:即羊桃。野生,开紫红花,果实如小桃,可食。
⑪ 硕鼠:比喻横征暴敛的贪婪官吏。
⑫ 驯雉:"鲁恭驯雉"之略语。典出《后汉书·鲁恭列传》。称颂鲁恭善施仁政,化及鸟兽。
⑬ 保厘:语出《书·毕命》,指治理百姓,保护扶持,使之安定。
⑭ 遵:指遵阳。

(天启)东安县志　(康熙)东安县志

为？是役①也，测景度地，鸠工虑材②，成以不日。为堂三楹，萧③然塑像其中。陶埴为垣，旁以丙舍，岁时伏腊，侯俨然莅焉。筐筥锜釜之器，潢污沼沚之水，以荐明信、祈鸿休。率而祝曰："乐只君子，邦家之光。"再祝曰："乐只君子，遐不黄耇④。"则又安人建祠而⑤碑之意也。不佞敬从舆人之诵，授简而为之记。

侯讳⑥燧，别号渭源，起家庚戌会魁进士，松江上海人。而经纪祠事者，则施生大雅等董之，爰是丽牲⑦斧石以志岁月云。

万历四十七年岁次屠维协洽月之昭阳作噩上吉
赐进士第直起居注纂修六曹章奏翰林院检讨涿州人冯铨顿首拜记

重修东安县城记

东安去都门百四十里而近，盖畿南首邑也。阅其志，邑近浑河，数遭水患，凡三徙而得今之乐土。无城，历若干年始创土城，又历若干年始券城门。至嘉靖庚戌，兵至都门，始议陶甓⑧煅⑨垩⑩成城，城盖如此难也。夫王公设险以守国，况东安郊圻近邑，奈何迁延若是，大抵向来仕绅习为偷惰，前人之事听之后人，后人之事诿之前人，直侍⑪大坏⑫极弊，卒起而更张之。诿之者餍

---

① "役"合刊本"康熙志"误作"投"。
② 鸠工虑材：召集工匠，准备材料。
③ "萧"疑为"肃"之误。合刊本"康熙志"此处亦误作"萧"。
④ 黄耇(gǒu)：年老意。此指长寿。
⑤ "而"字误，当作"立"。合刊本"康熙志"此处亦误作"而"。
⑥ "讳"合刊本"康熙志"误作"韩"。
⑦ 丽牲：借指碑石。
⑧ 陶甓：陶砖。
⑨ "煅"字误，当作"锻"。煅：烧制意。合刊本"康熙志"亦误作"煅"。
⑩ 垩(è)：白色土，可用来粉墙。
⑪ "侍"字误，当作"待"。合刊本"康熙志"此处亦误作"侍"。
⑫ "坏"合刊本"康熙志"误作"环"。

足而归,更之者民劳财费。倘肯各身其事,未雨绸缪,安所事于劳费!此曲突之谋,反逊于焦烂之后,天下事可忍言哉?

今东安城又历若干年,风雨浸淫。外之陶甓不无泐啮①,至于内土又不厚,日颓日圮,城土②至不能措趾。脱③更悠悠泛泛不亟为料理,非惟有警一无所恃,即至倾塌而更为之,其劳费概可知矣。

甲子秋八月,楚辰平溪郑公来守是邦。下车问民疾苦,首阅城垣,见其磊砢④单薄,实疚于心。顾恐民之未信,姑未轻举。然公于吏事谙练有素,以不缁之守运游刃之才,仅半年诸弊俱剔,百度具兴。上之人倚重,下之民深信。于是计城之广袤若干丈、修之工费若干金,修之之序必先内而后外。又计邑之幅员若干里、里之居民若干村,随村大小各出夫若干名。督理委之幕属,分任责之省祭,公之胸中盖裕如矣。

翼岁二月,乘春风和土融,农有暇日,白之当道,诹吉⑤兴工。檄村民由近而远,役五日即计番休,周而复始,不久役,不重役。民感公使之时、用之节,皆欢然趋事,版筑之声言言锽锽。越四阅月⑥,城袤二千四百余丈,业告成事。次按城甓之残刓者、雉堞之摧靡者,皆撤旧易新,窒鏬⑦填齾⑧,巍然焕然。外望之堵拱飞翚,内视之垣可驰马,从此可以称完城。可以消窥伺,又可以资防守,而巩郊圻之屏翰矣。向非神明茂宰,力为担当,豫筹桑土,安能不亟不徐而聿观厥成乎?故知悠悠泛泛者不足以任天下之事,而投艰遗大⑨惟

---

① 泐啮(lè niè):裂开,侵蚀。
② "土"字误,当作"上"。合刊本"康熙志"此处亦误作"土"。
③ 脱:假如。
④ 磊砢(lěi luǒ):指众多委积的石头。
⑤ 诹吉:选择吉日。
⑥ 阅月:经一月。
⑦ 鏬(xià):"罅"的讹字,缝隙,裂缝。
⑧ 齾(yà):(器物)缺损。
⑨ 投艰遗大:指交给重大艰难的任务。

（天启）东安县志　（康熙）东安县志

精敏明干者方可胜任而愉快,是郑公大有造于东安矣。

余更有说焉。城①以盛民有形之险也,民心爱戴无形之险也,略有形而重无形则圣人何云:"重门击柝以御暴客"?毖有形而忽无形,则孟轲氏何云:"地利不如人和?"二者盖交相重也。今东安既有郑公之善政以联属民心,又有郑公之坚城以维系民心,东安永为三辅称首也宜哉!

郑公名之城,由乡荐起家。政绩甚夥,兹不具论,论其修城之硕画如此。余表弟涿鹿经历冯泰运辱公之爱,始委摄尉,继委监工,向余颂述如此,余故知其详云。

时天启五年岁在乙丑清和②月吉旦
赐同进士出身征仕郎户科都给事中前户礼兵左右给事中梁溪沈应时顿首拜撰

监工　经历冯泰运

典史　陈三豪

省祭　徐虎　王赐贵

明赠嘉议大夫刑部右侍郎施伯诚碑铭

刑部尚书施公礼,述其先公行实,来请曰:"痛先父早弃诸孤,冢上之木已拱,荷蒙恩赐诰,追赠奎章③文龙,贲④于泉壤,恩荣极矣。倘俾一言文诸墓石,以彰特宠,昭示子孙于永世,则存没知感也。"予逊弗获。

按状,公讳伯诚,南徐丹徒人。生而岐嶷⑤,夙昭美誉。曾大父亨、大父延宗俱⑥潜德弗耀。父翁祖有文武才略,元季以武功历官至镇江帅府万户,

---

① "城"合刊本"康熙志"误作"诚"。
② 清和:农历四月的俗称。
③ 奎章:帝王书法诗文。
④ 贲(bì):文饰,修饰。
⑤ 岐嶷(qí nì):峻茂之状,多用来形容幼年聪慧。
⑥ "俱"字误,当作"俱"。合刊本"康熙志"此处亦误作"惧"。

(康熙)东安县志

勋绩甚著,欲遣人赴都请给诰赠。公时十有九岁,毅然请行。万户公壮之,给资装,□①从者与之偕。

既至,适青徐兵起,梗不能归,流寓□②下。恒自念去家数千里,无以自给,惟医药有济人利物功耳,遂从名医学。而性颖悟,博通轩岐③以□④诸家方论,切脉理辨症,知疾病之候,或遇奇疾,辄著神效。后陟居宣抚,复赖医书以济生。及至平定海宇,四方流寓者咸归故里。

洪武初始南徙,暂寓东安常伯乡益留里,构屋宇、辟莱芜,以耕以获,家渐以裕。后遇荒歉,人罹灾疠,踵门求医向背相望,受剂者即愈,未尝责其报。有贫乏不能自存者则周济之,有孤独无倚者则牧⑤养之,朋友死丧不能举者则殡埋之。汲汲焉以济人利物为心,前后赖以全活者无算。见善人则极口称扬,见不善则掩而不言。虽饶于资,不事侈靡,自奉甚约,以故乡邑咸以长者称之。及闻故家荐罹兵燹,无复存者,且以占籍东安,家累重大,竟不果还。遇时祀先,则潸然殒涕,其孝诚有足重者。洪武九年八月初一日以疾终,享年六十有七,葬所居二里许。

初寓都下,娶景州张氏,无嗣。在宣抚娶李氏,生二子:长震,次礼,即尚书也。公卒,震十有三岁,礼甫四岁。张李二母矢守以抚育之,后竟成立。自公捐馆后,二母和睦,勤俭治生,家赖弗坠。张之卒,寿七十有三;李之卒,寿登八十。俱与翁合葬。礼由丁丑进士,历行人司副、河内参政、淮南知府,改山东监察御史,升大理寺寺丞,升少卿,至今官。历事五朝,声望并著。公由

---

① 原本此字漫漶不清。合刊本"康熙志"此处作"之"。"之"疑为"遣"之误。

② 原本此字漫漶不清。合刊本"康熙志"此处以空白表示脱一字。(乾隆)《东安县志》此处不缺,作"都"。

③ 轩岐:黄帝轩辕氏与其臣岐伯的并称。他们被视作中国医药的始祖,故轩岐常用来泛指医术。

④ 原本此字漫漶不清。合刊本"康熙志"此处以空白表示脱一字。(乾隆)《东安县志》此处不缺,作"来"。

⑤ "牧"字误,当作"收"。合刊本"康熙志"此处亦误作"牧"。

(天启)东安县志　　(康熙)东安县志

子贵,赐诰初赠奉政大夫、修政庶尹、大理右寺①丞,二配俱赠宜人。未几,礼升刑部尚书,特追三代,公与父翁祖俱赠嘉议大夫、刑部右侍郎,妣萧氏与二配俱赠淑人。孙男七人:纲、维、纶、缙、绅、纨、纯,乙卯进士②;孙女七人。曾孙男七人、孙女八人。呜呼!公始自丹徒来,定居东安,微于一缕之仅缋③,乃能延蔓以至硕茂,荐④荷⑤褒赠之荣,非阴德之厚,奚以致此?《易》曰:"积善之家,必有余庆。"于是可以验所积矣。虽然为之于冥冥,报之于昭昭,其德不亦可述矣乎?铭曰:丹徒名家,宦门之胤。甫及妙龄,已有令闻。为亲请诰,勇往弗辞。值时兵兴,播迁流离。资囊罄然,医药自给。后寓宣抚,备尝艰棘。圣明御宇,万姓咸欢。偕家南迁,侨居东安。乃治室庐,乃艺黍稷。家渐以殷,喜周人急。值岁荒歉,灾疹俱兴。以医活人,大振厥声。南望乡关,欲归弗果。追惟厥先,涕泪交堕。阴德既厚,庆源云仍⑥。笃生英嗣,为时名臣。朝有恤典,天报罔斁。命有褒赐,品秩崇峻。佳城孔固,穿碑勒美。百世弗磨,昭示子孙。

嘉议大夫礼部右侍郎羊城陈琏撰

明刑部尚书施公墓表

户部主事绅以公务至,自北京持状启予征表先君之墓。公讳礼,字仲节,其先镇江丹徒县人。父伯诚公以父翁祖公任元镇江帅府万户侯,父伯诚公承父命,赴都请给告身。适徐兵起,路梗不得归。慕东安风土敦厚,遂定居焉。由是子孙皆为东安人。

---

① "右寺"误,当作"寺右",字序颠倒。合刊本"康熙志"此处亦误作"右寺"。
② 此记述有误,下文中,只有"施绅"领宣德十年(即乙卯年)进士。
③ "缋"字误,当作"续"。合刊本"康熙志"此处亦误作"缋"。
④ 荐:再次,屡次。
⑤ 荷(hè):承受。
⑥ "仍"合刊本"康熙志"误作"乃"。

294

公身长额广,自幼才识过人。父伯诚公早升仙,公昏定辰①省,孝事二母。当道闻之,即遣为邑庠弟子员。读书为文不烦师资,且制行迈出辈流。未几,以《诗经》领洪武丙子乡荐②,登丁丑进士,授行人司副。奉使交趾,君命不辱,以功升河南参议。布方张之德化,收始附之人心,远近亲戴,吏民怀服。在官七载,以丁嫡母张氏忧还乡。思先公之早弃,痛孝养之未终,哀哭咽噎,不进食数日。逾月,奉母柩合葬于先公垅。后起任淮南知府,廉以持身,勤以莅事,官属率化,百姓归心。未几,以罡误调③遣。公配宜人冯氏与之偕,所居岑寂④,行橐萧然,惟课僮⑤耕获以自给,略无一毫怨怼意。

永乐三年,除山东道监察御史。公虽德性宽和,贪残亦不少贷。数载之间,方镇牧守畏威怀德,贪残者亦化而为廉厚。吏驯民安,东省为天下治一。继升大理寺右丞,辨冤伸枉。洪熙元年升正卿,剖决详明,多所平反。九载进秩,升刑部侍郎。宣宗尝谕之曰:"刑法,天下民命所系,卿理狱亦无冤民。"公愈加砥励,德望益隆,勋庸益著,时升刑部尚书。天子方以虞之皋陶、周之苏公目之,故褒封至及于祖父母、父母、妻室焉。娶冯氏封夫人,有贤行,先卒;侧室郑氏、马氏亦踵芳躅。男伍⑥:纶、缙、绅、纨、纯,绅领宣德十年乡荐第一,除授户部主事;孙六:志、惠、愚、愈、宪、忞;女七俱幼。

公居官性度宽平,慎威仪,寡言笑,犯而不校,事君以勿欺而犯为心,理狱以得情勿喜为念。又尝闻为御史时每自言曰:"吾于此职不敢以讦为直,以察为明,惟以事处事,心普无心。"识者已谓公有大臣体,自是扬厉中外,经事

---

① 辰:通"晨"。
② 乡荐:应试进士,由州县荐举,称"乡荐"。按:后世称乡试中试为"领乡荐"。
③ "调"疑为"谪"之误。谪:封建时代特指官吏降职,调往边外地方。合刊本"康熙志"此处亦误作"调"。
④ 岑寂:冷清,寂静。
⑤ 课僮:教授儿童读书。
⑥ "伍"合刊本"康熙志"此处作"五"。

（天启）东安县志　（康熙）东安县志

五朝，始终一致。一动一静，鲜不由于礼义，雍容廊庙，于以①崇尚名节，于以保完正气，有不可一言一事盖尽其为人者。

及卒，讣②闻于朝，天子痛悼，以失良辅佐为惜，遣官致祭者三。又为卜地筑茔、捐金赙③葬，恩荣极矣。公也，生顺死安，一代重臣，夫复何愧！噫！公不可作矣！庸述其概，表诸墓以示不朽云。

南京国子监祭酒陈敬宗撰书

明故中奉大夫山西布政使纪公墓表

纪氏系出平阳，有令闻，居于东安者族姓甚蕃。皆敦尚德义，而山西布政使卓然有名望者也。公讳谆，字克诚。幼端敏，不与群儿为伍。七岁诵《诗》《书》，十岁从师受学，昼夜不懈。乡老奇之曰："此子颖悟嗜学，当立大名于时。"父母遂遣入县庠补弟子员。益肆力于学，日有所进，同门生咸推让之。洪武乙亥贡礼部，升于太学。公质魁伟，才识超卓，以选署都察院事，有能，升授山西道监察御史。纠击贪邪，辨理冤抑，风纪为之振肃。时有言县令多非才、无惠政，逮下诏选京职任之，遂以公为睢宁令。以廉持己，以诚待下，以礼为政。民有讼其子毁之者，公得其实，谕其父子曰："为父教子，能先正身则能正家，为子者安得不循其教，敢有非言？闻尔暴厉多过失，得非④子有谏诤之言，尔怒，遂以为毁己乎？若吾为令治民不贪不酷，民有怨毁者耶？尔但正己，无患尔子不孝。"讼者惭愧，后改行为慈父，子亦以孝称。

永乐改元之初，诏公为湖广道监察御史，风纪益振，拜山东按察使，政益清肃。与吴御史谳⑤郡县重狱，无不推原其情，公为委曲辨论，平反者多。吴

---

① 于以：因此，是以。
② "讣"合刊本"康熙志"误作"计"。讣：报丧，报丧的通知。
③ 赙（fù）：拿钱财助人办理丧事。
④ 得非：莫非是。
⑤ 谳（yàn）：审判定罪。

曰:"我奉命理狱,宪使偕同,尔喋喋多言,若与僚属何耶!"公曰:"刑狱重事,一失其中则致人于死。所以言之者,欲刑得其当耳,岂敢口舌相渎哉!"吴后秩满,授山东属郡知府,见公颇不自安,公待之加厚。无何,公以事左迁浙江道监察御史,扈从远征。功成,还赐银及彩币。升交趾按察使,交民初附,未安于化,公虽典宪执,而推诚恤下,禁吏无肆侵扰,民德之。特拜交趾左布政使,民益喜慰。仁庙①嗣位,公朝京师,已而交人相攻。宣德癸丑,改山西布政使。政事修举,吏民怀服。丁卯外艰还乡,哀毁成疾,终正统九年甲子二月十六日也,寿七十有六。

公孝友直谅,识度弘远,勤于职事,薄于自奉,厚于爱下。在交趾时,侍郎张公、郎中王公以罪谪为从事,公礼待之。王死,为治棺殓,以白金赒其妻子。公来朝,载其骨于舟。渡海,暴风将覆舟,众以朽骨所致,公仰天祝曰:"人死远方,归其骸,天其悯之。"风乃止。

公之曾祖讳清、祖讳仲祥、父讳延年,皆敦厚好礼。公配张氏,子一,安,能世其家;女四人,俱适名族。侧室唐氏,女二人。孙男二人:曰俊、曰杰;孙女二人。公以卒之年春三月庚午,葬邑南先陇之次。安奉进士李侃之状,属鸿胪寺卿杨公思敬征文表诸墓。

呜呼!公以才学德量跻于显要,历年兹多。闻望著于中外,卓然有②时名卿,而于其终也,以居丧致疾,其孝行尤为可称。公之始终,夫何憾哉!公在朝恒与予会,久知公之贤,安之请不可辞,乃序其实碑③,刻诸坚石,表之墓道,以垂休于无穷焉。

内总裁太原王英撰

---

① 仁庙:这里指明仁宗。
② "有"疑为"为"之误。合刊本"康熙志"此处亦误作"有"。
③ "碑"疑为"绩"之误。合刊本"康熙志"此处亦误作"碑"。

（天启）东安县志　（康熙）东安县志

明故中宪大夫右佥都御史李公合葬墓志铭

公讳侃，字希正，姓李氏，号归庵。先世河南新野人，徙湖广荆门，后宦游东安。高祖讳寿椿，曾祖讳士瞻，翰林学士承旨，封楚国公，出理盐政于闽，讨平海寇寨。祖讳继本，元翰林检讨，通五经。父东，洪熙初行人司副、太仆寺少卿，配陈氏，封恭人。公正统壬戌①举人，刘俨榜进士，拜给事中。己巳时势偶尔②值变，为一巨当③偾事④，车驾被遮，景帝方以郕王摄政，与今致仕尚书王公竑请正其罪，以谢天地。郕王继登位，改元景泰，尊⑤英王为太上皇。近臣有郊⑥前所为窃弄威权者，公怀疏陛陈，即日俟黜其人，一时扈从死节之臣皆录用其子。公复上疏以为偷生苟活者宜加严谴，以励臣节，虽不行，人皆惮之。

后彼国悔过，奉车驾还京，议迎复礼仪弗称，公即上章极言："太上皇为社稷生灵，今日礼仪宜从厚。"颇逆旨命。廷臣议，佥曰："侃所言无他，无非欲皇上笃亲亲之义，尽友爱之情。"于是礼仪有加。□⑦年天象示变，诏求直言。公上章请依兵部尚书于谦所言罢度僧道，及将吏部⑧中李贤所上《中兴政本十事》留于内，时赐睿览，且自劾不职，优诏慰答。户部尚书金濂违诏征

---

① "戌"合刊本"康熙志"误作"戍"。
② "偶"后疑衍一"尔"字。合刊本"康熙志"此处亦误作"偶"。
③ "当"字误，当作"珰"。珰：中国汉代武职宦官帽子的装饰品，后借指宦官。合刊本"康熙志"此处亦误作"当"。
④ 偾（fèn）事：败事。
⑤ "尊"合刊本"康熙志"误作"奠"。
⑥ "郊"疑为"效"之误。合刊本"康熙志"此处亦误作"郊"。
⑦ 原本此字漫漶不清。合刊本"康熙志"此处未留空白以示脱字，误。
⑧ 此处脱一"郎"字，当补。清刻"乾隆志"此处不脱。

敛,无敢言者,公面纠其罪。曲①宥②之。公复膝行至前,励声劾其难宥状,遂下濂狱。是年,兵寇边,公又疏大要,欲内修外攘,振纪纲、收人心、节浮费,以资军用。三年,广西指挥苗玹冀脱大辟,蓦请易储,下廷议,公执以为不可,曰:"东宫无失德,易储非美事。"有顷,中官兴安出,动一③危言④。公对虽洒泣,执议如初,遂改詹事府丞,以解言职。十年知无不言,言无不尽,排奸斥佞,面折廷诤,公卿严惮。在詹事府修宋元鉴,深得体,总裁者每谓他史官曰:"李先生纂修,文而不失其实,宜以为式。"尝批其稿曰:"此而不依,欲何依乎?"

英宗复辟,亦知给事中。有不从易储之命,左右无先容者,事遂寝。改太常寺丞。丁父忧,哀毁骨立。服除,改太仆寺丞,进少卿。马政修举,廉声大著,朝野识与不识咸闻公名。日望柄用,累陈时政大要,欲更化以除宿弊,而以择守令、劝贤才、厚风俗、修武备为急,多见施行。畿内岁荒民困,复陈时政十余条。寻升都察院右佥都御史,奉玺书镇抚山西,兼提督雁门等关。筑橐莲台为宁武关,修边墙、练兵马,威惠并施,中外畏感。举廉戮贪,不惮大吏。尝雪夜提兵巡偏头关,寒甚,边将有貂裘直百金密馈,公叱出之,讳其事而薄其人。公之长厚类如此。榆林官军生擒小石爱子者,贼备驼马告赎,公上言请许归其俘,以结其心,亦安边至计,不报。诸王府官校多骄横不法,公悉绳以法度,转相告报曰:"毋犯李都"。晋阳之人,虽闺门女子皆知感激,有绘公像事之者。自陈休致,并上五事。适修撰罗伦,言事落职,上章力为之解。榆林乏粮草,户部奏遣官督征。公恐逼民逃窜,檄下停止,然后奏闻。公之所担荷类如此。丁母忧回,军民拥留至不得行。服阙,自陈致仕,因其言恳切,特赐俞允。

---

① "曲"前疑脱一"上"字。合刊本"康熙志"亦脱此字。
② 曲宥:曲意宽容。
③ "一"字误,当作"以"。合刊本"康熙志"此处亦误作"一"。
④ 危言:故意说吓人的话。

（天启）东安县志　（康熙）东安县志

　　公天性至孝。先景泰改元之秋，兵变汝①畿内，二亲在容城。公闻之，昼夜号哭，乞假寻访。冒白刃遍寻，被获。兵虽凶悖，见其孝诚亦不加害。太恭人晚年丧明，公退讲史传，及命子孙诵古今故实以悦其意。比终，哀毁如丧父。时公自奉甚薄，居官四十余年，橐衣之外无余物。平生所为，忠义见于章疏，文章著于诗赋②，道德则见于《小学摘易诗图③》及《续崇正辨晦庵④言行录》，藏于家。

　　公生于永乐丁亥九月九日午时，卒于成化二十一年己巳九月初二日未时，享年七十有九。讣闻，遣官谕祭，而常典之外加赐葬，盖特恩也。配张氏，瑄之姊也，累封恭人。有妇德，治家严肃，为一时缙绅楷范。事舅姑以孝敬闻，通《孝经》《列女传》诸书，诸子皆其亲教，与公相敬如宾。年九十五卒，葬京城西之钓鱼台。少宰昆山叶公盛志其墓。生四子：长德容，任训导，娶杨知县女，继娶成指挥女；次德宪，青州府通判，娶潘院使女；德恢，大理寺正，娶盐运使女；德仁，中书舍人，娶董布政女。皆恭人出。女一，适张缙。媵姚氏出孙男五：旻娶刘训导女，续娶汤指挥女；时娶宋氏，继唐氏；旦聘费司业女；晏、昊尚幼。孙女五：长适余知府子太学生銮，余亦幼。德容兄弟十⑤以卒之岁十一月十三日，奉公之柩葬于县之北凤窝里张家庄凤河之阳，启恭人之墓而合葬焉。

　　公殁之再旬，瑄以浦⑥来哭公柩前。又逾旬，诸甥奉翰林修撰林先生瀚所为状擗诵⑦，曰："先人非无名公卿，为墓文，第不如舅知之深而见之切，此

---

① "汝"字疑有误。合刊本"康熙志"此处亦误作"汝"。
② 自"文章著于诗赋"至"卒于成化二十一年己巳九月初二日未时"，原本已漫漶不清，文字据合刊本"康熙志"补。
③ "图"字疑衍。当作《小学摘易诗》。合刊本"康熙志"此外亦衍此字。
④ 晦庵：朱熹之号。
⑤ "十"后疑脱一字。合刊本"康熙志"此处亦脱。
⑥ "浦"合刊本"康熙志"误作"满"。以浦：从江浦来。
⑦ "擗诵"疑为"擗踊"之误。擗，捶胸；踊，以脚顿地。形容极度悲哀。

来若素有要约者,敢廑笔砚。"瑄亦哭尽哀而诺之。忆宣德壬子,先布政使为县时,以吾姊许侍公,挈之来任,与瑄学同师、业同经、第同年、居同食者五十余年,见公端方忠孝,实切爱慕。第愦愦①有素②,学而未能,得公开发成就,恩同父师,瑄虽不文,而不铭公之墓,属之谁哉?

　　公之素行,可书者多,此盖挂一漏万耳。谨忍泪执笔,序而铭之曰:于赫李宗显元始,自③来新野迁荆门。再徙安次官益尊,承旨学士职讨论。出定祸乱功孰伦,国史有传谱牒存。祖父孙子子又孙,下逮都宪超前闻。职当言路称敢言,忠义炳炳昭乾坤。孝奉二亲友弟昆,寒燠不废严晨昏。编纂丹府才必抡,秉笔不让班马文。朝廷重寄在拊循,威如秋霜仁春温。振拔淹滞苏烦冤,斥④去大吏如刈简⑤。一闻亲丧戴星奔,军民号泣争攀辕。至今三晋官与民,不敢玩易矧敢谖。未老谢事归田园,穰穰福履来便繁。世蹈礼义浚庆源,四子先后登青云。优游自适几八旬,嗒然⑥委蛇游天阍。吾姊作配妇道敦,养备涤溉亲蘋蘩。龙门庄南凤河村,连珠合璧封高原。松楸⑦郁郁峙⑧虫纹,敕赐葬祭皆殊恩。龙光瑞气互吐吞,后千百世恒如新。

南京刑部尚书姻弟江浦张瑄撰

故米脂教谕赠南京兵部尚书刘先生墓志铭

　　先生姓刘氏,名景,字仰之,东安人也。昔在嘉靖初,予读诸郡邑所为志

---

① 愦愦:糊涂。

② 有素:由来已久。

③ "元始自"疑为"自元始"之误,字序颠倒。整句当作:"于赫李宗显自元,始来新野迁荆门。"合刊本"康熙志"此处亦倒。

④ "斥"合刊本"康熙志"误作"斤"。

⑤ "简"疑为"藆"之误。刈藆(yì jiān):割草。合刊本"康熙志"此处亦误作"简"。

⑥ 嗒(tà)然:形容懊丧的样子。

⑦ 松楸:墓地多植,代称坟墓。

⑧ "峙"合刊本"康熙志"误作"畤"。

(天启)东安县志　(康熙)东安县志

乘,怪其于人物尚多阙遗。而予时方壮,思以奉职之余,力补其所未备。数喜从士大夫访求其先辈与凡仕于其地而贤者,盖于东安得先生之乡行,曰:先生故农家,自其曾祖甫顺、祖原以及父旺,凡三世皆不易业。至先生始好读书,以通载记,补邑博士弟子,遂廪于庠。晚以贡上春官①,授庐州府学训导。直躬坦怀,不能饰词貌、干进取,久之迁教谕于陕之米脂。居一年,致其②仕,归,逾年而卒。

初,先生受业博士弟子时,二亲老,家又贫甚,能竭力具涤髓③,每进饮食必察视颜色,或意适则④喜,否即局蹐⑤,不敢自宁。事其前母之兄恭甚,抚兄子如己出,长为娶妇立业,往往至罄乏,无吝容。继母杨有女,嫁而贫,杨时阴有所予。先生觉之,乃更赒以粟帛,杨大悦,而父亦益安其养。若先生者,孝友人也。予闻谨识之。又于庐得先生之宦迹,曰:先生自守洁白,所居无完毡。然闻诸士婚丧失期,辄捐俸以助。有称贷者,不责其偿。郡尝岁侵,民饥且疫,大守作粥,遣属吏分食之。诸属吏率避不肯行,公奋曰:"死生命也,奚必疫疠能死人哉?"日往等差,其老少弱强与病之浅深以上下其食,民赖之活者甚众。在米脂不以年老少易其志,而米脂边邑,博士弟子之廪禄,岁恒不能充。及致仕归,视其橐中,于舟车之费才足。若先生者,校官之廉且惠者也。予闻又谨识之。顾其时,先生已捐馆舍⑥,予每念先生仕不违守,贫约以终其身,未尝不喟然也。

岁庚戌,予以《礼书》知贡举,而先生季子今南京兵部尚书、参赞机务体

---

① 春官:礼部别称。
② "致"字下衍一"其"字,当删。合刊本"康熙志"此处亦衍此字。
③ "涤髓"误,当作"滫瀡"。滫瀡(xiǔ suǐ):指柔滑爽口的食物。
④ "则"合刊本"康熙志"误作"自"。
⑤ 局蹐(jú jí):畏缩不安貌。
⑥ 捐馆舍:抛弃馆舍。死亡的婉辞。

乾举进士，□①谓所知曰："古称为德之报，不于其身，必于其子孙。"□□②先生观之，岂不信哉？其后尚书历给事中、通政□□□③、户部尚书，以刚正真④廉侃侃著声望。继忤时宰，罢归。天子即位，登用老成，首召起，加柄用焉。盖先生有蕴不施，所以发于子者甚厚，而天之报德于是乎益彰矣。

先生生景泰丙子十一月十六日，卒于嘉靖庚寅四月十七日，寿七十四。元配马氏，生天顺丁丑五月四日，以成化丙申八月二十三日先卒，无子。继配万氏，生成化乙酉二月二十九日，嘉靖乙酉十一月十一日亦先卒，子曰：体道、体直。侧室高氏，生成化丙午十月十九日，卒于嘉靖庚申七月二十五日，则尚书母也。侍先生最久，奉舅姑能婉曲致孝。先生归自泰⑤，家益落，尽鬻簪珥衣服以资先生，又以奉其葬。先生卒，又以教尚书学，迄底于成姻。党称其贤，无异辞者。孙三人：侃，国子生；浡，官生；潏，县学生。

万历癸酉岁，因上两宫徽号，覃恩海宇。会尚书奏其三载之绩，诏赠祖旺与先生如其官，妣皆夫人。高亦自⑥封太淑人，赠夫人。于制得立碑，墓前代石像人、马、虎、羊次第列左右。而先生故，祔葬⑦于其先茔。地湫隘⑧不能具仪物，乃卜吉壤，北门之外，以○⑨月○⑩日，改葬先生，合二配及尚书生母祔焉。先是以宗伯义兴万公征予铭，凡状所云，与予所访闻尽合。因自念今虽

---

① 原本此字漫漶不清。合刊本"康熙志"此处以□表示脱一字。清刻"乾隆志"此处不缺，作"予"。

② 原本此两字漫漶不清。合刊本"康熙志"此处以空白表示脱两字。清刻"乾隆志"此处两字不缺，作"于刘"。

③ 原本此三字漫漶不清。合刊本"康熙志"此处以空白表示脱三字。

④ "真"字误，当作"直"。合刊本"康熙志"此处亦误作"真"。

⑤ "泰"字误，当作"秦"。合刊本"康熙志"此处亦误作"泰"。米脂属陕西，陕西简称"秦"。

⑥ "亦"后衍一"自"字，当删。合刊本"康熙志"此处亦衍此字。

⑦ 祔(fù)葬：合葬。

⑧ 湫隘(jiǎo ài)：低下、狭小。

⑨ 原本与合刊本"康熙志"此处皆空而未书，存疑待考。

⑩ 原本与合刊本"康熙志"此处皆空而未书，存疑待考。

(天启)东安县志　(康熙)东安县志

老病,不能缀缉以补志乘之未备,然幸辱与尚书游,顾宁忍使先生之美德湮没而弗传也？遂诺而铭之。

铭曰:学足以显其身而位则卑,其遇也噫；德足以昌其后而发则迟,其大也宜。新丘窿然①,具物与仪,亦有穹碑,煌煌制词。岂惟子孙,本源是思,过而式者,尚其师之。

附谕祭尚书刘体乾大父母文:古朴之性,博雅之才,望重师儒,化行庠序。爰有良配,一德相承,庆泽所钟,笃生令子。蚤登甲第,擢居谏垣,晋式银台,茂著劳绩。褒封荐被,庭训益彰,□②被疏奏,深体孝恩。特命有司,并颁谕祭,九原有知,尚同欣慰。

赐进士及第少师兼太子太师建极殿大学士徐阶撰

奉政大夫修正庶尹管理海防清军训练稽查等务兼督军饷山东济南府同知黄公墓志铭

天启五年之二月,济南二守黄公始克葬。既窆③,卒哭④,次鹑火⑤矣！嗣子行可等邮书孤竹,请为尊人志其墓中之石。且赍⑥状涕洟⑦而道曰:"先君子素履贞白,无玷清议。其勤王事,蹇蹇匪躬。今兹殂落,乡邦⑧饮泣,国士兴嗟。矧不孝于公谊⑨至亲,先人又托契金兰也。微公畴概其生平,敢丐一

---

① 窿然:高起、突出的样子。
② 原本此字漫漶不清。合刊本"康熙志"此处未留空白以示脱字,误。
③ 窆(biǎn):下葬。
④ 卒哭:古代丧礼,百日祭后,止无时之哭,变为朝夕一哭,名为"卒哭"。
⑤ 鹑火:星次名。
⑥ 赍(jī):带着。
⑦ 涕洟(tì tì):涕泪俱下,哭泣。
⑧ "邦"合刊本"康熙志"误作"拜"。
⑨ 公谊:公事上的友好关系。

言以志不朽。"顾不佞①椎鲁竖②儒、蠛蠓③微质④、文非所长，自惟于公非陌上人也。公之大王父，即先慈之外祖翁也。先慈李蚤失怙恃，洎⑤予舅氏云霞公，茕茕⑥两姊弟俱髫龀⑦而孤，赖外祖妣张安人抚育而资嫁之。作配先考，不至拓落，秋毫皆黄赐也。是母氏虽甥于黄，实子于黄也。黄之先德，即抚孤甥，已睹全豹之一斑。饮水思源，宁忘所自哉？公为黄太安人之□⑧孙，不佞获与同业经术，志相切劘⑨，忍没公行实不录乎？

按状，公世家安次，讳宗周，字郁文，别号近轩。曾高而上，潜德发光，纯懿世济⑩。嗣而以儒显者，若滨州公以廉惠而俎豆于鲁，巩昌公以贤科而通守于秦。伯大父芦庄公用宾于王为贤郡，卒其裒然史册，于赫⑪科贡者，又彰明较著也。公太父家温德茂，誉协乡评。王考庵泉府君克承先业，蕃衍⑫后昆，率皆翱翔黉序⑬，廪食上庠⑭，称华族。

公弱冠，即蜚英腾茂，台使监司以"飞黄神骏"期之，曰："若岂池中物，为云为龙，吾不知其所变化矣。"万历庚子，高捷畿闱，以数奇连蹇⑮，天也⑯？人

---

① 不佞：谦辞，犹言不才。
② "竖"合刊本"康熙志"误作"坚"。竖儒：对儒生的鄙称，有时用以谦称自己。
③ 蠛蠓（miè měng）：虫名，体微细，将雨，群飞塞路，常用来比喻小人物。
④ 微质：谦称自己渺小，微不足道。
⑤ 洎（jì）：到。
⑥ 茕茕：孤独无依的样子。
⑦ 髫龀（tiáo chèn）：指幼年。髫，古代小孩头上扎起来的下垂头发。龀，小孩换牙。
⑧ 原本此字漫漶不清。合刊本"康熙志"此处以空白表示脱一字。
⑨ 切劘（mó）：切磋相正。
⑩ 纯懿：高尚完美。世济：世代继承。
⑪ 于赫（wū hè）：叹美之词。
⑫ 蕃衍：繁盛众多。
⑬ 黉（hóng）序：古代的学校。
⑭ 上庠：古代的大学。"庠"后疑有脱字。合刊本"康熙志"此处亦脱。
⑮ "连"字误，当作"运"。数奇运蹇：命数不好，连续遭遇坎坷。合刊本"康熙志"此处亦误作"连"。
⑯ 原本作"也"，合刊本"康熙志"作"乎"。

(天启)东安县志　　(康熙)东安县志

乎？癸丑谒选，除卫之汲县令。汲故附郭冲邑，舟车孔道。公治邑，一意拊循，不遑旦暮，举疮而摩挲之。照沬①生全、春台寿域，在公仁育中矣。若均徭赋、清置邮、保善类、芟豪奸，戴星视事，栉雨省民，五年如一日也。

会福藩封河南，汲实水陆交更之地。行帏吾②殿，廪饩庖羞，供亿百出，猝难应办。且卫士、阉人势如虓虎③，卫守一切属公经纪之。盖稔公为都人士，习貂珰④爪牙常态，且量公才谓挥霍⑤，足辨⑥乃事也。公于此时，以慷慨悲歌之气而驾驭城狐社鼠之奸。于斯时也，近习幸嬖挟震主之威，势张甚，都门南指，横索不赀。当事者罔不悸心短气，舌咋不能下。公勇往直前，以强项壮怀，摧折其震撼不平之气。帖然就理，不敢哗，反投刺⑦亲就之，以故百尔供张无所挠，竞⑧以致令旨注存⑨，王厨宴赉，奖藉有加。游刃挥霍，上恬下熙，诚所谓大辨才得三昧⑩法，而理繁治剧，其小者也。说者只多其才力饶为之，殊不知公之廉明夙著，足以慑服⑪其不逞之心也。谁谓德政不足以格人心哉？不然即臬宪⑫，即郡牧，且蒙其玩侮，何有于一长令哉？乃若⑬治汲，善状不宁，剡荐⑭稠叠，声彻睿览，又篆之路上行人之口碑、卫壤之歌谣矣！政

---

① 沬(mèi)：通"昧"，微暗。
② "吾"字疑有误。合刊本"康熙志"此处亦误作"吾"。
③ 虓(xiāo)虎：咆哮怒吼的虎。
④ 貂珰：本为汉代中常侍帽子上的饰物，后借指宦官。
⑤ 挥霍：敏捷，迅疾。
⑥ "辨"字误，当作"办"。合刊本"康熙志"此处亦误作"辨"。
⑦ 投刺：投递名帖求见。
⑧ "竞"字误，应作"竟"。合刊本"康熙志"此处亦误作"竞"。
⑨ 注存：关注问候。旧时书信用语。
⑩ 三昧：源于梵语音译，借指事物的要领、真谛。
⑪ 慑服：使之畏惧服从。
⑫ 臬：臬司，古代主管一省司法的官员。元时肃政廉访司称臬司，后明、清提刑按察司也称臬司，又俗称臬台或廉访。臬宪是旧时对按察使的敬称。
⑬ 乃若：至于。
⑭ 剡(yǎn)荐：上书举荐。

通人和,绩最一时,渥承天宠,荣溢存没。

晋公二守济南,备倭东州,适当其势,致扰全省震叠。公以当道委属,特任转饷之寄。穷庐绝境,千里轴轳;繁霜蒙袂,酸风射眸;白草黄沙,备尝艰楚;沴厉①外袭,精血内耗。以致四体尪羸②,二竖为虐③。屡乞骸骨,当路格不为达。盖以寻规避者例④公,而漫视公为全身远害者流也。讵知公实鞠躬尽瘁、纯德不二心之臣哉!? 诸葛武侯之死而后已,公庶几矣。

公疾甚,知不起,力疾而行。至东州兰若,犹以好语绐二嗣。盖以家山迢递,间阻重关,虞其过痛,恐伤遗体也。悲哉! 情绪死生以之矣。属纩时,始呼二嗣扶之坐,嘱曰:"吾驰驱王事,致兹大渐⑤,此自臣子职分当然。远域勤王,裹尸马革,死王事抢攘⑥之秋,比死床第⑦、泣妻孥,所死亦已厚幸矣,复何恨? 若曹第扶吾衬⑧归葬先陇之坎,毕吾事矣。"言竟而瞑,卒无一言流连家事。吁嗟痛哉! 公乃心强圉⑨国尔⑩忘家如此! 夫分香卖履⑪奸雄眷恋之私,墓道伪题万事不洗之垢,宁若公之膏身草莽,陨命疆域,而能从容磊落,天日矢心哉! 煞煞痛矣,亦怡怡慰矣。不佞兴言及此,泪随言下,潸潸盈睫矣。公天性冲温,丰神秀朗,言辞和畅,体貌魁梧。孝友睦族,仁让维风。发为文词,

---

① 沴(lì)厉:即沴疠,指瘟疫。
② 尪羸(wāng léi):瘦弱。尪:骨骼弯曲之症。
③ 二竖为虐:比喻疾病缠身。竖:小子;二竖:指病魔;虐:侵害。
④ 例:即例及,连类而及。
⑤ 大渐:指病危。
⑥ 抢攘:纷乱貌。
⑦ "第"字误,当作"笫"。笫:床上竹编的席,亦为床的代称。合刊本"康熙志"此处亦误作"第"。
⑧ "衬"字误,当作"榇"。榇:意为棺材。合刊本"康熙志"此处亦误作"襯"。
⑨ 强圉:强壮有力。
⑩ "尔"字误,当作"而"。合刊本"康熙志"此处亦误作"尔"。
⑪ 分香卖履:旧时喻人临死念念不忘妻儿。后以"分香卖履"喻临死不忘妻妾。

（天启）东安县志　（康熙）东安县志

逍逸秀雅，浑然畅然，绝不落帖括溪①径，盖斌斌乎盾②有其文矣。髫年失怙，事伯兄礼斋。公如严父，久而弥笃，至敦伦恤姻，隆师亲友。自家食以至禄养③，衎衎④于于⑤，未尝疾言怒色。盖天之所畀者纯也。

公生于嘉靖丙寅之三月四日，没于泰昌改元之十一月六日，得寿五十有五。王考庵泉府君以公贵，赠文林郎、卫辉府汲县知县。母房氏、王氏赠太孺人。元配刘氏封孺人，殁、在亦孔荣矣。嗣是天子序御防之功，公以勤王许国，委盾⑥遐荒，其报功之典，当不次⑦隆施矣。公子三人：长行可，县学生，娶邑庠生孙衍庆女；次适可，京卫武学生，娶永清儒官王宗颜女；又次鼎铉，府庠生，娶邑贡生魏邦才女，卒，继娶清平知县武清王溥女。女一，适崔九思。孙男三：长筌，聘邑廪生施行敬女；次蘅，尚未聘，行可出；次灏，幼，鼎铉出。孙女四：长适刘启泰，次俱幼，行可出；又次幼，适可出。

公生于邑南之挑河头，居民数百家。公之先君子，实一邑巨擘也。硕德重望，化乎一乡。居民不致渎官刑而骫⑧三尺者，皆令先君之泽也。礼斋伯兄，克绍先猷，为一乡之善士，里间实式凭⑨之。邑明府颜其门为"世德"。云子若孙，将鸿冥凤翥⑩，称国华⑪矣。此固世德之报宜尔也。因为之铭曰：维公家之先德，渊渊其长；维公家之簪笏，衮衮其光。公而幼学，既以艰辛卒业；

---

① "溪"字误，应作"蹊"。合刊本"康熙志"此处亦误作"溪"。
② "盾"疑为"质"之误。合刊本"康熙志"此处亦误作"盾"。
③ 家食：赋闲，不食公家俸禄。禄养：以官俸养亲。
④ 衎衎（kàn kàn）：和乐貌，刚直从容貌。
⑤ 于于：自得貌。
⑥ "盾"疑为"质"之误。合刊本"康熙志"此处亦误作"盾"。
⑦ 不次：不依寻常次序。
⑧ 骫（wěi）：骨弯曲。引申为枉曲，弯曲。
⑨ 凭：依靠，依附。
⑩ 凤翥（zhù）：凤凰高飞。
⑪ 国华：国家的杰出人才。

公而壮行,复以启佑克昌。宜跻膴仕而邅徊①五品,宜享期颐而殂谢中旬。浑朴无断之素衷兮,公无奸于造化;有余不尽之永祉兮,造化还以畀②后昆③。高于公之门乎?植王氏之槐乎?寝朋寝昌,日新月盛,其有兴乎?

邑人张惟一撰

黄公瘁忠始末

司马公于万历四十六年六月去汲,八月即至山东之济南。时兵势迫促,地方阽危④。于四十七年二月监军宽奠,督运粮草出境从征,深入重地御防,诚所谓出一生于九死者也。其日用蔬菜、纸张一如汲之给纹见买。而裁革则舍人五十余名、书办十余名、门役六名,此皆所谓衙门之蠹也。批词听讼则当堂注定,书役不得高下,且片纸不罚,每以"神君"呼之。清查海防,则夹带违禁不时申饬,如逃兵二十余名、奸细二名尽行拿获⑤。所辖属下各营官军及所辖水兵三千,则每月初二日、十六日训练于本州之大教场,赏罚昭然,市侩老弱之徒不得冒充其中。

署岫岩粮厅事,则在济所收登州米四万余石,本厅收莱州粮,则在三□⑥牛收四万石,在北河岸收二万石,在大顺泛收十一万余石。督催排车一千五百辆,亲到府域拨运登莱粮五万余石。于本府大顺北河泛拨运过莱粮十万石有奇。督催所属各地,置买过车共四千辆、排车一千三百辆,皆星夜奔驰,亲为料理。至见军饷告急,挽运惟艰,捐俸薪银一百两,自置买车三十辆,轮赴军前。时冒暑月,戴星而出,戴星而返,司马公之筋力于是竭矣。前此见所属

---

① 邅(zhān)徊:艰行不进貌,坎坷、辗转。
② 畀(bì):给予。
③ 后昆:后代;后嗣。
④ 阽(diàn)危:危险;临近危险。
⑤ 拿获:捕获,捉获。
⑥ 原本此字漫漶不清。合刊本"康熙志"此处作"猥",疑有误。

(天启)东安县志　　(康熙)东安县志

各地□①垣倾圮,壕堑未修,捐俸二十金修理城壕,四面挖浚。每夫每日设处谷二升,给工价一分。军民不惊,足以为一方保障。迨至壕垣既修,又于所属各堡各编壮丁一千余名,每日暮上城,不时登阅。收粮时念各运官船户风涛②之险,捐俸每官犒银一两、船户五钱,迄今登、莱、天津犹有芳声焉。而禁止□博③,恶棍敛迹,犹其小者也。其身历危城,如到任月余,即捧院檄冒雪披霜查登州、莱州及各守泛沿海等处。四十七年十月,又捧科檄巡各省援镇官军并山东官军,一时奸弊烛照,主客官兵胆④落。而捐俸置铁锁千条,犹其小者也。三路败衄之后,又捧院檄查恤死事。文武官军议赠、议荫、议赏,惟秉直道,不徇⑤众意,迄今远迩咸服其公。

公故魁梧精神,几何堪此焦劳。至泰昌元年九月病益剧,请告益迫,而遣子通恩当道。当道以任事者无如公,其人不肯俞⑥。而公促装力行,至□⑦州保安寺,病不起,遂以十一月初六日卒。时之人痛哭流涕,如丧考妣,建立德政永思碑,一如汲。是时,按院陈闻之,痛惜不已,即赙⑧赠银两,勘合⑨长单,廪给口粮、夫马。经略袁、巡抚薛,赙助符验⑩,夫马、廪给等项亦如之,且谕海防道康、□⑪府粮厅张、本府参将黄,各差一官一役护送至家,仍箭令西路各处卫所将官兵马护送至关。泰昌元年十二月抵家园,天启元年二月归葬于

---

① 原本此字漫漶不清。合刊本"康熙志"此处以空白表示脱一字。
② "涛"合刊本"康熙志"误作"祷"。
③ 原本作"□博",前面一字已漫漶不清。合刊本"康熙志"此处作"赌博",疑为"赌博"之误。
④ "胆"合刊本"康熙志"误作"瞻"。胆落:犹丧胆。形容恐惧之甚。
⑤ 徇:曲从,顺从。
⑥ 俞:表示允许。
⑦ 原本此字漫漶不清。合刊本"康熙志"此处以空白表示脱一字。
⑧ 赙(fù):拿钱财帮助别人办理丧事。
⑨ 勘合:明制,明朝乘驿人员所持的凭信。
⑩ 符验:凭据;证件。
⑪ 原本一字漫漶不清。合刊本"康熙志"此处以空白表示脱两字,误。

先陇之次。总督军门、兵部侍郎、都御史文至行本县,助恤银两,犹其末耳。殆光宗御极,念山左诸臣特有大赍,而公得蒙上赐白金二十两,而经略臣又以君赐分惠之,盖异数①云。

呜呼!公之衬②甫行,而大事已不可为矣。是役也,稍迟数日,则公之衬③与家属皆不可知。即有脱者,盖亦为焦头烂额之人矣。予故谓有阴德之报云。公之死诚足悲,而公之家属得全且舆衬安行,得以归葬,乌知非福也。异日荡平,优恤山左死事诸臣。予谓程婴杵曰,一死于十八年之前,一死于十八年之后,当得并录。而公之殁去仅数日,则公之殉,第无其惨,而有其实矣。乌可以不恤录乎?是有待于采风者。

钱唐孟际可沐手拜述

奏 议

都御史李侃疏

臣侃谨题:为陈言事。该钦天监奏土星犯上、相星逆行紫微垣等因。奉圣旨:上天仁爱,垂象警戒,朕当省悟,五府、六部、都察院计议宽恤条例,看此。钦此。

臣有以知皇上敬天修德之诚,犹成汤以六事自责之心也。臣闻汉儒董仲舒曰:"国家将有失道之败,天乃先出灾害以谴告之。不知自省,又出怪异以警戒之。尚不知变,而伤败乃至。此见天心仁爱人君,而欲止其乱也。"故自古圣明之君遇灾异之兴皆悔过自责,避殿减膳,恤物安民,而灾异自灭,转祸为福焉。

当正统之末,奸臣擅柄,流毒四海,军民嗟怨,以致上天垂戒,灾异迭兴。

---

① 异数:特殊的礼遇。
② "衬"字误,当作"榇"。合刊本"康熙志"此处亦误作"襯"。
③ "衬"字误,当作"榇"。合刊本"康熙志"此处亦误作"襯"。

(天启)东安县志　(康熙)东安县志

不知警惧,卒致大变,其监不远。幸赖上龙飞九五,敬天勤民,诛权奸而扫除弊政,任贤俊以辅佐中兴。天下始安,人民交庆。故即位以来,四时顺序,阴阳调和,灾异不兴,人民安堵,实皇上励精图治之所致也。迩来灾异忽作,雷雨振塔①,星象垂戒,原其所自,必有由然。岂非政事有所未平,臣职有所未尽欤？今年朝觐官吏失职,令运粮边城以济饥饿。虽皇上忧民之诚,但山东、河南、山西官吏假就道运粮俱回原任,必指此为由,横加科敛以虐下。其京运者又加倍揭借,亦欲回任科敛以偿所负。天下之民,其何能堪？边储虽充,而下民受害,是犹割肢体以啖口腹,虽饱而肢体竭矣。不惟变廉以为贪,其实害民而敝政。天之垂戒,宁不有在于此乎？

近蒙敕礼部度僧三万。切以四方未宁,边陲多事,正宜广积士卒以攘寇盗,减省无益以裕民食。苟耕者众而食者寡,则民食足而邦本固矣。今奉命广度僧牒,使逃运逃民必避重以投轻,游手游食必易服以逃税。唐韩愈所谓"农之家一,而食粟之家六……奈之何民不穷且盗也!"昨因雷雨之戒,少保兵部尚书于谦意欲暂停僧牒,未蒙许允。天之垂戒,又宁不有在于此乎？昔唐太宗谓侍臣曰："比有上书,条敷甚多,朕总粘之屋壁,出入观省,所以孜孜不倦,欲尽臣下情也。"近吏部文选司李贤上《兴政本十事》,皆欲上端本澄心,绝去嗜欲,德同尧舜,仁迈三王。皇上宜留奏章于内,时赐睿览,诚有补圣躬。然亦未蒙留内观览,恐无以尽臣下之情,开谏诤之路,以回天上之变也。然天之垂戒,虽由行政之未平,实由臣职之未尽。昔唐太宗发卒修洛阳宫,给事中张元素上章极谏而止。今臣叨②为谏官,职当言路,不能效古人尽言极谏,拾遗补阙,以致上天垂戒,合当有罪。乞将臣罢黜为民,以为言官之戒。

伏望皇上敬天勤民,用贤纳谏。敕各处巡抚、巡按官员禁约巡察,朝觐官吏回任不许科敛财物以虐下民。暂停僧牒,省无益之费以纾农力。凡臣下谏

---

① "塔"合刊本"康熙志"误作"搭"。
② 叨(tāo):承受,是古汉语中用于对受人恩惠及礼物表示感谢的谦词。

章有匡救切直之言者,乞留于内,时时观览,以补圣德。如此则可以弥灾异、回天心,而措斯民于雍熙太和之世矣。

又

臣侃谨题:为陈言事。切惟自古圣帝明王致天下之太平者,未有不顺天心、顺人心而为治者也。夫人心即天心也。《书》曰:"天视自我民视,天听自我民听。"人心悦,则和气上冲,四时顺序,雨旸时若,祯祥迭见,灾异不兴,而天心顺矣;人心怨,则乖气上冲,四时失序,水旱相仍,妖孽屡至,祸乱并起,而天心违矣。顺则天眷必隆,违则天命必厌。故圣王为治,必以顺天心、顺人心为先务焉。顺之何如?在于审察群情,同其欲恶。亲贤臣,勤政务,戒逸游,此人心之所同欲也,圣王必顺人心以行之;亲佞臣,怠政事,好逸乐,此人心之所同恶也,圣王必顺人心以去之。是以亿兆归心,天下其有不安者乎!太祖高皇帝、太宗文皇帝之应天顺人,以致天下之太平□□①,有不本于此也?

迨我太上皇帝之在位也,信任王振,恩宠太过,及□□②弄大权,擅作威福。太上皇帝反被所误,不得亲近贤臣以询下情,不得延入大臣以论治道。蚤晚二朝以应故事,蒙蔽聪明,惟传诏旨。上泽缺于下布,下情壅于上闻,天下嗟怨,乖气上冲,皇天震怒,怪异迭兴,伤败之兆已昭昭矣。王振犹不知悟,专权自恃,逼驾亲征。强敌突来,遂致失陷。九庙震惊,万方摇动。军民怨其贪暴,皆欲啖其肉而食其心;朝廷恨其专权,已藉其家而灭其族。诚足以谢天人之怒矣。使王振感恩知报,竭忠守分,非为令终令俶,而子姓宗族亦得永享太平之福矣。人言王振之奸无与敌,臣观王振之愚无与比。上见其奸已诛其党矣。今日之治,不可不以前日为鉴也。切③以今日初经大变,海内震惊,人

---

① 原本此两字漫漶不清。合刊本"康熙志"此处以空白表示脱若干字。
② 原本此两字漫漶不清。合刊本"康熙志"此处作"其",误。
③ 切:同"窃"。合刊本"康熙志"此处直接写作"窃"。

（天启）东安县志　（康熙）东安县志

心摇动。上即位之初,天下臣民必皆企竦观听,以上必更前日之失,以顺天人之心也。不意上即位以来,仍习前日故事,君臣道隔,下情不通,恐失天下之望。

伏愿皇上奋扬英武,总揽□①威,躬勤政务,不遑暇食。亲儒臣以讲说古今之兴衰,延大臣以谋议国家之治道。喜泰而恶否可也。夫上下交而谓之泰,上下不交谓之否。臣观易象列卦,天在下而地处上,于位乖矣。谓之泰者,上下交故也。君在上,而臣处下,于义顺矣,谓之否者,上下不交故也。君泽下流,臣诚上达,然后理道立而治道泰矣。上诚能延群臣以通下情,则天下之人莫不心悦诚服,智者自尽其谋,勇者自效其力,文臣武士谁不致死? 则天下易定,社稷易安,太皇可归,而国耻可雪矣。臣职当言路,敢保全身家,以缄默不言哉? 谨陈愚直,特加采择,臣不胜战栗之至。

兵科都给事中许复礼信诏旨以正国法疏

项②者,锦衣卫左等所、銮舆等司旗校王邦奇等奏本到科,为恳乞天恩比例查功复职等情③。臣等披阅奏词,惊愕,不意陛下维新之日,辄敢有此欺顽奸负之徒以惑乱圣听。此事关理乱之机,臣等不容缄默。照得皇上登极,节奉诏旨:正德元年以后,各衙门官军旗校人等缉捕妖言奸细,并不系临阵对敌强贼,一应升授职役者,通行查革。钦此钦遵。

今王邦奇等系先年厂卫缉捕妖言奸细。近奉诏旨查革人数,先该兵部题:为开读事。请差科道部属等官遵照诏旨内事理查革,题奉钦依。选得兵科给事中夏言,四川道监察御史郑本公,兵部武选清吏司主事汪文盛,锦衣卫千户陈澍、李经,公同会勘,各据本卫所关造文册、兵部选官堂稿、各人亲供,

---

① 原本此字漫漶不清。合刊本"康熙志"此处作"权",疑有误。
② "项"字误,当作"顷"。合刊本"康熙志"此处作"顷"。
③ 等情:旧时公文、文契用语。常用于叙述下级机关等的来文终了时。

逐一清查磨①对,扣算停当,备造文册会本。题请钦依:是。这冒滥人员既会同清查明白,并其余事情,该部都看了来说。钦此钦遵。随该兵部题复②:节奉旨:是。各该官员旗校都依拟查革,中间系职官革尽职级的,还与他官带闲住③。被革人员有朦胧奉④辨的,你部里及该科参奏重治。钦此钦遵。

先因锦衣卫旗校费宏等及王邦奇等六次抗违诏书,奏辨复职,已经臣等六次参出,兵部立案未经究治。今又妄引敕谕,摭拾⑤勘官,大为欺罔之词,巧肆朦胧之语,惟欲蛊惑乎圣听,不顾訾乎诏书。其间至毁勘官为奸邪,指查革为欺罔,是非倒置,变白为黑。大肆狂悖之言,无复忌惮之意,则是狐鼠得其依凭,而目中已无法度矣。此辈若犹纵而不治,终将何所纪极乎!且奏内首以遵敕旨为言,乃为近者节奉修省之敕谕也。臣等尝罢冗员、裁冒滥,乃为修省敬天之实,未闻冗滥复职而反谓可以修德动天也。查得弘治二年七月内,该礼科都给事中等官韩重等题:为修省弥灾事。内称:武职非军功得升,旗校因行事升职,甚非祖宗旧制,合通行查革,具题⑥。节奉孝宗皇帝圣旨:是。拿妖言的,只照成化年例,给赏不升。拿强盗的,应捕人员⑦旧不升定为例。钦此。大哉圣训,万世当遵!以此观之,先朝修省弥灾,正欲禁革冒滥,而邦奇等乃引此以为查革复职之媒,不亦谬乎?知敕谕之当遵,则必知诏书之不可违,今未遵敕谕而先违诏旨,亦独何哉?

盖在先朝,权奸用事,纳贿买官,中官弟侄滥叨封爵,权门厮役骤得美官,

---

① 磨:复核。

② 题复:明代六部向皇帝进呈的一种公务文书。意谓题本奏复。多用于回答垂询。

③ 官带闲住:明代对为官不力者的一种处罚方式,即免去现职,但可以保留官员身份,回家自省。明代考满法有此规定。

④ "奉"字误,当作"奏"。合刊本"康熙志"此处亦误作"奉"。

⑤ 摭拾:收取、采集。

⑥ 具题:谓申报朝廷的题本。

⑦ "员"后疑脱一"照"字,当补。合刊本"康熙志"此处亦脱此字。清刻"乾隆志"中此处作"照"。

（天启）东安县志　（康熙）东安县志

金紫杂沓于班行,车马喧填①于道路。至于厂卫升迁尤为骤易,倚仗权奸之势,窃弄威福之权。串同番子,诬捉奸细妖言,不信②法司,练③成深奸大罪。或一年而两次类奏,或乘便而陈乞升官。神人共怒,道路兴嗟。幸赖上飞龙九五④,开国承家。数年冒滥夤缘,一诏尽行裁革。或追夺诰券而为民,或削除职级而归任。事出至公,裁之圣断,臣民恪守,孰敢怨违？今邦奇等屡恃顽冥,肆行抗奏,自非依凭城社、倚任钱神,何敢乃尔？盖不思嘉靖乃正德之改元,而幸门不容于再辟,诏旨又中兴之命脉,而新政岂可以阻挠！然堤防一决,溃突滔天,末流难制,典守者孰敢少得而慢邪？其奏内称见在食粮者止百十余人,似欲以少自恕,而幸其或可见容也。然一人破例,千百随之。容一人是容千百人矣,况百余人乎？况中兴一诏,挽人心于既去之余,图治化于更新之始,昭如日星,天下共见。朝廷纪纲法度率此焉立,理乱攸关谁得冒犯？今必违之,是坏乱纪纲法度,欲转嘉靖之治而为正德之年矣。且正德元年治道未始不善,而二年之后竟尔变之,非遽变也。亦由小人潜通侥幸之门,而执法者因循不守,方徇情以示私耳。卒至极乱大坏,几危社稷。殷监不远,可复蹈耶？故孔子赞《易》:"乾则致谨于几,坤则致戒于渐。"良有以也。况前日查革之余,邦奇等尚有旗校之籍。若果奉公效劳,自有荣进之途,何苦惓惓焉为非分无益之求,自罹于罪戾耶？又况圣恩浩荡,不追既往,与物自新。邦奇辈自合安分怀刑⑤以观太平之盛可也,乃敢屡逞狂悖之词,甘蹈哀⑥发之罪。盖由迩来法令不行,事尚姑息,以致人情玩忽,养成奸究之风,上下相安而不自

---

① "填"字误,当作"阗"。车马喧阗:车响马叫,热闹非凡。合刊本"康熙志"此处亦误作"填"。
② "信"疑为"由"之误。合刊本"康熙志"此处亦误作"信"。
③ "练"字误,当作"炼"。合刊本"康熙志"此处亦误作"练"。
④ 飞龙九五:"飞龙"或"龙飞"喻指帝王的兴起或即位。九五代指我国古代的皇帝之位,皇帝乃上天之子,即中有正,古称之为九五之尊。
⑤ 怀刑:指畏刑律而守法。
⑥ "哀"字误,当作"充"。充发:充军发配。合刊本"康熙志"此处亦误作"哀"。

觉矣。

臣等伏望皇上大奋乾刚,痛惩往事,守维新之诏旨,使群小不得以抗违;申涣汗①之纶音,俾奸宄不得以拂戾。乞敕法司将王邦奇一干人犯收捕下狱,从重问拟②。遵照圣旨押发边卫充军,以为小人欺罔之戒。庶法令昭明,幸进者知所止矣。

又慎名器惬公论疏

顷者,该兵部具题:为钦奉事。据通政使司送据萧韺等各告受荫前来,本部欲便遵照节奉敕旨,将萧韺等荫授指挥、千百户,俱照后开注定锦衣卫各所司带俸等因③,题奉圣旨:这各官都照原降敕旨与世袭萧韺等着堂上带俸,张润等各依拟铨注管事,内府衙门该禄米的着户部查照敕旨行。钦此。随该兵部复题前事内开:萧韺、张润等不系军功,概与世袭,不由考选,俱令管事,上轻国家之名器,下贻韺等之罪愆等因,题奉圣旨:已有旨了。钦此。

臣等窃惟恩赏一事,前日群臣交章谏止,情以罄矣,词以竭矣,未蒙俞允。近日吏、兵二部及各衙门及南京六科十三道等官亦皆交章奏请,亦未蒙准信。臣等仰承圣意,迟延月日,不用连章数谏者,以俟圣心开悟,洞见舆情,不以改易为难,而以从善为贵,且使要于至当而后已。迄今阅日之久,大臣累疏辞免而尚未得处,戚畹④近习,宴然冒受而酝酿益深。夫爵赏本为劝功也,众悦而后赏之,理之常也。今陛下延赏群臣,而使物议沸腾,如此则亦何贵于赏哉?况锦衣系近侍衙门,所关者重,若不待选择而概以荫叙⑤,私及其人,则将来

---

① 涣(huàn)汗:喻帝王的圣旨、号令。
② 问拟:审问罪犯,拟定罪刑。
③ 等因:旧时公文用语。常用于叙述上级官署的令文结束时。但叙述平行机关及地位在上的不相隶属机关的来文,为表示尊敬,也间有使用。
④ 戚畹:指外戚、亲戚邻里。
⑤ 荫叙:亦作"荫序",谓因受先世的荫庇而叙录为官。

（天启）东安县志　（康熙）东安县志

戚畹近习，比例夤缘充斥卫所，耗廪禄而窃威权，又将复蹈正德年间之辙矣。况世袭必由军功，见任必待考选，此祖宗之成法，累朝之事例。若一旦废之，何以定内外武臣之法守，而服天下后世之心也①耶？臣等职司言路，今虽循默顺旨，天下后世必将以今日为滥赏，且责臣等以不言之罪，臣等与其受天下万世之责，且陷上于有过，孰若披沥肝胆②，尽言于上，以不免于斧钺之诛为是耶？且此举未善，若一人言之而舆论未协，未足信也；小臣言之而远臣未言，未足信也。今大小臣工合词奏请，远迩臣庶不约而同，陛下独可违之而自信乎！圣王本人情而为治，若违众心而直遂③，恐非所以与众图成之道也。陛下试于便殿燕闲之时，悉取前后诸臣辞奏之疏遍阅而详察之，其意可以自见矣。密勿④大臣功在社稷，诚有如圣谕谆复慰勉者，陛下尚且准辞伯爵，况近习之荫授，顾敢居然冒受乎！前日南御史陶俨等奏称，中外臣民咸谓陛下偏厚戚属，欲徇其苟得之情，故连击内阁以息其私赏之议。今若此，则是果如人言矣。纷纷物议，何时而能解息乎？且封荫过制，在诸臣则受贪冒之名，在陛下则蒙滥与之失。本以广仁恩，顾以亏圣治，臣等窃为陛下不取也。

然戚畹骤进，已不厌众心，而都尉封侯，则难开事例。从龙超擢已为过望，司礼旧任自足酬勤。今又世袭不由军功，见任不由考选，何以示法天下耶！况加禄升俸系耗军国之需，银两贮丝各有岁额之数。苏轼云："与其平时耗于不急之用，曷若留贮以待乏绝之供？"见今凶荒屡告，四方靡宁。群小窥测，投间抵隙。人心未定，治乱攸分。胡安国所谓"举动人君之大节，贤哲量之以行藏其道，奸邪窥之以作止其恶，四邻望之以厚薄其情"，正此之谓也。况人臣之义，与国休戚。天下安则人臣荣，天下危则人臣辱。若惟贤⑤图荣

---

① "也"字疑衍。合刊本"康熙志"亦衍此字。
② "肝"合刊本"康熙志"误作"瞻"。
③ 直遂：谓直接达到目的；顺利获得成功。
④ 密勿：指机要之职。
⑤ "贤"字误，当作"贪"。合刊本"康熙志"此处亦误作"贤"。

利而不顾国事之成败,前日正德年间之事可以鉴矣。是岂远而难见,晦而难知者哉?且维新快睹之际,史册必书,四方必觇,天下诸藩亦必拭目而具瞻者。若本源一差,末流难制,臣等伏望陛下思之。若果无关于治乱,不伤于国体,臣等何为不知将顺德意为美,而且好处戚畹近习之怨恫耶!

臣等言论及此,拊心自讼,深惭精诚不足以感悟,而言意不善于开陈。愧古人遇巷之诚,旷琐谏垣诤之职,臣等罪岂能逃?伏望陛下大奋乾刚,开张圣德,收回累次之命,姑惜封荫之恩。于有功者,则加议处,务使赏当其功而不处非其义;于无功者,断之以义,使赏不滥授而绝侥幸之萌。庶乎祖宗成法,保守而不坠;朝廷名器,贵重而不轻。可以服天下之心,可以消觊觎之念,可以弭四方之变,可以节糜费之供。成中兴之志者,此其一大节目也,可不慎哉!可不慎哉!

兵科都给事中刘体乾杜请乞抑冒滥以慎名器疏

近该御马监等衙门太监等官李庆等题称:本官司礼监太监鲍忠病故,乞要将遗下侄男鲍恩等八名升级。奉旨:鲍恩等准各升一级,兵部知道。钦此。又一本乞将鲍璇等五十名准收勇士。奉旨:鲍璇等准收御马监勇士,该衙门知道。钦此。

臣惟国家所以奔走天下、激励人心者,惟爵与禄,惟予与夺也。予夺公,则人无渎志;爵禄慎,斯国无废权。故我太祖之令,武职非有军功,不轻升授。此其良法至意,同符①尧舜②者也。而乞升官职,尽行裁革。我皇上见之,登极一诏,则又同符太祖者也。圣圣相继,如出一辙,宗社灵长之福,端有系于此者。夫何庆等狡猾由性,贪冒成风,辄以鲍恩等五十八名妄行奏乞,彼岂不知祖宗世守之法昭如日月,而今日赫然中兴之令典,有非前朝之故事所可同

---

① 同符:与……相合;相合。
② "尧舜"合刊本"康熙志"误作"舜尧",字序颠倒。

(天启)东安县志　(康熙)东安县志

者,乃敢恣肆如此!臣待罪该科,义激于中,实有不容已于言者。且恩等官至指挥佥事,名号不为不崇贵矣。又且卫属锦衣,地方不为不清切矣。律之旧章,宜在深惩而痛黜之者,幸赖天慈矜宥,不失故物。为李庆者,固当晓恩等以王法之不可故违,圣恩之不容幸得,使之失①心图报,思感激于无穷者也。顾乃觊觎非分,遽躐②崇阶,畔援无涯,罔知宪典。于此不禁,则章服如之何而不僭越?名分如之何而不凌替?府库仓廪如之何而不耗竭也哉?

臣尝考之《大明会典》:指挥使九级,从军临敌,立献馘③功九次。正千户六级,立献馘功六次。实授。百户四级,立献馘功四次。总旗二级,立献馘功二次。若等④寄身戈矛,命争一掷,甘心矢石,功求半资。犹复官司勘验,止数人,文移往来,动经五载,军功之难得如此!恩等何人,可以希图此爵耶!臣又考得:指挥正三品月该支俸三十五石,正千户五品月该支一石五斗,勇士每名又该支一石。合五十八人而计之,共支一百五十二石五斗;合一年而计之,共支一千八百三十石。是虽粮米不敷,多有折色,而银绢所给亦是民脂,岂可容恩等无功而坐食也哉?臣窃料庆等之意,不过谓忠,建⑤事累朝,积有劳勚⑥。生前蟒玉之荣、金帛之赐,兹者茔域之建、谕祭之加,天地父母之恩不可谓不至矣。膺是殊典,已足酬功,又何至上干国家亿万世之纪纲,下朘国家亿万人之膏血,以求为彼之后人作富贵耶!是何庆等之不知足也。

昨自鲍忠初故之后,京城内外众言喧腾,共谓忠家财约有九十六万。虽事出人传,未委虚的,而言以物致,必有根因。推之其他,房屋、田土、车马、衣

---

① "失"字误,当作"矢"。合刊本"康熙志"此处亦误作"失"。
② 躐(liè):超越等级。
③ 馘(huó):古代战争中割取敌人的左耳以计数献功。
④ 若等:此类。
⑤ "建"字误,当作"逮"。合刊本"康熙志"此处亦误作"建"。
⑥ 勚(yì):劳苦。

服、器玩称是,则资蓄不下几百万也。观其囊橐之私富盛如此,则其席帖①之恶素行可知矣。虽自今落恩等之职,摈斥之,天下后世当亦不谓陛下待忠之薄也。纵忠有可嘉尚之功劳,朝廷亦自有优恤之恩典②。正今皇明在上,功罪莫逃,赏罚不渝,倘有可录,必赐追崇,是则"惟辟作福③"之大义,而何须庆等纷纭奏渎耶!且官其忠之子侄亦已足矣,而概成刘铎等五六人异姓别宗,与鲍门支派又全不相及者也,何乃混以名籍,一概请乞?凭城附社,既欲盗朝廷之器以济己私;引类呼朋,又欲市朝廷之恩以通物贿。遂使胥徒杂沓乎青紫,厮隶混淆于冠裳,臣谓清朝之名器而庆等敢轻亵如此耶!且又径列职衔,自定名数,意气专恣,事若己出。臣谓雷霆之下,而庆等之无忌惮一至是哉!今遐方作梗,饥馑频仍,策勋者日广而职事不胜其用,遣戍者岁增而粮饷不副其需。孜孜睿衷,固尝廑陛下之宵旰④矣,此亦庆之所亲见者。而区区为恩等一念庇覆之私,遂不知有天下之大、君父之忧为所当急也。

臣愚伏望陛下轸念多事之际,重惜国体,收回成命,将鲍恩等官严加裁革,鲍璇等勇士速赐停罢,仍令以后内府各官有故。若果著有勤劳,该在忧恤,一听上裁,以见恩威出自朝廷,不许名下之人辄得冒叙功勋,侥求官职。则员无冗授,足以服西北捍御之心;俸不虚糜,足以纾东南漕挽之力。内治既修,外患斯弭矣。

又节省以足国裕民疏

近日遐域不庭,肆为不逞,陛下赫然震怒,爰集义师,奋欲有以大举而挞伐之。顾一时国计所需,往往告乏。各该建议诸臣或欲征历年之欠户,或欲

---

① "帖"字误,当作"怙"。席怙:凭借,倚仗。合刊本"康熙志"此处亦误作"帖"。
② 自"朝廷亦自有优恤之恩典"至"臣愚不知生财大计",原本多处已漫漶不清,其间文字据合刊本"康熙志"补。
③ 辟:君主。作福:赐福。
④ 宵旰:"宵衣旰食"之略语。谓天不亮就穿衣起床,忙到很晚才吃饭。旧时称谀帝王勤于政事。

（天启）东安县志　（康熙）东安县志

加数省之赋额，无非以供亿既繁、调度莫继，遂为是一切不得已之计，姑以纾困急、佐经费也。臣愚不知生财大计，但闻之宋臣苏轼有曰："方今之计，莫如丰财。然所谓丰财者，非求财而益之也，去事之所以害财者而已。"由轼之言观之，则今日之事不在于征敛之纷纷，而革冗吏、清冗费乃当今理财之第一义也。

臣不暇远考，臣尝见原任礼部尚书霍韬之奏有曰："我朝自成化五年，武职已逾八万矣。合文武计之，盖已逾十万矣。"此固韬之言也，犹自成化五年以前者云尔也。计至于今，则历年功劳之升授，勋贵之传请，不知其几，是武职又不止于八万矣。各衙门之添设、大臣之恩荫不知其几，是文职又不止于十万矣。臣以是推之，成化五年之吏视洪武初年之吏为冗，今之吏视成化五年之吏为尤冗也。远而拟之宋制，止二万四千余员，唐制止一万八千余员，汉制止七千五百余员，与唐虞之建官惟百，夏商之官倍用，又奚啻①倍蓰②？

不但此也，他如内官阉宦之收入者渐广，未有底极；锦衣卫官校之奏备选充者渐多，未有限制；中书等衙门之乞恩带俸者渐滥，未有区画。□③之礼部之译字生，鸿胪寺通事序班，光禄寺之厨役，神乐观之乐舞生，内而各监局之勇士、匠人并写字及以大工升除者，其间狐媚猿攀，途辙不一，蝇营狗窃，窠臼且多，臣不能悉举，盖已万万于祖宗时矣。是皆张口待哺，以仰给于陛下者也。且如勇士、匠人，至贱者也。勇士每月则有月粮二石、马料豆九斗、谷草三十束，匠人每月则有月粮一石，直米三斗五升，所费固已不赀。至于一官，则有舆隶廪禄之数，所费又不止此也。其所以靡烂其财赋者，岂少少哉！臣又恐④之，土地犹夫祖宗之土地也，户口犹夫祖宗之户口也，赋税犹夫祖宗之赋税也，独至于用度乃百倍之。是其所入者少，所出者多，譬之富室大家生理

---

① 奚啻：何止。
② 倍蓰（xǐ）：谓数倍。倍，一倍；蓰，五倍。
③ 原本此字漫漶不清。合刊本"康熙志"此处以空白表示脱若干字。清刻"乾隆志"，此处为"极"字。
④ "恐"疑为"思"之误。合刊本"康熙志"此处亦误作"恐"。

犹前，而宾客之资、厮仆之费视前反侈，则千金之产有不索然而罄者哉？此其蠹国耗财之源，所宜痛惩而亟罢之者也。不此之求，乃于憔悴无聊之民而屑屑取盈焉，此臣之所未喻也。臣愚伏望陛下敕下各该衙门，除见今听征官员并在营军士不查外，其余内外大小衙门，一应冒滥食粮及前项人数逐一查议。何人应存，何人应革，扣算定拟亭当①，备造文册奏缴。仍乞明诏，务从简约，庶见为国节省之意。此臣之所谓革冗吏者一也。

臣近又查得光禄卿高澄等题称：本寺所费钱粮，自嘉靖元年至十五年积剩银不下七八十万两，又多拖欠以致不足等情。臣又近得本寺进御果品等项，原无定额，临期止凭内官小票数目交纳。及果品既进，小票随即收去。明日内官又复以昨日所进者卖与本寺行户，以备上纳。臣固知圣明节俭之德终始如一。而所以有前后多寡之异者，固内官之渗漏干没于其间也。盖其经制之初，概有品度，则供应之际，自②难以稽察。以③本寺诸臣不敢问其真④伪，不敢辩其是非，而贪冒之徒得以自便而自取矣。臣不意尧舜在上，忧时惜费，日有孜孜，而若等之嗜利行私，其无所忌惮者一至于此也。然此但有自光禄寺一处言之，其他供应等衙门，中间转移侵盗尚有未易悉数者。臣尝读《周礼》，见周公于凡王之饔⑤膳酒浆之物、次舍⑥丧服之用，一一为之度数，而又于岁终，太宰以九式节用，盖亦圣人防奸之微意也。臣愚伏望陛下仿成周之典，敕下礼部，将内外各该供应等衙门所用品物钱粮再三酌议。如某衙门合用品物若干，通计一年，合用钱粮若干，开具明白，上请裁定，著为令典。每遇

---

① 亭当：亦作"停当"指妥当，合宜。
② "自"疑为"不"之误。合刊本"康熙志"此处亦误作"自"。
③ 以：因为。
④ "真"合刊本"康熙志"误作"直"。
⑤ 饔（yōng）：熟肉。
⑥ 次舍：止息之所。

(天启)东安县志　　(康熙)东安县志

年终,选差科道一员,逐一查盘奏缴,以防冒破①。如此则丰约有正数,取之者不得而妄取;盈缩有定规,供之者不得而妄供。而纠察会计之事又得以行于其中,则沉匿掩蔽之患自无所容,而帑藏之货贿将沛然其有余矣。此臣之所谓清冗费者一也。

二冗即②除,则事之害财者去。害财者既去,丰财者自至,而征欠加赋之事可无讲也。说者谓臣等所见或非拯溺救焚之策,臣则谓二冗之除虑在奉行者之未得其人耳。若果当事大臣真能仰承德意,悉力奉行,则所省当不下数十万金。朝焉在彼能省数十万金之费,暮焉在此即得数十万金之蓄。见效甚速,为力固易。民既不扰③,国亦不乏也。且月计不足,岁计有余,一月既有数十万金之蓄,一岁当有数百万金之蓄。是所谓"三年耕,必有一年之食;九年耕,必有三年之食",如之何而不可行耶?况今天下府州县百姓资产荡析,邑里萧条,嗷嗷之情大非前日。虽所在官司急于督并,然棰楚④不胜之际,固不可谓全无欲办之心,而死亡不赡⑤之余,亦难保其必有可完之理,则亦徒挂簿书刑罚而已。是节用爱人之道,臣固不敢于此时谬为迂阔之谈,而目前干办之图,臣亦不敢尽以为得也。即使欠户征焉,尽如诸臣之议,而冗吏之聚而食之者如故,冗费侵而盗之者如故,则亦无异乎世之扬汤止沸者。如薪不抽,沸终不止,扬之何益?臣固知于耗虚匮乏之患无补也。且此辈皆贪饕无厌之徙⑥,幸门既开,必至浸淫未已,将来之吏能无愈冗于今日者乎?溪壑未遂,必至泛滥无极,将来之费能无愈冗于今日者乎?而百姓之欠者从而益大,加者难以复加。虽有百刘晏者出,何以为措手之地耶!故臣敢谓冗吏既革,冗

---

① 冒破:虚报,冒领。
② "即"字误,当作"既"。既:已经。合刊本"康熙志"此处亦误作"即"。
③ "扰"合刊本"康熙志"误作"忧"。
④ 棰楚:木棒和荆杖。都是古代杖刑用具,因以称杖刑。
⑤ "赡"合刊本"康熙志"误作"瞻"。赡:供给财物。
⑥ "徙"字误,当作"徒"。合刊本"康熙志"此处亦误作"徙"。

费既清,虽不征欠户,不加赋额,贫可使富也。不革冗官,不清冗费,虽欠户日征,赋额日加,富可使贫也。

臣愚惓惓①,犹望陛下念时事之多艰,悯民生之未遂,节省一念,断在必行。申饬各衙门当事大臣,务要着实举行,毋得阴为庇护、耽延时月、曲示包容、相惜颜面,使此辈夤缘侥幸以图苟免。中间如有此等情弊及应革应清,相干衙门人役敢有推调抗违并鼓动浮言阴为阻坏者,许臣等科道访知指实,参奏治罪。仍遍谕京城内外诸司,除系关紧要军务,其余一切不急之需,并从裁减。如是则国丰而裕②,无功不成;士饱而敌,有战则克。蠢彼顽梗,宥之则为舜格有苗,不但如汉文帝;不宥则为殷之克鬼方,不但如唐太宗。进退伸缩,无不在我。业隆汤武,功光祖宗,顾不足以示天下、垂后世也哉?使失今不图,悔将无及。臣恐奸人无岁而不有,则防备无岁而不严,防备无岁而不严,则钱谷无岁而不费。府库已竭,调度方殷,根本已空,而蠹耗不止。如不幸而加之二三千里之灾或连年之歉,财已尽而计穷,敌已至而力屈,始有不能不重烦朝廷之忧者矣。是岂容臣等靡靡悠悠拱默坐视之时乎?

臣是以不辞固陋,条例③上陈。伏惟陛下怜其迫切不容已之情,赦其冒昧无所知之罪,留神采纳,俯赐施行。天下幸甚!臣愚幸甚!

据《嘉隆闻见纪》所载,隆庆谕户部取银进用,时取银三十万两,户部尚书刘体乾上言:"银库见存止三百七十万,九边年例当发二百七十六万有奇,在京库粮商贾不下百万有奇,蓟州、大同各镇例外奏讨不与焉。尽发库银犹不足用,若复取三十万,经费何支?"乞且停止,不听。因复奏:"此存库之数,乃近差御史搜括所入,明岁且无策矣。臣不足言,如国事何?"户科给事中李巳、御史傅孟春等交章,乞如体乾言。大学士李春芳、陈以勤、张居正亦上疏,

---

① 惓惓:情意恳切。
② 合刊本"康熙志"此处以空白表示脱一字。
③ "例"字误,当作"列"。合刊本"康熙志"此处亦误作"例"。

(天启)东安县志　(康熙)东安县志

欲于内库取用。上曰："卿等所奏已谕,且取十万以济急用,不必再奏。"又上太仓及各省岁发兵饷与本镇屯粮之数。初,上问"九边年例军饷、太仓岁发及各省解纳之数几何？"体乾言："防守士马,各镇原自有主兵,一镇之兵足守一镇之地。后主兵不可守,增以募兵,募兵不已,增以客兵,调集多于往时而坐食者遂众。合用刍粮,各镇原自有屯田,一军之田足赡一军之用。后屯粮不足,加以民粮,民粮不足,加以盐粮,盐粮不足,加以京运,馈饷溢于常额而横发者日甚。"因以元年至三年太仓各省岁发饷及本镇屯粮之数备造进览。

又谕户部取银进用,内承运库以空札下户部发银十万两。户部尚书刘体乾上言："京帑重寄,乃以片楮取之,不印不名,安辨真伪？"上复命："如数以进。"又为上疏,四能①,先是内供不足数,下户部取之太仓,又令买金云南。体乾多执奏,不即奉诏,云南年例金至是过期不至。有中旨诏责,体乾引罪,上以体乾数抗旨,手诏勘问,勒令闲住。给事中光懋、御史凌琯等交章留之,不听。

隆庆元年八月,内官监②言："本监传③造御监奇玩时新,五芳轩等处陈设修葺,南城擎台、香几、白玉盘等物及四时供进蔬果,皆奉内旨,不敢外传,不领于度支之经费,所赖者细瓦厂等共十四所及金殿厂等二十一所租税,以充不时之需"。初年允言官请,查核如官帑法,既而已之。其工部物料一万四千金,太监李芳酌减九千两。而秋棍厂逼迫西山,多侵民产,尚书刘体乾檄大使以税册入,且议悉裁,以赡国用。奏上,大怒,杖言者,革大使,尚书夺俸。出《皇明续纪》。

---

① "四能"误,当作"罢"(繁体写作"罷")。合刊本"康熙志"亦误作"四能"。
② 内官监:主要掌管采办皇帝所用的器物。
③ "传"字误,当作"专"。合刊本"康熙志"此处亦误作"传"。

列传 五代周

扈载,字仲默,北燕安次人也。少好学,善属文。广顺初,举进士高第,拜校书郎、直史馆,再迁监察御史。其为文章,以词多自喜,常次历代有国兴废治乱之迹为《浑源赋》。又游相国寺,见庭竹可爱,作《碧藓①赋》,题其壁。世宗闻之,遗②小黄门就壁录之,览而称善。因拜水部员外郎、知制诰,迁翰林学士,赐绯鱼。而载已病,不能朝,谢居百余日,乃舆疾入直学士院。世宗怜之,赐诰还,帝遣太医视疾。初载以文学知名一时,枢密使王朴尤重其才,荐于宰相李谷,久而不用。朴以问谷,曰:"扈载不为舍人,何也?"谷曰:"非不知其才,载命薄,恐不能胜。"朴曰:"公为宰相,以进贤退不肖为职,何言命耶?"已而拜知制诰,及为学士。居岁中,病卒,年三十六。议者以谷能知命而朴能荐士。是时,天子英武,乐延天下英才,而尤礼文士,载与张昭、窦俨、陶谷、徐台符等俱被进用。谷居数人中,文词最劣,尤无行。昭、俨类与议论,其文灿然,而谷能先意所在,以进谀取合人主,事无。　　(以下原缺)

---

① "藓"字误,当作"鲜"。合刊本"康熙志"此处亦误作"藓"。
② "遗"字误,当作"遣"。合刊本"康熙志"此处亦误作"遗"。

后　记

　　《(天启)东安县志》是今安次地方现存最早的方志,明郑之城修,冯泰运、边仑等纂。

　　郑之城,贵州玉屏县人,选贡,明天启四年(1624)知东安县。

　　冯泰运,仕履不详。

　　边仑,河北蠡县人,举人,东安县教谕。

　　据郑之城《东安县志序》可知,郑之城修《(天启)东安县志》,注重搜罗补充万历十五年(1587)以后至天启五年(1625)间的文献。令人惋惜的是,目前其志仅存五卷,依次为:卷二《食货志》、卷三《官政志》、卷四《典礼志、祠祀志》、卷五《选举志》、卷六《人物志》。

　　其书虽整体上有卷目缺失,但所存条目,却书之甚详,为我们研究明代京南县域政治、经济和文化状况提供了宝贵的史料。

　　该志现存三种版本:其一是天启五年的明刻本,是最早的刊本(此次校注整理所选用的底本),目前孤本仅存,藏于国家图书馆;其二是1936年结集刊印的《安次县旧志四种合刊》,其中收录了《(天启)东安县志》残本五卷;其三是2000年中华全国图书馆文献缩微复制中心出版的来新夏先生主编的《明代孤本方志选》,《(天启)东安县志》五卷本入选其中。

　　《(康熙)东安县志》,清王士美、李大章等修,张墀等纂。

　　王士美,江西金溪县人,举人,清康熙十年(1671)任东安知县。

　　李大章,江苏丹徒县人,贡士,清康熙十四年(1675)任东安知县。

　　张墀,东安本县人。

后 记

　　东安志于明天启年间纂修后,迄清康熙时期已经"不下五十余载"。王士美莅任后,适值"部议令各州府县修志",于是在康熙十二年(1673)请张墀等人采访纂辑,"逾月而成",但延至康熙十六年李大章任内方始付梓。

　　该志卷首附城图 5 幅,正文十卷。全书十门六十八目,各门类首皆冠以小序,提要钩玄,以明其旨。

　　该志现存两种版本:其一为康熙十六年(1677)清刻本(此次校注整理所选用的底本),漫漶甚多,仅存一部,亦弥足珍贵,现藏于国家图书馆;其二为 1936 年刊印的《安次县旧志四种合刊》,其中收录了《(康熙)东安县志》全本十卷,颇多疏漏。

　　《(天启)东安县志》和《(康熙)东安县志》的整理历时两年有余,可谓艰辛。尤其是《(康熙)东安县志》的校勘工作,着实艰难。由于其文字多已漫漶不清,需逐字辨认斟酌,耗时巨大,故而进展极其缓慢。在校注过程中,得到了著名明史专家南炳文先生的悉心指点,也得到了安次区方志办刘化田老师的热情鼓励。另有一干学友,孙航、白丽萍、吴文杰、司华起、崔士凯、刘小侠、王艳红、刘晓兹、张海强、高美琳、张晓婷等,或帮助录入文稿,或协助校对文字,为减少整理中的遗憾做出了很大贡献。而廊坊师院领导、安次区领导的大力支持,更可谓雪中送炭。这些都成为支撑我们一路走来的动力,值此校注整理成果即将面世之际,谨向所有帮助过我们的领导、前辈和朋友表示由衷的感念!

　　本书的出版工作得到了安次区委宣传部的鼎力支持,特此感谢!

　　(本书为作者 2019 年承担的河北省社会科学基金项目,项目编号:HB19LS004)

金久红

2019.7.28